Patricia Tudor-Sandahl

Verabredung mit mir selbst

Patricia Tudor-Sandahl

Verabredung mit mir selbst

Von der Kraft, die im Alleinsein liegt

Aus dem Schwedischen von Sigrid Irimia

HERDER

FREIBURG · BASEL · WIEN

Zur Erinnerung an meinen Schwiegervater, Lars-Herman Larsson

„Der Meister zeigt sich, wenn der Geselle ausgelernt hat."
Indisches Sprichwort

Gedruckt auf umweltfreundlichem, chlorfrei gebleichtem Papier

2. Auflage

Titel der schwedischen Originalausgabe: Tid att vera ensam

Published by arrangement with Wahlström & Widstrand Publishers

Satz: Barbara Herrmann, Freiburg
Druck und Bindung: fgb · freiburger graphische betriebe 2006
ISBN-13: 978-3-451-28349-9
ISBN-10: 3-451-28349-2

Inhalt

Vorwort

Hin und wieder habe ich Lust, mich aus dem Alltag zurückzuziehen und für eine Weile für mich zu sein. Am besten ist die innere Stimme zu hören, wenn es still und ruhig ist. Mir wird deutlicher, wo ich mich in meinem Leben hinbewege, und ob ich auch wirklich dahin möchte. In der Einsamkeit komme ich auch dazu, mich dessen anzunehmen, was sonst liegen bleiben würde: Briefe schreiben, Musik hören, lesen, tanzen, meinen Schrank putzen oder was auch immer. Mein Bedürfnis, allein zu sein, nimmt mit den Jahren zu. Es ist nicht so, dass ich nicht gerne mit anderen zusammen bin; die Einsamkeit hilft mir allerdings, meine Beziehungen besser zu nutzen und die Zeit, die jedes Jahr schneller verrinnt, nicht zu vergeuden. Die freiwillige Einsamkeit wirkt anregend; sie ist aber auch eine Herausforderung. Es kann ungewohnt sein, nur mit sich selbst zusammen zu sein, ja sogar beängstigend. Dieses Buch kann dazu anspornen, solcher Angst zu trotzen und auszuprobieren, welchen Gewinn die Augenblicke freiwilliger Einsamkeit mit sich bringen.

Ich möchte vielen ein großes Dankeschön für ihre Hilfe und Unterstützung sagen. Da sind all die bekannten und unbekannten Menschen, die sich nach der Lektüre meiner Bücher oder nach dem Hören meiner Radiosendungen bei mir gemeldet haben und offen ihre Gedanken und Erfahrungen mit mir geteilt haben. Mein Mann Christer Sandahl war für mich, wie immer, ein Fels: Während er nicht davor zurückschreckt, seine Meinung zu sagen – und es ist nicht immer positive Kritik, die ich von ihm höre –, zeigt er mir ganz deutlich, wie wichtig es ihm ist, dass ich meine *eigene* Sache mache. Eine schöne Definition von Liebe, finde ich. Einen besonderen Dank an Ann Helleday für unsere Gespräche über Himmel und Erde und alles dazwischen und an Per Mases und den Mitgliedern der Gemeinschaft auf St. Davidsgården auf Berget in Rättvik. In ihrer Gesellschaft sein zu dürfen ist mir eine Freude und eine Gnade. Danke an Unn Palm und Helene Atterling von Wahlström & Widstrand für anregende Begegnungen und kluge Gesichtspunkte, und an Anna Carin Gregor, die mir auch dieses Mal mit der Grammatik geholfen und einige Zitate übersetzt hat.

Stockholm, im November 2001 Patricia Tudor-Sandahl

I
Verabredung mit mir selbst

1 Einsamkeit hat viele Gesichter

Doch dort unten in der Stille
gärt bereits der Saft,
der in der sommerwarmen Sonne
weckt des Samens Kraft.
(Ola Hansson, Samen)

Die existentielle Einsamkeit

Die Stille war das Erste, was ich am Morgen hörte. Bald drang das Miauen der Katze, die nach ihrem Frühstück verlangte, in mein Bewusstsein und trieb mich aus dem Bett. Ich stand auf, öffnete das Fenster sperrangelweit und lehnte mich hinaus, um einen besseren Blick auf das Meer zu haben. Es war unglaublich schön, allein hier auf dem Lande zu sein und zu wissen, dass die Zeit mir gehörte. Vor mir lag ein neuer Tag, den ich in meinem eigenen Rhythmus entdecken und mit dem ich machen konnte, was ich wollte.

Nicht immer ist es so wunderbar, allein zu sein. Wer von uns hat nicht Zeiten erlebt, in denen alles lahm und sinnlos erscheint? Manchmal treiben Leere und Sehnsucht Wurzeln und erfüllen die Einsamkeit mit Angst. Sicher hat jeder schon einmal im Morgengrauen wach gelegen und sich wie ein kleines, verlorenes Sternchen, wie ein Punkt im grenzenlosen Universum gefühlt; wie ein Kind, das schreit und nicht gehört wird.

Die Einsamkeit hat viele Gesichter: Da sind die hellen, lichten, lebendigen und die, die von schwarzen Gedanken und hoffnungslosem Sehnen gezeichnet sind. Ich habe den Verdacht, dieses dunkle Gesicht der Einsamkeit erschreckt viele Menschen so sehr, dass sie sich gegen jede Form des Alleinseins wehren.

Es ist heutzutage nicht allzu üblich, der Stille und Einsamkeit ein Lob zu singen, und Gewohnheiten ändern sich nicht über Nacht. In dem Maße, wie wir lernen, dass der höchste Wert darin liegt, etwas zu *tun*, verlieren wir die Fähigkeit, einfach zu *sein*. Es kann uns viel Zeit kosten, all das Schöne zu entdecken, das in der freiwilligen Einsamkeit liegt.

Natürlich müssen wir nicht einsam *sein*, um uns einsam zu *fühlen*. Die Erfahrung der Einsamkeit kann uns jederzeit überkommen, ganz gleich, ob wir nun allein sind oder uns in Gesellschaft befinden: wenn die Gäste nach Hause gegangen sind, nach einer innigen Liebesstunde, wenn wir in einem Raum nach vorne gehen und eine Rede halten sollen, im morgendlichen Gedränge in der U-Bahn, mitten in einer Sitzung, auf dem Bahnsteig, wenn wir einem Freund zum Abschied zuwinken, auf dem Nachhauseweg an einem verregneten Freitag, wenn wir zu einem einsamen Abendessen unterwegs und fest davon überzeugt sind, dass alle anderen zu einer Party aufbrechen. Oft wissen wir, warum wir uns einsam fühlen, allerdings nicht immer. Es gibt eine Art von Einsamkeit, die in nichts Äußerem gründet. Wir können noch so laut Musik hören, zahlreiche Zeitungen lesen, lange Stunden im Internet surfen und ganz viele Freunde treffen – die Einsamkeit lässt sich nicht ausblenden. Die *existentielle Einsamkeit* erinnert uns daran, dass wir, auch wenn wir immer wieder von anderen angezogen sind und ein tiefes Bedürfnis nach Nähe und Gemeinschaft haben, an einer bestimmten Stelle tief in uns immer allein sind. Wir werden alleine geboren und wir sterben allein, wir sind einsam, wenn wir schlafen, und einsam, wenn wir aufwachen. Eine der wichtigsten Aufgaben in unserem Leben ist es, diese Wahrheit anzunehmen und uns mit ihr zu versöhnen.

Der Mensch ist ein soziales und zugleich ein einsames Wesen, mit dem Bedürfnis ausgestattet, sowohl für sich zu sein als auch in enger Beziehung zu anderen zu stehen. Sich zwischen diesen Zuständen frei hin und her bewegen zu können – darin liegt der Schlüssel zum ganzen und reifen Menschen. Wenn wir einem anderen Menschen nahe kommen möchten, dürfen wir uns nicht davor scheuen, uns selbst nahe zu kommen. Das bedeutet jedoch, den geheimen Winkel kennenzulernen, der sich in unserem Innersten befindet und als Quelle des Einmaligen in uns entdeckt werden kann.

Manche von uns richten sich ihr Leben so ein, dass sie die Verbindung zu dieser „inneren Quelle" verlieren. Statt ein sicherer und geschützter Ort zu sein, verwandelt sie sich in schwankenden Untergrund. Was die Grundlage unserer Identität sein sollte, wird zu unserem Schwachpunkt.

Nicht alle haben gelernt, die Einsamkeit als eine Quelle der Kraft zu nutzen. Je nachdem, wer wir sind und welche Lebensgeschichte wir in uns tragen, können wir die Einsamkeit als Wüste oder aber als Oase erleben, als ein Versprechen, uns selbst zu *finden,* oder als eine Gefährdung, in der wir uns *verlieren.*

Wer die Einsamkeit ständig flieht, tut dies auf Kosten seiner eigenen Entwicklung. Irgendwann auf unserem Weg müssen wir aufstehen, uns selbst in die Augen schauen und vielleicht unser Leben aus einer neuen Perspektive betrachten.

Die Angst vor der Einsamkeit

Alle sind irgendwann einmal einsam – auch diejenigen, die es nicht sein wollen. Wir können der Einsamkeit nicht immer aus dem Weg gehen, aber wir können uns aussuchen, wie wir sie nutzen möchten. Sehen wir das Alleinsein als eine Erleichterung oder als eine Bürde? Sollen wir die Gelegenheiten, allein zu sein, willkommen heißen oder sollen wir sie meiden wie die Pest? Wollen wir der Einsamkeit den Rücken zuwenden oder ihr mit offenen Armen begegnen? Die Angst vor der Einsamkeit kann eine größere Qual sein als Hunger oder Müdigkeit – stärker sein als die menschlichen Grundtriebe also. Manche Menschen setzen sich Situationen aus, von denen sie wissen, dass sie Angst in ihnen auslösen werden, nur weil sie glauben, auf diese Weise der Einsamkeit zu entkommen. Bei einigen Menschen reicht allein schon die Aussicht auf kurzfristige Einsamkeit aus, um sie nachhaltig zu beunruhigen. Sie müssen die Leere ausfüllen und die schwarzen Gedanken zerstreuen, koste es, was es wolle.

Aber wovor fürchten wir uns eigentlich? Ist es vielleicht die Angst davor, als Mensch unsichtbar zu werden, sobald keiner da ist, der uns unsere Existenz bestätigt? Neulich hörte ich von einer Bekannten, dass sie sich in ihrer eigenen Gesellschaft nicht wohl fühle. Was sie da sagte, tat mir weh, weil es so trostlos klang und überhaupt nicht mit meinen eigenen Erfahrungen mit der Einsamkeit übereinstimmt. Wer mit seinem inneren Leben keine enge Verbindung hat, wer sich selbst nicht mag, kann sich vom Alleinsein bedroht fühlen. Manche Menschen bringen die Erfahrung von Einsamkeit in Verbindung damit, keine Freunde zu haben oder einen Fehler gemacht zu haben. In meiner Kindheit war Isolierung eine der teuflischsten Methoden der Bestrafung, wenn man in der Schule etwas angestellt hatte. Ich erinnere mich mit Grauen an jene Wogen aus

Zorn und Scham, die mich erschütterten, wenn man mich zwang, allein, mit dem Rücken zur Klasse und der Eselshaube auf dem Kopf, in der „Schamecke“ zu stehen. Eine solche Erniedrigung kann einen Menschen in seiner Selbstachtung und seinem Respekt vor sich selbst zutiefst verletzen. Diejenigen, die sehr davon abhängig sind, andere Menschen um sich zu haben, damit ihr Leben Sinn und Zusammenhang erfährt, tun sich mit der Einsamkeit schwer. Dabei handelt es sich hier um ein richtiges Paradoxon: Je mehr wir uns in der Einsamkeit mit uns selbst bekannt machen, desto weniger einsam fühlen wir uns. Und wenn wir uns in unserer eigenen Gesellschaft wohl fühlen, haben wir es auch viel leichter, die Gesellschaft anderer zu genießen. Dafür jedoch brauchen wir Mut und Geduld.

Allein zu sein wird – beispielsweise auch in Fernsehserien – oft als Strafe betrachtet. In den siebziger Jahren begann man, die Einsamkeit als etwas Negatives, beinahe Schamvolles darzustellen. Pippi Langstrumpf seinerzeit war einsam und stark; der spätere Kinderbuchheld Alfons Åberg hingegen ist immer traurig, wenn er allein sein muss. Schon als Kinder gewöhnen wir uns daran, Alleinsein als einen Mangel zu betrachten, als etwas, das uns aussondert und zerbrechen lässt. Unsere moderne Kultur macht es uns praktisch unmöglich, zu unserem Bedürfnis nach Einsamkeit und Ruhe zu stehen. Stille ist im Alltag fast gänzlich verloren gegangen. Wir haben uns so sehr an Störungen gewöhnt, dass wir Ruhe erst dann bemerken, wenn der Geräuschstrom abbricht und es plötzlich still wird. In einer Umgebung, die immerzu erwartet, dass wir zu ihrer Verfügung stehen, haben wir es schwer, wenn wir ungestört sein möchten. Wehe, ich lasse mein Handy zu Hause, wenn ich unterwegs bin! Kann ich es mir erlauben, einfach nicht zu antworten, wenn ich gerade bei Tisch sitze? Muss meine private Telefonnummer auf meiner Visitenkarte stehen? Darf ich die Post von heute erst morgen öffnen? Was passiert, wenn ich nicht gleich mein Postfach öffne, sobald mir der penetrante Piepston ankündigt, dass eine weitere E-Mail angekommen ist? Muss ich immer verfügbar sein? Wer sagt denn, dass ich immerzu antreten muss: hier und jetzt und sofort? Was sich als Freiheit angekündigt hatte, wurde für viele zum Zwang. Was dafür gedacht war, Zeit zu sparen, hat die Zeit schrumpfen lassen. Das alltägliche Lärmen, Dröhnen und Poltern hat uns taub gemacht für das, was in uns ist. Wir leben buchstäblich in einer *absurden* Welt. Dieser Begriff hat seinen Ursprung im lateinischen *surdus,* „taub". Wir sind von äußeren Reizen so abhängig geworden, dass wir das ganze Getöse und die Bilder, die uns regelrecht bombardieren und uns unseren inneren Frieden rauben, kaum noch wahrnehmen. Wenn wir Taxi fahren, können wir davon ausgehen, dass das Radio läuft oder der Fahrer die Gelegenheit nutzt, mit seiner Freundin per Handy über das Abendessen zu plaudern. In Restaurants oder Cafés dröhnt die Musik in voller Lautstärke. In Bussen oder Zügen werden wir von den lautstarken Benutzern des Mobiltelefons geplagt. Sogar das künstliche Licht ist in letzter Zeit aufdringlicher geworden, stelle ich fest. Als Schutzmaßnahme gegen die zunehmende Gewalt werden öffentliche Plätze stark beleuchtet, mit dem Nebeneffekt, dass es kaum noch eine Ecke gibt, in die man sich für einen Augenblick zurückziehen könnte.

Wir drehen uns im Kreise, bieten unsere ganze Kraft auf, lassen uns von großen und kleinen Dingen stressen, um alles rechtzeitig zu schaffen – als glaubten wir, dass derjenige gewinnt, der an seinem Todestag das meiste Geld auf der Bank hat. Und ohne es zu merken, entfernen wir uns dabei um Lichtjahre von uns selbst. Im selben Maße, in dem wir unsere Echtheit, unsere Offenheit und unsere Fähigkeit verlieren, in uns hineinzuhorchen, kommt uns auch unsere Menschlichkeit abhanden. Der Versuch, den Leerraum in uns zu füllen, lässt uns nach dem lechzen, was uns das Leben angeblich schuldig ist: Geld, materielle Güter, Sicherheit, Ordnung, Macht. In der Zeit, in der wir damit beschäftigt sind, unseren unermesslichen Hunger zu stillen, opfern wir unsere Tage. Wir haben eine Begabung dafür, nicht zu merken, wie es uns geht. Die Angst vor dem Abgrund, der sich womöglich dann auftut, wenn wir allein sind, kennen viele.

So viel Lust und Leben gehen verloren, wenn wir stets auf der Flucht sind. Ich glaube, dass wir es uns angewöhnen sollten, Momente der Einsamkeit, des Innehaltens und des Nachdenkens zu einer natürlichen und notwendigen Einrichtung in unserem Leben zu machen; zu etwas, das wir verteidigen und wonach wir uns immer wieder sehnen. Immer öfter werden Medikamente als Puffer gegen die Einsamkeit eingesetzt und als Mittel dafür, dass wir mit einem Leben zurecht kommen, in dem die Anforderungen steigen, das Tempo höher wird und die Fragen über den Sinn des Lebens beiseite geschoben werden. Der Verbrauch so genannter Glückspillen hat in den letzten Jahren lawinenartig zugenommen. Es ist immer üblicher geworden, zu verschweigen, dass man eine Zeit der Trauer und des Rückzugs braucht, wenn man gerade einen schweren Verlust oder einen Misserfolg erlebt hat. Wir lesen in Zeitungen von Prominenten, die fast unmittelbar nach einer erschütternden Lebenskrise zur Tagesordnung übergegangen sind. Diese Haltung wird in positiven Begriffen kommentiert, als handle es sich um etwas Erstrebenswertes. Das menschliche Bedürfnis, sich zurückzuziehen, bis die Trauer abgeklungen ist, wird beinahe als ein Zeichen von Schwäche dargestellt, als etwas, wofür man sich eher schämen sollte, statt dazu zu stehen.

Was bedeutet Einsamkeit?

Die Einsamkeit ist ein Lieblingsthema von Dichtern und Künstlern. Eines von vielen Beispielen ist Gunnar Ekelöfs Gedicht „Ich glaube an den einsamen Menschen“:

Ich glaube an den einsamen Menschen,
an den, der alleine geht,
der nicht wie ein Hund nach der Witterung läuft,
der nicht wie ein Wolf den Menschen flieht:
Mensch und Antimensch zugleich.

Wie ist Gemeinschaft möglich?
Fliehe den höchsten und den äußersten Weg:
Das Tierische in dir ist auch beim andern tierisch.
Gehe den tiefsten und den innersten Weg:
Der Grund in dir ist auch beim andern Grund.
Schwer, sich an sich zu gewöhnen.
Schwer, sich seiner abzugewöhnen.
Wer's trotzdem tut, wird aber nie verlassen werden.
Wer's trotzdem tut, wird immer solidarisch bleiben.
Denn einzig praktisch ist auf Dauer
das Unpraktische.

In Psychologiebüchern dagegen ist die Einsamkeit ein kaum beachtetes Thema. Die Psychoanalytikerin Frieda Fromm-Reichmann ist eine der wenigen, die sich damit beschäftigt haben. Ihre persönliche Definition von Einsamkeit lautet „niemandem eins sein“ und ähnelt mit diesem Grundgedanken der Aussage Alf Henriksons in seinem Gedicht: „Denn einsam ist, wer keinen hat, mit dem er zusammen sein will.“ „Woran denkst du, wenn du das Wort ‚einsam‘ hörst?“ ist eine Frage, die ein breites Spektrum von Antworten provoziert. Für den einen bedeutet es, mehrere Tage mit Schnupfen zu Hause bleiben zu müssen, und für die andere, aus einer Arbeitsgruppe ausgeschlossen zu werden. Ein Dritter denkt dabei an die Zeit nach dem Tod eines nahe stehenden Menschen, der Vierte an eine lange Fahrt durchs Gebirge bei Sturm. Einsam sein heißt für eine Fünfte, allein zu einem Abendessen eingeladen zu werden, während die anderen paarweise kommen. Der Sechste denkt gleich an das Leid nach einem Misserfolg, und die Siebte an die Eiseskälte, die ihr Herz nach einem Streit mit ihrem Partner ergreift. Es dürfte genauso viele verschiedene Vorstellungen davon geben, was Einsamkeit bedeutet, wie es Menschen gibt, und sie reichen von dem Gefühl, ein wenig einsam und verlassen zu sein, bis hin zur unheimlichen Erfahrung, in der Welt verloren zu sein und sich nirgendwo daheim zu fühlen. Ich denke, dass es die letzte Art von Einsamkeit ist, die Mutter Theresa meinte, als sie vom Aussatz der westlichen Welt sprach: von einer Armut, die schlimmer sei als die in Kalkutta.

Im Lexikon wird „einsam“ unter anderem definiert als: „ohne Gesellschaft sein, keine nahen Freunde und Angehörige haben, einzig in seiner Art sein“. Im Synonymwörterbuch hat man die Wahl zwischen: „allein, ungesellig, für sich, abgetrennt, einzeln, separat, ohne Gesellschaft, ohne Begleitung, solo, allein stehend, allein lebend, Single, zurückgezogen, allein auf weiter Flur, isoliert, verlassen, vereinzelt, abgesondert, im stillen Kämmerlein, mutterseelenallein, abgeschieden, abgelegen, gottverlassen, abseitig, öde, entlegen, entfernt, unbelebt, abgestorben, leer“.

Im Deutschen unterscheidet man zwischen dem Ausdruck *allein* (ohne Gesellschaft für sich sein) und *einsam* (sich einsam fühlen). Auf keinen Fall muss man *einsam* sein, wenn man *allein* ist. Man kann *allein* sein, ohne dass man jemanden bei sich haben möchte, und man kann sich in der Gesellschaft anderer *einsam* fühlen. *Einsamkeit* ist ein Gemütszustand, in dem ein Mangel spürbar wird, in dem wir etwas oder jemanden vermissen. Das kann die Sehnsucht nach einer bestimmten Person sein oder lediglich ein diffuses Gefühl, dass etwas fehlt, ohne zu wissen, was es eigentlich ist. Mit jemandem zusammen zu sein, garantiert nicht, dass man sich nicht *einsam* fühlt. Inmitten aller möglichen Aktivitäten kann einen das Gefühl einer furchtbaren Einsamkeit überkommen.

Die freiwillige Einsamkeit, die ich betonen möchte, beschreibt am besten ein drittes deutsches Wort, nämlich *abgeschieden.* „Die Sprache hat das Wort einsam geschaffen, um den Schmerz des Alleinseins, und das Wort abgeschieden, um seinen Reichtum auszudrücken", schreibt der Religionsphilosoph Paul Tillich. *Abgeschiedenheit* meint, dass man ein entspanntes, von Neugierde geprägtes Verhältnis zu sich selbst hat, dass man sich wohl fühlt in seiner eigenen Gesellschaft und sich mit demselben Respekt behandelt, den man einem Freund entgegenbringen würde. „Wenn du allein bist, verhalte dich, als hättest du hohen Besuch; wenn du hohen Besuch hast, verhalte dich, als wärst du allein", lautet ein Zen-Sprichwort. *Abgeschiedenheit* lädt dazu ein, dankbar zu sein für den gegenwärtigen Augenblick, für den Moment, der *gerade jetzt ist,* und ihn mit all seinen Sinnen wahrzunehmen – im Unterschied zu dem Augenblick, der *vorbei ist* oder *kommen wird.* Es tut gut, sich Zeit für sich zu gönnen. Indem wir uns von den Regeln und Zwängen des sozialen Umgangs befreien, bekommt unsere innere Welt die Chance, sich zu offenbaren.

Einer der Vorteile der Einsamkeit liegt darin, dass wir unseren Gedanken ohne Kompass folgen können, dass wir hellhörig werden können für unser Innerstes und uns so selbst etwas näher kommen. Dabei erwachen möglicherweise lange vergessene Erinnerungen und schlummernde Überlegungen wieder zum Leben. Ahnungen werden zu Gedanken, und Gedanken werden zu Einsichten, die uns das Nebensächliche vom Wesentlichen unterscheiden lassen. Wir finden Distanz zu dem, was uns im Alltag auffrisst. Die üblichen Sorgen, etwa wie wir aussehen und was die Leute von uns denken mögen, nehmen angemessene Proportionen an. Außerdem tut es gut, das ganze Prahlen und Klatschen, das sich im Fahrwasser des sozialen Lebens abspielt, zu ignorieren und uns überhaupt nicht darum zu scheren, ob die Fingernägel lackiert sind oder wir die richtige Krawatte tragen. In aller Stille können wir das Gewicht, das sonst auf uns lastet, in die Dunkelheit werfen, um nackt und schutzlos dem Geheimnisvollen in uns selbst zu begegnen. Wir entdecken Seiten an uns, von denen wir nichts wussten. Die Widersprüche, die wir alle in uns tragen, kommen ans Tageslicht: dass wir enge Beziehungen suchen und dennoch frei sein wollen, dass wir in Sicherheit leben können und uns dennoch dem Neuen öffnen, dass wir unsere Illusionen behalten und die Welt dennoch sehen, wie sie ist, dass wir uns selbst kennen lernen können und uns dennoch gegen die Selbsterkenntnis wehren. Wir kommen in Berührung mit unserem Potential, aber vielleicht auch mit unseren Grenzen. Beides ist eine Herausforderung.

Vielleicht bekommen wir in der Einsamkeit einen Vorgeschmack dessen, was Lebenskraft und Schöpfertum bedeuten – aber auch von Destruktivem und Zerstörendem. Es mag ungewohnt und beängstigend sein, wenn wir zu erahnen beginnen, was sich alles in uns abspielt, vor allem dann, wenn wir da nicht wünschenswerte oder schlichtweg verbotene Gedanken und Gefühle bemerken. Zeitweise ertrinken wir in Empfindungen, die wir schon lange für überwunden hielten: Minderwertigkeitsgefühle, Versagensängste, Zorn über etwas, das uns angetan wurde, Reue über etwas, das wir selbst getan haben. In solchen Fällen ist es besonders wichtig, dass wir uns nicht dazu verleiten lassen, vorzeitig Wege aus der Einsamkeit zu suchen, sondern dass wir ausharren und „es" mit uns geschehen lassen. Wir sollten nichts von uns weisen, sondern alles annehmen und erforschen. Auch die positive Einsamkeit kennt schwere Augenblicke. Letztlich sind es oft eben diese Momente, die geradewegs zu Klarheit und Selbstannahme führen. „Keine Sonne ohne Schatten. Man muss lernen, die Nacht zu fühlen", schreibt der französische Autor Albert Camus.

Menschen, die ziemlich selbstsicher sind, können aus der Einsamkeit den größten Nutzen ziehen. Es kann sogar geschehen, dass wir in der Einsamkeit von einer besonderen Freude und einem stärkeren Gefühl für den Sinn des Lebens erfüllt werden, was uns an andere begnadete Augenblicke erinnert: wenn wir uns einem Musikstück hingeben, ganz in einem Kunstwerk aufgehen, uns von einer Aufgabe einfangen lassen, ein Kind streicheln, an einem frühen Sommertag unseren Blick auf den Horizont richten, auf einem Berggipfel stehen oder das Gesicht unseres Liebsten betrachten, wenn er schläft. Worte reichen nicht aus, um die Gefühle zu beschreiben, die dabei in uns geweckt werden. Wir können sie nur dankbar annehmen.

Zu dem Allerbesten in den Augenblicken freiwilliger Einsamkeit gehören die Momente, in denen wir Stille und Harmonie erleben. Dieser Zustand macht kein großes Aufheben; er ist lediglich da und zeugt davon, dass das Leben viele Dimensionen hat und dass die Dinge geschehen, ohne dass wir uns besondere Mühe geben müssten. Plötzlich passt alles zusammen. Für einen kurzen Augenblick gibt es nichts, was uns stört, nichts, was uns fehlt. Wir sind in Einklang mit uns selbst, und es reicht völlig, dass es uns gibt. „Das Leben ist ein sexuell übertragbares Leiden, das unweigerlich zum Tode führt“, hat irgend jemand einmal gesagt. Ich frage mich, ob der Grund, weshalb viele von uns eine Abwehr gegen die Einsamkeit haben, in der unbewussten Angst vor dem Tod liegt und davor, einsam zu sterben. Wir wissen alle, dass wir sterben werden, aber es kann ein ganzes Leben dauern, bis wir das schließlich akzeptieren. In einer Gesellschaft, in der Alter und Tod nicht vorkommen und uns fremd werden als etwas, das anderen, nur nicht uns selbst widerfährt, haben wir nicht besonders viel Gelegenheit, uns mit dem Tod auszusöhnen.

Beginne niemals außer dir,
wenn du deine Welt ordnen willst,
das, was du für deine Welt hältst.
Beginne in dir selbst;
„Beginne mit dem genauen Wort!“;
ich sage dir:
Beginne in der Stille!

Das ist die zweite Strophe in Ola Perssons Gedicht „Die Predigt“.

Ich möchte in diesem Buch die Möglichkeiten aufzeigen, die die Stille und die freiwillige Einsamkeit eröffnen. Wenn wir mit uns allein sind, bekommt der Tag eine neue, vollkommen andere Bedeutung. Wir finden Zeit nachzudenken, zu verschmerzen, Zeit uns zu versöhnen, Zeit zu reparieren und zu erschaffen, Zeit, das Alte zu erinnern und uns für das Neue vorzubereiten. Und uns mit dem Wesentlichen konfrontieren zu lassen: Was mache ich aus meinem Leben und wohin gehe ich? Diese Einsichten reifen nur in der Stille. Ganz tief in jedem Menschen liegt ein Schatz – wir müssen uns nur die Zeit nehmen und ihn suchen.

2 Die Kunst des Alleinseins

Ganz tief in mir drin
ist ein Kern der Stille –
den kann niemand zerstören
Ach, könnte ich nur
ein Stück davon in meine Hand nehmen
und es jemandem schenken,
der Frau, die ich liebe
(Göran Sonnevi, Mozartvariationen, zweiter Teil)

Allein sein, das muss man können

Nicht alle können das Alleinsein genießen. Die Basis für die Fähigkeit, allein zu sein, wird zeitig gelegt, wahrscheinlich schon während der ersten intensiven Monate im Leben eines Kindes, wenn es noch ganz von der Mutter abhängig ist. Das meint der britische Kinderarzt und Psychoanalytiker D. W. Winicott, der bereits im Jahre 1957 einen inzwischen klassischen Aufsatz zu diesem Thema geschrieben hat. Im Idealfall ist ein Säugling von Sicherheit und Liebe umgeben. Dies ist notwendig, damit er die innere Sicherheit entwickeln kann, die den Grund zu echtem Selbstgefühl legt. Am Anfang dieses Prozesses muss das Kind die Möglichkeit bekommen, sich in aller Ruhe mit sich selbst und seinem Körper bekannt zu machen: seine Finger zu bewegen, seine Arme zu schwenken, mit seinen Beinen zu treten, seinen Bewegungen nachzuspüren, seinen Atemzügen nachzuhorchen, seinen Herzschlag zu erahnen, seine Stimme zu erproben, seine Gefühle wahrzunehmen und allmählich zu lernen, was es bedeutet, ein Mensch zu sein. Sich selbst zu erkunden in dem Wissen, dass Mutter oder Vater in der Nähe sind, gibt dem Kind die Sicherheit, die es braucht, um sich in der Welt frei bewegen zu lernen. Ein Kind, das sich verlassen fühlt und Angst hat, ist innerlich zu zerrissen, um dies zu tun. Erst wenn es Fürsichsein erfahren hat in der Nähe und in der Bindung zu einem Erwachsenen, dem es vertrauen kann, wird sich ein Kind ruhig fühlen, wenn es allein ist. Später wird es sich in sich selbst sicher fühlen, auch wenn Mutter oder Vater woanders sind. Je mehr die innere Sicherheit des Kindes zunimmt, desto geringer ist sein Bedürfnis nach einem ständig anwesenden Erwachsenen. Mutter oder Vater können sich immer länger fern halten, ohne dass das Kind sie besonders vermisst. Es hat gelernt, darauf zu vertrauen, dass sie zurückkommen, und seine Fähigkeit, allein zu sein, hat sich gefestigt.

Dieser Prozess braucht Zeit und verläuft auf verschiedene Weise. Ein Kind durch seine ersten Lebensjahre zu begleiten, erfordert vom Erwachsenen Sensibilität und die Fähigkeit, sich den wechselnden Bedürfnissen des Kindes anzupassen. Wer Verantwortung für ein Kind trägt, muss zugänglich und hellhörig sein, ohne sich aufzudrängen; und er muss die Bedürfnisse des Kindes in den Vordergrund stellen können. Das ist eine schwere Aufgabe, vor allem dann, wenn es einem selbst irgendwie nicht gut geht, wenn man sich selbst nicht liebenswürdig findet, wenn man aus dem Gleichgewicht geraten ist und sich kaum im Stande sieht, zwischen den eigenen Bedürfnissen und denjenigen des Kindes zu unterscheiden. Genauso fühlen wir uns manchmal. Es kann passieren, dass eine Mutter, die niedergeschlagen oder deprimiert ist, von ihrem eigenen Gemütszustand stärker geleitet wird als von dem, was für das Kind am besten ist. Wenn sie sich am liebsten verkriechen würde, tut sie sich zuweilen schwer damit, offen und hellhörig zu sein, wenn das Kind schmusen möchte. Genauso kann sie Schwierigkeiten damit haben, das Bedürfnis des Kindes, in Ruhe gelassen zu werden, wahrzunehmen und darauf zu reagieren, wenn sie sich selbst danach sehnt, dadurch getröstet zu werden, dass sie den kleinen warmen Körper eng an sich drückt. Eine Mutter, die ihr Kind immerzu auf den Arm nimmt und mit ihm schmust, kann die Entwicklung des Kindes ebenso stark beeinträchtigen wie eine, die das Kind allein lässt, bevor es reif dazu ist. Meine eigene Mutter war eine liebevolle, aber sehr junge Frau, die mich zwischendurch als Puppe betrachtete, die immer zur Verfügung stand, um auf den Arm genommen und umgezogen zu werden, und mit der man immer spielen konnte. Ich habe mich tausend Mal gefragt, was sie wohl tat, wenn ich die schönen Kleider nass machte oder mich dagegen wehrte, wenn sie mich umarmte. Sie wusste es nicht besser, da es niemanden gab, der ihr sagte, was Kleinkinder brauchen. Eltern sein ist nicht leicht, vor allem nicht, wenn man jung und unerfahren ist.

Kleinkinder passen sich schnell den Bedingungen der Erwachsenen an. Die meisten sind ungemein empfänglich dafür, wie es der Mutter oder dem Vater geht, und erkennen rasch, was sie möchten; ob sie mental anwesend sind oder nicht, und was sie tun können, um sie im Lot zu halten. In einem unendlich differenzierten Prozess eignet sich das kleine Kind die Sicherheit an, die ihm in diesem frühen Zusammenspiel mit den Erwachsenen vermittelt wird – oder es behält aus der ersten Zeit einen Mangel an dieser Sicherheit. Diese Begegnungen beeinflussen in hohem Maße die Art und Weise, wie das Kind später dem Leben gegenübersteht: mit Vertrauen oder mit Argwohn, mit Zuversicht oder mit Angst.

Jedes Kind hat ein Recht darauf, geliebt und so angenommen zu werden, wie es ist; es hat ein Recht darauf, sich auf dieser Welt sicher und willkommen zu fühlen. Leider sieht jedoch die Wirklichkeit oft ganz anders aus. Viele müssen ohne diese selbstverständliche Basis zurechtkommen und werden gezwungen, ein Leben jenseits ihres wahren Wesens zu führen. Davon abgesehen, geschehen selbst unter den besten Bedingungen Dinge im Leben eines Kindes, die Anlass zu Angst und Furcht bieten. Einzelne Erlebnisse führen noch nicht dazu, die Entwicklung in die falsche Richtung zu wenden. Erst wenn es wiederholt solche Erfahrungen macht, nimmt das Kind ernsthaft Schaden in seiner Fähigkeit, sich sicher zu fühlen, wenn es allein ist.

Die Kunst der Langeweile

Ich möchte von einer Beobachtung Winnicotts berichten, die in übertragenem Sinne mit der Fähigkeit, allein sein zu können, verbunden ist. Während seiner langen Laufbahn als Arzt führte er eine Menge Untersuchungen mit Kleinkindern durch. Es ist gesund und natürlich, dass ein kleines Kind Angst bekommt, wenn der Arzt ein Spatel auf seine Zunge legen möchte, um in seinen Rachen schauen zu können. Auch Mütter werden dabei leicht nervös und versuchen das Ganze zu beschleunigen, indem sie ihr Kind mehr oder weniger erfolgreich dazu zu bewegen versuchen, den Mund zu öffnen. Der Rat Winnicotts dabei war deutlich: Tu gar nichts, außer ruhig zu sein und zu warten. Er stellte bei den Kindern ein typisches Verhaltensmuster fest. Nach einer Phase des Zögerns versuchte das Kind, dessen Blick zwischen Mutter und Arzt hin und her wanderte, nach dem Spatel zu greifen. Oft verhielt sich das Kind ganz ruhig und konzentriert, bevor es nach einer Weile sein Gesicht in den Kleidern seiner Mutter versteckte und damit zeigte, dass der Spatel uninteressant geworden war. Zu diesem Zeitpunkt griffen die Mütter für gewöhnlich ein – mit aufmunternden

Lauten bis hin zum Zwang. Diese Versuche, das Kind dazu zu bringen, sich untersuchen zu lassen, führten allerdings in den meisten Fällen zu Protest und Widerstand. Wenn die Mutter stattdessen gar nichts tat, erwachte das Interesse des Kindes für den Spatel von sich aus wieder. Eine Phase des Zutrauens setzte nun ein, in der das Kind lebhaft und aktiv wurde, nach dem Spatel griff, damit umherwedelte, und ihn schließlich, wie es sein sollte, zum Mund führte. Die Neugier des Kindes überwand seine Angst, und eine Zusammenarbeit mit dem Arzt kam zu Stande. Es galt lediglich, ein wenig Geduld zu haben und das Tempo des Kindes zu respektieren.

Um der Effektivität willen gehen wir oft vor wie Elefanten im Porzellanladen und verlangen von unseren Kindern mehr, als sie können und schaffen. Ich glaube, dass wir an unseren Kindern schuldig werden, weil wir sie überreizen und ihr Bedürfnis unterschätzen, einzuhalten und abzuwarten, bevor sie sich der nächsten Aufgabe annehmen. Wir sind so sehr darauf bedacht, dass unsere Kinder etwas *tun*, dass wir ihr mindestens genauso großes Bedürfnis übersehen, einfach nur zu *sein*. Schlendern – ob nun im tatsächlichen oder im übertragenen Sinne – ist nicht gefährlich. Die Phasen, in denen man eher unsicher wartet, bevor man weiß, was man tun möchte (oder ob man überhaupt etwas tun möchte), sind ein wertvoller, allerdings vernachlässigter Teil in der guten Entwicklung eines Kindes.

Ich erinnere mich mit Schrecken an all die Bastelabende im Kindergarten oder in meiner Freizeit, die ich durchlitten habe, als meine Kinder klein waren – während ich so tat, als würde ich mich amüsieren. Wir Eltern zwängten uns in die Kinderbänke, wo wir artig lächelnd zusammensaßen und mit Schere, Kleisterdosen, Federn, Perlen, Baumwollbäuschen, Garnresten und kleinen roten und gelben Kugeln herumhantierten, die je nach Jahreszeit zu Kobolden oder Osterhasen verarbeitet werden sollten. Ich kann mich erinnern, wie wir eine Masse unnützes Zeug produzierten und kannenweise Kaffee tranken, dabei jedoch nicht allzu viel miteinander oder mit den Kindern zu schaffen hatten. Wir waren voll damit beschäftigt, Eindruck zu schinden. Ich hoffe, dass es heute mehr Verständnis dafür gibt, dass wir bei unseren Treffen nicht immer aktiv sein müssen, aber ich habe meine Bedenken. Kindern wird durch unzählige Signale gezeigt, dass es falsch sei, untätig zu sein – mit der Folge, dass sie unruhig sind und sich schämen, wenn sie nichts zu tun haben. Wir haben Angst davor, uns zu langweilen. Das noch größere Problem ist aber meiner Meinung nach, dass wir es einfach nicht *können.*

Manchmal aber muss man Geduld haben und auf sich selbst warten, um seine Gefühle einzuholen, seine Eindrücke zu verarbeiten und seine Gedanken kommen und gehen zu lassen, wie sie es selbst wollen. Ich erinnere mich daran, wie ich vor einigen Jahren gegen Ende einer Radiosendung ein Musikstück hörte, das mich sehr berührte. Statt ihm bis zum Ende zu lauschen, begann ich herumzulaufen und nach einem Stift zu suchen, um mir den Namen des Stücks zu notieren, falls es angesagt würde. Warum konnte ich nicht still dasitzen und genießen, statt mich dazu zu zwingen, von dort, wo ich war, wegzugehen? Was in unserem Inneren gerade leise und vorsichtig Gestalt annimmt, braucht seine Zeit; das funktioniert jedoch nicht, wenn alles im Vorhinein geordnet und geregelt wird. Der schöpferische Impuls kann dabei nicht seine Wirkung zeigen. Sicherlich erinnert sich jeder von uns daran, wie er als Kind einmal darüber klagte, dass alles unendlich langweilig sei – nur um einen Augenblick später von einer Tätigkeit richtig gefangen genommen zu werden. Sich zu langweilen bedeutet zuzulassen, für eine Weile in der Luft zu hängen. Das fühlt sich an wie Stillstand; und doch treibt in der Zeit, in der man sich langweilt, die Knospe dessen, was wachsen wird. Langeweile ist tatsächlich ein Zustand, den man mit Sorgfalt behandeln sollte. Sie stellt eine Möglichkeit dar, einen Ausgangspunkt für etwas Neues. Unser Widerwille gegen die Langeweile mag sich als gewaltig erweisen, nicht zuletzt deshalb, weil sie uns die Gelegenheit verschafft, uns selbst näher zu kommen. In diesen Stunden sammeln wir Kraft. Die Langeweile zuzulassen ist ein notwendiger Teil eines Prozesses, der nicht dadurch gestört werden sollte, dass wir uns vor der Zeit zu einer Aktivität zwingen. Sie ist schließlich nichts anderes als ein leerer Raum, der gefüllt werden soll.

Wir können heutzutage zwischen unendlich vielen Möglichkeiten wählen, wenn wir Zeit haben. All diese Wahlmöglichkeiten geben uns eine theoretische Freiheit – die in der Praxis eine Begrenzung darstellen kann. Vor einigen Jahren bekamen wir Kabelfernsehen und konnten plötzlich zwischen einigen Dutzend Programmen auswählen. Nachdem ich mich an einigen Abenden damit vergnügt hatte, zwischen den einzelnen Programmen hin und her zu schalten, schaue ich inzwischen weniger fern als zu der Zeit, in der es nur einige wenige Kanäle gab. Die Auswahl ist viel zu groß; dafür ähneln sich die Programme. Werden wir jemals lernen, dass *weniger* in der Tat *mehr* sein kann und dass es solche scheinbar untätigen Augenblicke sind, die uns voranbringen? Kann es sein, dass wir so dringend nach etwas suchen, das ein gelangweiltes Kind ablenken kann, weil wir es als ein Zeichen von Kritik verstehen, als ein Zeichen dafür, dass wir sein Dasein nicht reizvoll genug gestalten? Fühlen wir uns schuldig, dass wir mit unserem Kind nicht so oft zusammen sind, wie wir es gerne möchten oder zu müssen meinen? Die Psychologin Lilian Levin zeigt in einem Artikel mit der Überschrift „Das Recht des Kindes auf Widerwillen“ in der schwedischen Zeitschrift für Psychologie vom Herbst 1999, dass sich heute ein Großteil der elterlichen Energie darauf richtet, die Aktivitäten der Kinder zu organisieren. Die Eltern verwalten die „Freizeit" ihres Kindes mit eifrigem Ehrgeiz und einer ausgeklügelten Planung. Levin versteht dies als Teil der gesellschaftlichen Entwicklung zu einem erhöhten Anspruch auf Professionalisierung und Spezialisierung in allen möglichen Tätigkeitsfeldern hin. In ihrem Artikel beschreibt die Autorin, dass ein krankes Kind zu Hause für große organisatorische Probleme sorgen kann. Im Gegensatz dazu erzählt Levin von der Zeit, als sie selbst ein Kind war und krank wurde. Da war ihre Mutter überglücklich, dass sie tagsüber Gesellschaft bekam. Sie backte Kuchen, verwöhnte sie mit Tee und Keksen, las ihr Märchen vor und nahm alles ganz gelassen. Wäre es nach der Mutter gegangen, hätte das kleine Mädchen gerne einen Tag länger zu Hause bleiben können. Heutzutage zählen diese Augenblicke für Levin zu ihren liebsten Erinnerungen. Woran werden sich unsere Kinder erinnern? Ich zweifle daran, dass es die zahlreichen reizvollen Ausflüge und Thementage sein werden, die wir für sie organisieren, während wir arbeiten gehen.

Es gibt Menschen, die sich in Aktivitäten flüchten, um sich nicht leer zu fühlen, und Menschen, die sich langweilen, um sich nicht einsam zu fühlen. Die meisten von uns können das Gefühl, mit ihren Liebsten verbunden zu sein, lebendig erhalten, auch wenn sie gerade nicht mit ihnen zusammen sind. Auch wenn sie sich zeitweilig woanders aufhalten, wissen wir um ihre emotionale Nähe. Manche Menschen haben es allerdings schwer, ihre Beziehungen aufrecht zu erhalten, wenn sie allein sind. Wenn so ein Mensch allein ist, verliert er leicht das Gefühl, in Kontakt zu sein, und fühlt sich isoliert und verloren. Die Einsamkeit stellt für diese Menschen einen öden und armseligen Zustand dar; er erinnert an das angsterfüllte Schreien eines Kindes nach jemandem, der niemals kam. Man muss ganz sicher in sich selbst sein, um zuzulassen, an jemanden zu denken und ihn zu vermissen und gleichzeitig die Einsamkeit zu genießen und als Quelle der Kraft und Erneuerung zu nutzen.

Die Angst vor Nähe

Es gibt auch eine Art Einsamkeit, die mit der Angst vor Nähe zu tun hat. Man entscheidet sich dafür, einsam zu sein, weil man nicht das Risiko einer Beziehung eingehen möchte. Manchen Menschen sieht man es von weitem an, dass man ihnen nicht zu nahe kommen darf: Berührungen können Gefahr bedeuten, Beziehungen sich als Lug und Trug erweisen. Mit jemandem eine Beziehung zu haben, könnte heißen, dass man ihn lieb gewinnt. Und was passiert, wenn man von ihm oder ihr enttäuscht wird? So denken diese Menschen und drücken sich vor Kontakten, die ihr hart erkämpftes emotionales Gleichgewicht bedrohen könnten. Viele haben sich so sehr daran gewöhnt, mit allen Dingen allein zurecht zu kommen, dass sie eine Lebenshaltung, die auf Distanz zu anderen beruht, für naturgegeben halten. Ich glaube, dass sich in unserer Gesellschaft eine Bis-hierher-aber-nicht-weiter-Einstellung ausgebreitet hat, und das führt dazu, dass Beziehungen flüchtig werden und Tiefe vermissen lassen. Das Idealbild „Einsam ist stark!" macht uns Angst vor Intimität und aufreibenden Gefühlen. Man sollte sich nicht binden, sagen wir, und setzen Abhängigkeit und Schwachheit mit Bindung gleich. Tatsache ist aber, dass jeder Mensch geliebt und gebraucht werden möchte. Dies ist unser grundlegendstes Bedürfnis – es gehört zum Menschsein. Ylva Eggehorn drückte es einmal so aus: „Wir sind mit ‚einander' ausgerüstet." Wir sind nicht dazu geschaffen, dass jeder unter seiner eigenen Glasglocke lebt. Wir brauchen einander, und das kann uns bisweilen wahnsinnige Angst bereiten. Eine übliche Art, mit den gemischten Gefühlen, die

Nähe weckt, umzugehen, ist, sich mal von anderen fern zu halten, mal ihnen nahe zu kommen. Manchmal viel zu nahe und viel zu intensiv; denn Menschen, die sich schwer damit tun, zu ihren Gefühlen zu stehen, haben auch Schwierigkeiten damit, sich in andere hineinzuversetzen. Sie missdeuten Signale und ziehen falsche Schlüsse. Deshalb scheitern schließlich viele ihrer Versuche, Nähe zu leben, womit sie genau das bestätigt finden, was sie befürchteten: dass nämlich enge Beziehungen gefährlich sind. Nähe weckt sowohl Angst als auch Hoffnung. Wir scheuen sie und werden gleichzeitig von ihr angezogen. Wir sehnen uns nach ihr, während wir sie gleichzeitig fürchten wie den Tod. Dieses Karussell dreht sich weiter: hinein in die Beziehung, weil wir ihrer bedürfen, heraus aus der Beziehung aus Angst vor ihr. Und das tut weh.

Manche Menschen fühlen sich, wenn sie allein sind, nicht ganz echt. Als ob sie sich, wenn sie keinen physischen Kontakt zu anderen haben, in Luft auflösten, in einen Abgrund stürzten oder in einem Eisblock feststeckten. So beschreibt ein schizophrenes Mädchen ihre innere Isolation: „Die Leute stellen sich die Hölle als einen Ort vor, wo es sehr heiß ist und Feuer brennen. Das ist nicht die Hölle. Die Hölle ist, wenn du einsam bist, festgefroren in einem Eisblock. Und genau dort lebe ich.“ Als Therapeutin habe ich viele solcher Beschreibungen gehört; auch von Menschen, die normalerweise ganz gut mit der Wirklichkeit klarkommen.

Der amerikanische Künstler Edward Hopper war ein Meister im Malen der Einsamkeit, einschließlich derjenigen, die sich in einer Beziehung ausbreiten kann. Seine Bilder fangen Augenblicke eingefrorener Zeit ein. Der Vorhang hat sich gehoben, aber die Vorstellung hat noch nicht begonnen. Hopper beleuchtet das Ungewöhnliche im Alltag und die Komplexität im Einfachen. Eines seiner bekanntesten Bilder, *Zimmer in New York*

(1932), zeigt ein Paar in einem Hotelzimmer. Es ist Abend. Der Mann sitzt in einem Sessel und liest die Zeitung. Am Klavier sitzt die Frau und berührt mit einem Finger eine Taste. Ihre Körperstellung drückt Widerwillen aus. Jeder befindet sich in seiner eigenen Welt. Man hat nicht den Eindruck, dass die beiden aufeinander reagieren oder ein angenehmes Beisammensein erleben. Vielmehr scheint eine Stummheit zwischen ihnen zu herrschen. Auf einem späteren Bild, *Morgensonne* (1952), sitzt eine Frau einsam auf dem Bett in einem Zimmer, das zu einer Mietwohnung oder zu einem Hotel zu gehören scheint. In starkes, schonungsloses Morgenlicht getaucht, schaut sie aus einem großen Fenster auf ein Gebäude hinaus, in dem sich nichts Lebendiges rührt. Was schildern diese Bilder? Was ist Schein, und was ist Wirklichkeit? Wo liegt die Grenze, und woher weiß man, dass das, was man sieht, wahr ist? Das große Leiden vieler Paare ist oft gerade die Einsamkeit. Sie wird nicht immer dadurch aufgehoben, dass man zu zweit ist. Manchmal kann sie durch die Zweisamkeit sogar verstärkt werden. Wir sind sehr gut darin, unsere Verletzlichkeit voreinander geheim zu halten, und es kann passieren, dass wir unsere Gefühle sogar vor uns selbst verbergen. Hinter dem Gesicht, das wir zeigen, kann sich eine schreckliche Einsamkeit verbergen.

Einsamkeit im physischen Sinne kann mehr bedeuten, als wir glauben. Es ist normalerweise tabu, uns gegenseitig anders als in ganz bestimmten Situationen zu berühren, und das Bedürfnis nach körperlicher Berührung wird in unserer Kultur wahrscheinlich stark unterschätzt. Ich glaube, dass alle Menschen ein Bedürfnis danach haben, zu berühren und berührt zu werden, dass wir allerdings keinen Ausdruck dafür finden und es daher mit Sexualität verwechseln. Alle wissen wir, wie schön es ist, wenn uns jemand den Rücken krault oder die Stirn streichelt, wenn wir uns müde und erschöpft fühlen.

Kerstin Uvnäs-Moberg ist Professorin für Pharmakologie und hat bahnbrechende Untersuchungen über die Bedeutung von Berührungen und ihre beruhigende Wirkung auf den Körper durchgeführt. Im Vergleich zu anderen Regionen auf der Welt sind wir in Schweden wohl sehr vorsichtig, was Körperkontakt angeht. Vor allem Männer berühren einander nur ganz selten, und wenn, dann nur beim Sport, wo manche ganz schön austeilen können. In den letzten Jahren sind die unterschiedlichsten Formen von Massage und andere Körperbehandlungen immer populärer geworden. Auf einem öffentlichen Platz vor einem großen Einkaufszentrum im Zentrum von Stockholm konnte ich neulich Menschen jedes Alters sehen, die sich massieren ließen und sich damit auf eine Weise exponierten, die vor zehn Jahren kaum vorstellbar gewesen wäre.

Die Angst vor Nähe kann uns eine Beziehung zerstören lassen, noch bevor sie eine Chance hatte, Früchte zu tragen. Manchmal reicht ein kleines Versäumnis: Wir lehnen eine Einladung ab, die wir eigentlich annehmen wollten, wir schlagen unsere Augen nieder, statt einem fragenden Blick zu antworten, wir gehen nicht ans Telefon, obwohl wir wissen, wer anruft, und ahnen, was er oder sie auf dem Herzen hat, wir beantworten einen Brief nicht und reagieren nicht auf ein Kompliment. Das schmerzliche Tauziehen zwischen „Stell dir vor, das geht schief!“ und „Stell dir vor, das klappt!“ lässt uns dem, was möglich ist, den Rücken zukehren. Der Gedanke daran, jemandem nahe zu kommen, weckt eine Hoffnung, die uns Angst macht. Angst lässt uns verleugnen, was wir eigentlich hoffen oder wollen – und nicht selten endet das Ganze damit, dass wir das von uns weisen, was wir uns am meisten wünschen. Erstaunlich genug sind es oft die guten, nicht die schlechten Erfahrungen, die manche Menschen trotz alledem dazu bringen, sich für die Einsamkeit zu entscheiden. Ich glaube, dass die Erinnerung an eine hoffnungsvolle Zeit am meisten schmerzen kann. Und es sind oft die Beziehungen, die Hoffnung auf etwas Gutes weckten, an denen sich manche Menschen verbrannt haben. Daraus haben sie den Schluss gezogen, dass es trotz allem am sichersten ist, das Unmögliche bestätigt zu sehen: „Was habe ich gesagt? Ich komme allein zurecht!“, sagen sie dann und gehen ihren einsamen Weg. Dies ist die heimliche Tragödie vieler Menschen.

Ich glaube, dass in den meisten von uns etwas von diesem Denken steckt. In einer Gesellschaft, in der Abhängigkeit skeptisch betrachtet und Für-sich-allein-Sein wohl eher als Tugend bezeichnet wird, können wir ihm kaum entkommen. Intellektuelle Fähigkeiten und verbale Geschicklichkeit stehen höher im Kurs als Echtheit und emotionales Engagement. Leistungseifer und Konkurrenzlust lassen Zusammenarbeit und Mitgefühl als etwas ganz Entferntes erscheinen. Viele ziehen es vor, sich in sich selbst zurückzuziehen. Hinter einer Verbindlichkeit, die zu nichts verpflichtet, verbirgt sich das Erleben einer „Einsamkeit in der Masse“ sowie ein tiefes Bedürfnis nach genuinem menschlichem Kontakt. Es gibt mehr emotionalen Hunger, als wir ahnen, obwohl er geschickt verborgen wird. Nur wir selbst wissen, wie es darum steht. Angesichts der wachsenden Anforderung, in allen Dingen tüchtig, unternehmungslustig und sozial kompetent zu sein – um nicht von jung und schön zu reden –, verwundert es nicht, wenn wir uns von dem Bild des makellosen, glänzenden Menschen, den uns Fernsehsoaps, Werbung und sonstige Bilder vermitteln, blenden lassen. Die Wahrheit ist natürlich, dass wir alle eine dunkle und weniger ansprechende Seite haben, die wir am liebsten für uns behalten. Der spanische Dichter Federico Garcia Lorca schreibt:

Die meisten Menschen benutzen ihr offizielles Leben als eine Visitenkarte. Sie zeigen sie anderen und sagen: „Das bin ich.“ Die anderen sehen die Karte und denken sich: „Wenn du meinst!“ Aber die meisten Menschen haben auch ein anderes Leben, ein graues Leben, das im Dunkeln lauert und uns peinigt, ein Leben, das wir zu verbergen suchen wie eine hässliche Sünde.

In zwischenmenschlichen Beziehungen gibt es kein Schwarz und Weiß. Das Leben ist unendlich komplex, und die einzig angemessene Haltung angesichts dieser Vielschichtigkeit ist Demut. Wir brauchen einander, und wir existieren nur in Beziehung zueinander. Was wären Eltern ohne Kinder, was wäre ein Arzt ohne Patienten, ein Kellner ohne Gäste, ein Chef ohne Angestellte? Auf dieselbe Art setzen unsere Vorzüge und unsere Defizite, unsere Schwächen und unsere Stärken einander voraus und machen uns zu ganzen, aber nicht zu vollkommenen Menschen. Wer sich Mühe gibt, seine Schattenseiten außen vor zu lassen, lebt in einem unwirklichen Dasein. Davon abgesehen neigt das, was wir nicht kennen wollen, dazu, sich in den Augenblicken zu zeigen, in denen wir allein und eher ungeschützt sind. Das kann uns dazu treiben, nach allem zu greifen, was unsere Gefühle betäubt und unsere Gedanken ablenken kann: nach Essen, Alkohol, Sex, Drogen, Arbeit, Sport, Zigaretten, Internet, Bewegung. Eine Möglichkeit, seine Gedanken auf Abstand zu halten, ist es, immer Menschen um sich zu haben. Zu reden und in Erscheinung zu treten, kann eine Art sein, die Verwirrung der inneren Leere zu tarnen. Alle Umgangsformen eignen sich dazu, Hauptsache, sie halten uns auf der Außenseite unserer selbst: zanken, quasseln, lieben, klagen, klatschen, scherzen, anklagen, schimpfen, glänzen – all das kann eine Weile dazu dienen, nicht nachzuschauen und zu zeigen, wer wir sind. Der dänische Philosoph Søren Kierkegaard hat deutlich gemacht, dass der moderne Mensch auf seiner Jagd nach immer neuen Erlebnissen und äußerlichen Beziehungen sich selbst flieht. Wer niemals still steht, braucht sich auch nicht mit seiner eigenen Verlassenheit auseinanderzusetzen; gleichzeitig aber verpasst er die Chance, tiefere Einsichten über sein Dasein zu gewinnen. Ein Mensch kann viel auf sich nehmen, um der Begegnung mit dem eigenen Selbst aus dem Weg zu gehen.

Gemeinsam einsam

Es geht mir nicht um die Einsamkeit, die darauf zielt, Beziehungen zu fliehen und Mauern statt Brücken zu errichten. Die freiwillige positive Einsamkeit ist sowohl ein Ziel in sich als auch ein Mittel, das uns hilft, uns *zueinander hin-* und nicht *voneinander ab*zuwenden und in vertrauten Beziehungen zu leben, die nicht beim leisesten Gegenwind kaputt gehen. Ein Mensch, der in sich selbst sicher genug ist, braucht keine Angst vor Nähe zu haben und macht sich, um sich wirklich und wahr zu fühlen, eher nicht von anderen abhängig. Er kann einsam sein, ohne sich abgewiesen zu fühlen, und er ist sich seines Wertes sicher, unabhängig davon, ob er allein oder mit jemandem zusammen ist. Seine eigenen Ängste sind ihm nicht fremd – so kann er etwa sagen: „Ich habe keine Angst, ich wage es zu zittern!" Er braucht nicht immerzu Menschen um sich zu haben, damit sein Leben einen Sinn hat. Das bedeutet nicht, dass er nicht Leid erfährt – wir können es nicht umgehen, und es wäre wohl auch nicht gut, wenn wir das könnten. Aus vollen Zügen zu leben, bedeutet nämlich beides: genießen und leiden. Wenn wir das eine dämpfen, nehmen wir auch dem anderen seinen Stachel.

Nicht immer ist die freiwillige Einsamkeit gut. Unter gewissen Umständen kann sie als ein Schild gegen den Kummer verwendet werden, dem keiner – selbst in den glücklichsten Beziehungen nicht – beikommt. Manche Menschen verlieren ihre Selbstachtung, wenn sie nicht ihre „Tagesdosis" an Wertschätzung und Bestätigung bekommen. Andere hingegen opfern, sobald sie eine neue Beziehung eingegangen sind, das Personalpronomen *ich*: „Wir denken", „wir haben gesehen", „wir haben gelesen", „wir kennen", „wir können", „wir müssen", „wir wollen". Dabei riskieren sie, mit ihrem Partner *zusammenzuwachsen,* statt mit ihm *zusammen zu wachsen.* Das heißt allerdings nicht, dass wir Menschen nicht einander brauchen. Aber die Frage, *wozu* wir einander brauchen, stellt sich hier in ihrer ganzen Brisanz. Eines der unbezwinglichsten Bedürfnisse ist jenes, zu berühren und berührt zu werden – das soll aber nicht um den Preis geschehen, dass die Luft zwischen uns knapp wird, dass wir kurzsichtig werden und die Perspektive verlieren. Ich glaube, dass die glücklichsten Beziehungen diejenigen sind, die sowohl der Gemeinschaft als auch dem Alleinsein Raum lassen, und wo beide Partner sowohl ihr eigenes als auch das Recht des anderen auf diesen Raum verteidigen. Uns mit unseren Sorgen bekannt zu machen und in das Leben des anderen einzumischen, ohne das eigene Besondere zu verlieren, ist ein Reifeprozess, der so lange dauert wie die Beziehung selbst. Maria Wine hat es in der letzten Strophe ihres Gedichts „Vielleicht ist ein unsicheres Schiff" so zum Ausdruck gebracht:

Gib mir die fähigkeit
zuschauer meines eigenen schmerzes zu sein
und nicht als sklave untertan
Gib mir die fähigkeit
mich zu berauschen mit allen weinen des lebens
von klarheit zu klarheit mich zu berauschen
Lehre mich sprechen zu den durstigen
mit der klarheit des wassers
zu den trauernden mit wolkenbrechenden
worten der freude
Und lehre mich schließlich
ohne verstrickung zu lieben.

Die Verstrickungen der Zweisamkeit sind ein dankbares Thema in Kunst und Literatur wie auch in Frauenzeitschriften. Und sicherlich sind enge Beziehungen mit das Beste im Leben – unter der Voraussetzung, dass man sich davor hütet, die Latte zu hoch zu stecken und das Unmögliche zu erwarten. Selbst mit dem allerbesten Willen gibt es bei den Menschen, die uns nahe stehen, immer Dinge, die wir nicht verstehen und mit denen wir uns nicht abfinden können. Etwas anderes zu erwarten, ist eine Einladung zu Betrug, Anklage und einem unangenehmen Gefühl von Versagen. Es ist unnütz und unmenschlich, von den anderen zu erwarten, dass sie immerzu teilnehmen und verstehen. Bedeutet Liebe nicht vielmehr, dem anderen dieselbe Bewegungsfreiheit und dieselbe Nachsicht zu gönnen wie sich selbst? Wenn wir uns zum x-ten Mal über seine oder ihre Fehler und Mängel beklagen, könnte es hilfreich sein zu überlegen, dass ein Mensch, je „fehlerfreier" und voraussehbarer er ist, auch desto weniger wirklich und lebendig ist. Warum wollen wir bei den Menschen, die wir lieb haben, eingreifen und sie ändern und ummodeln? Warum ist es so schwer, sie so zu lassen, wie sie sind? Folgendes schreibt Carl Gustav Jung an einen Freund, dessen Ehe sich in einer Krise befand:

Du hast in deiner Ehe etwas erfahren, was eine beinahe allgemeine Tatsache ist – dass nämlich Individuen verschieden sind. Im Grunde bleibt jeder für den anderen ein unergründliches Rätsel. Niemals herrscht vollständige Harmonie. Wenn Du überhaupt einen Fehler begangen hast, so liegt er darin, dass Du Dir zu viel Mühe gegeben hast, Deine Frau zu verstehen, ohne mit einzuberechnen, dass Menschen schließlich nicht wissen wollen, was für Geheimnisse in ihrer Seele schlummern.

Geben wir uns vielleicht deswegen so viel Mühe, in das Wesen des anderen einzudringen, um den Kontakt mit unserem eigenen Wesen zu verlieren? Der düsteren Auffassung des französischen Philosophen und Schriftstellers Jean-Paul Sartre zufolge ist die physische Liebe der verzweifeltste Versuch des Menschen, mit dem anderen zu verschmelzen und die unerträgliche Einsamkeit zu bekämpfen. Das Gefühl von Leere nach dem Sex, das viele kennen, hat er als Beweis dafür interpretiert, dass nicht einmal die Liebe von der Einsamkeit heilen kann. Bis spät ins Erwachsenenalter hinein nähren manche Menschen die Hoffnung, dass eines Tages wie im Märchen jemand in ihr Leben treten und sie weg von den dunklen Winkeln ihrer Seele führen wird, hinein in das wahre Glück. Dies ist ein verlockender Gedanke, der seinen Ursprung wahrscheinlich in der berechtigten Erwartung des Kindes hat, ganz und ohne Vorbehalt geliebt zu werden. Das geschieht vielleicht auch manchmal, jedoch eher selten, und hält nicht lange an. Die Liebe ist nicht vollkommen. Kein Mensch und keine Beziehung sind jemals vollendet. Es muss eine Leere geben, die der Sehnsucht Platz lässt. Einer der Hauptgründe, warum Beziehungen zerbrechen, liegt darin, dass wir von den Phantasien darüber, was wir bekommen *könnten* oder *müssten*, nicht loskommen können. Die Nachwirkungen der frustrierten Sehnsucht des Kindes danach, vollkommenen und bedingungslos angenommen zu sein, können Erwachsene dazu führen, unangemessene Bedürfnisse aneinander zu stellen. Genau wie der perfekte Mensch ist auch die perfekte Beziehung ein Wunschtraum. Statt hinter ihm herzujagen, kann man versuchen, einen Moment still zu halten und die Beziehung, in der man bereits lebt, näher zu betrachten. Es gibt immer mehr zu entdecken, als auf den ersten Blick erkennbar ist, ob man nun allein ist oder mit jemandem zusammen. Kann es sein, dass wir vielleicht zu schnell aufgeben?

„Ein Ort für die Einsamkeit. Ein Winkel für den Zorn. Ein paar Quadratmeter Platz für Gedanken und Zeitungen, Träume und konkrete Seelenspiegelung." So beschrieb neulich eine Zeitung die Möglichkeiten, die eine Toilette bietet. Wir sind erfinderisch, wenn es darum geht, einen geschützten Raum zu finden. Meditieren, lange Spaziergänge machen, im Café sitzen, früh morgens aufstehen, Auto fahren, in die Kirche gehen, einen Garten pflegen, eine systematische Entspannungstechnik praktizieren, auf den Trimm-dich-Pfad gehen, all dies kann für Menschen eine Möglichkeit darstellen, im Alltag einen eigenen geschützten Raum für sich zu verteidigen. Für einen Augenblick auf einer Parkbank zu verweilen oder die Tür zum Büro geschlossen zu halten, kann schon eine Menge bewirken. Eine frühgeschichtliche Stadt südlich von Rom hieß *Tusculum* und war als der Ort berühmt, wohin sich – unter anderem – Cicero zurückzog, um nachzudenken. Im übertragenen Sinne verwendete man später den Begriff *tusculum* oder *tusculanum*, um einen Ort zu bezeichnen, an dem man sich ungestört seinen Studien widmen konnte. Ich meine, alle Menschen können ihre eigene Form eines *tusculum* gebrauchen. Wer jeden Tag hohen und wechselnden Anforderungen ausgesetzt ist, kann ein besonders großes Bedürfnis danach haben, auch allein zu sein, das Tempo zu drosseln und den eigenen Grund zu spüren. Ob man zu diesem Bedürfnis steht oder es lieber sein lässt, hat mit der Persönlichkeit eines Menschen und mit seinen Lebensumständen zu tun. Viele sind in diesem Punkt nachlässig. Ich halte es für eines unserer größten Probleme, dass wir keine Zeit und keinen Platz finden, um für uns allein zu sein. Doch wir sollten das Bedürfnis nach Alleinsein ernst nehmen.

Sowohl Kinder als auch Erwachsene brauchen Zeit für sich selbst – darüber sind sich viele Forscher einig. Bei etwa zehn

Prozent der Bevölkerung dürfte dieses Bedürfnis besonders groß sein. In dieser Gruppe gibt es Menschen, die mit ihrem Leben relativ zufrieden sind, denen es aber psychisch schlecht geht, wenn sie der Möglichkeit beraubt werden, für sich selbst zu sein. Ich gehöre wohl selbst zu dieser Kategorie. Mein Bedürfnis nach Einsamkeit hat mit den Jahren drastisch zugenommen, im selben Maße, wie mein Interesse, neue Fertigkeiten zu erlernen und neue Zusammenhänge zu erschließen, nachgelassen hat. Ich gebe jenen Forschern recht, die meinen, dass das Bedürfnis nach Einsamkeit mit fortschreitendem Alter zunimmt.

Aber auch ein junger Mensch kann ein Bedürfnis danach haben, in aller Ruhe seinen Gedanken nachzugehen. A. A. Milne, der Erfinder von „Puh dem Bären", schreibt 1927 in dem Gedicht „Einsamkeit", das sich an Kinder richtet:

Ich hab ein Haus, und da geh ich hin,
wenn zu viele Menschen um mich sind.
Ich hab ein Haus, und da geh ich hin,
damit ich meine Ruhe find.
Ich hab ein Haus, und da geh ich hin,
wo niemand sagt „ja" oder „nein",
denn in diesem schweigsamen Haus,
da bin ich ganz allein.

Es mag sein, dass Eltern sich unwohl fühlen, wenn ein Teenager es vorzieht, allein zu sein, statt sich mit Freunden zu treffen. Und es ist sicherlich beunruhigend, wenn ihr Kind stundenlang in seinem Zimmer hockt. Wenn dies jedoch nicht zu oft vorkommt, kann man das als Zeichen eines guten seelischen Gleichgewichts willkommen heißen. Die schwedische Zeitschrift *Illustrierte Wissenschaft (6/1998)* veröffentlichte das Ergebnis einer Untersuchung, bei der 483 amerikanische Schulkinder im Alter von zehn bis 15 Jahren Fragen zu ihrem

Alltag beantworteten. Während sich die jüngeren Kinder aus ihrer Freundesgruppe ausgeschlossen fühlten, wenn sie allein waren, sahen die Antworten der Teenager anders aus. 13- bis 15-jährige Jugendliche fühlten sich ganz eindeutig besser, wenn sie immer wieder auch eine Weile allein waren, vorausgesetzt, sie hatten es sich selbst ausgesucht. In allen Alterskategorien gibt es offenbar Kinder mit einem besonders großen Bedürfnis danach, allein zu sein. Eltern sollten dies bejahen und ihre Kinder dazu ermuntern, meint der Psychologe Reed Larson, der an der Universität Illinois die Erfahrungen von Teenagern mit der Einsamkeit erforscht hat. Leider halten Erwachsene dieses Bedürfnis oft für ein Zeichen von unnormaler Schüchternheit oder mangelnder sozialer Kompetenz. Larson hat auch besonders kreative Teenager beobachtet und herausgefunden, dass die meisten von ihnen ein ausgeprägtes Bedürfnis haben, die Tür hinter sich zu schließen; ein Bedürfnis, das mit starken und ambivalenten Gefühlen verbunden ist. Diese kreativen Jugendlichen beschreiben die Einsamkeit als herrlich oder quälend, selten jedoch mit neutralen Worten.

Manche Menschen scheinen von Natur aus einsame Wölfe zu sein, während andere typische Gesellschaftsmenschen sind. Frühe Beziehungsmuster innerhalb der Familie wie Familientraditionen und Verhaltensweisen der Umwelt spielen eine entscheidende Rolle. Dass die Unterschiede in der Veranlagung von Bedeutung sind, erkennt man bereits bei Kleinkindern. Lynne Murray, Professor für Psychologie an der Universität Reading, erforscht schon seit vielen Jahren das Zusammenspiel von Müttern und ihren Säuglingen und zeigt unter anderem, auf welche Art Kinder bestimmte Aspekte der mütterlichen Persönlichkeit hervorlocken und verstärken, indem sie sie auf verschiedenste Weise stimulieren und herausfordern. Wir wussten schon länger, dass die Mutter Einfluss auf ihr Kind hat, allerdings beginnen wir erst jetzt systematische Erkenntnisse darüber zu gewinnen, wie das Kind seine Mutter beeinflusst. Was wir von der Einsamkeit halten, hängt auch vom kulturellen Klima ab, in dem wir leben. Sind die Schweden einsamer als Menschen in anderen Kulturen? Greta Garbos „Aj wont tu bi alon!“ (Ich möchte allein sein!) stelle ein Stereotyp für Einsamkeit dar, das oft mit der schwedischen Kultur verbunden wird, schreibt der Journalist Anders Hägg in der Tageszeitung *Svenska Dagbladet* im Frühjahr 1999. Allein zu leben, ist in Schweden sehr verbreitet, aber es ist durchaus nicht gesagt, dass derjenige, der allein lebt, sich auch als einsam *erlebt*. Eine 1966 unter der ältesten Bevölkerung Europas durchgeführte Untersuchung deutet darauf hin, dass die Schweden Einsamkeit besser vertragen als andere. Während sich in Portugal 20 Prozent der Älteren und in Griechenland mehr als 70 Prozent einsam fühlten, betrug die Zahl für Schweden nur fünf Prozent. Unter anderem wurde auch deutlich, dass es in der schwedischen Kultur üblich ist, sich in schweren Stunden zurückzuziehen und in der Natur Kraft zu schöpfen. Dieses Verhalten ist alles andere als selbstverständlich in Ländern, in denen es, wenn man Kummer hat, als natürlicher gilt, sich nicht von den Menschen ab-, sondern sich ihnen zuzuwenden. Die Frage ist: Was haben uns diese kulturellen Unterschiede zu sagen? Es ist schwierig, die oft äußerst subtilen kulturellen Signale zu entziffern. Die Regel des einen Landes mag die Ausnahme eines anderen bedeuten, und da kann man sich ganz leicht vertun. Wie Einsamkeit bewertet wird, hängt auch von der historischen Zeit ab, in der Menschen sich befinden. Der griechische Philosoph Aristoteles sagt, dass derjenige, der sich zurückzieht und nicht mit den anderen zusammenleben möchte, „entweder ein Ungeheuer oder ein Gott sein muss“. Die westliche Gesellschaft ist inzwischen personenorientierter und betont die Selbstständigkeit und persönliche Entwicklung des Individuums in größerem Maße – das hätte in früherer Zeit fremd gewirkt. Noch vor einigen hundert Jahren hatten wir in Europa eine vollkommen andere Sicht auf die Beziehung des Individuums zum Kollektiv. Die private Sphäre, die wir heute verteidigen, gab es damals kaum.

Zeitweilige oder dauerhafte Veränderungen der Lebensbedingungen spielen eine entscheidende Rolle, wenn wir unsere Haltung gegenüber der Einsamkeit ausformen. Ein Partner stirbt, ein Kind zieht aus, ein enger Freund heiratet, wir bekommen eine ernsthafte Krankheit oder verlieren unseren Arbeitsplatz: Vieles kann geschehen, das Wohlbekanntes auf den Kopf stellt und uns zum Nachdenken zwingt. Dinge, die jederzeit jedem von uns passieren können.

In ihren Studien über Einsamkeit und Lebensqualität hat die amerikanische Psychologin und Forscherin Darhl Pedersen keine großen Unterschiede zwischen Frauen und Männern feststellen können. Wir haben ein gleich großes Bedürfnis nach Einsamkeit – allerdings unterschiedliche Arten, sie zu leben, meint Pedersen. Die Frauen in ihrer Untersuchung waren in ihren einsamen Stunden meist passiv und nach innen gekehrt, die Männer hingegen waren nach außen gekehrt und aktiv. Sie zogen es vor, auf einen Berg zu steigen oder in den Wald hinauszugehen, während sich die Frauen lieber ins Schlafzimmer, ins Wohnzimmer oder in den Garten zurückzogen. „Überhaupt nichts zu tun", wenn man allein war, war unter Männern deutlich ungewöhnlicher. Am wichtigsten, meint Pedersen, ist es, dass uns die Einsamkeit Gelegenheit zum Nachdenken bietet, das in unserem hektischen Leben viel zu selten Platz findet. So können wir endlich darüber nachdenken, was der Sinn des Lebens ist und warum es uns gibt. Dies entspricht ganz und gar meiner eigenen Erfahrung – und dies ist einer der größten Gewinne aus meiner freiwilligen Einsamkeit.

Wenn Menschen versuchen, ihre stärksten Erfahrungen mit der Einsamkeit zu beschreiben, sprechen sie oft von dem Gefühl, offen und gegenwärtig zu sein. Dieses Gefühl kann dann besonders stark sein, wenn man allein ist. Ich denke dabei an ein Gedicht von Hjalmar Gullberg, „Weit jenseits …“:

Ganz plötzlich trat Wunderbares an mich heran.
Ist es ein Ton, den ich höre, ist es ein Schein,
der nur an mir vorbeizieht, um sodann
zu verklingen, zu verlöschen, nicht mehr zu sein?

Ein Nichts hat gestreichelt mit freundlicher Hand
meine Hand, die ganz weiß vor Kälte war.
War es ein Gruß aus fernem Land,
ein Geisterbrief, hierher gesandt
von einem, der mich kannte, eine rätselhafte Person,
die stumm und verborgen blieb bis heut,
weit jenseits von jeglicher Raumdimension,
weit jenseits vom Laufe der Zeit?

In bestimmten begnadeten Augenblicken öffnet sich vor uns das Dasein. Umwälzende Gefühle erfüllen uns, und das Glück kehrt ein. Der amerikanische Psychologe A. D. Maslow nennt dies „peak experiences“ – Gipfelerlebnisse – und meint, dass sie zu dem Potential der meisten Menschen gehören, obwohl nur relativ wenige eine solche Erfahrung öfter als einmal machen. In solchen Momenten erleben wir das Dasein besonders intensiv. Es sind großartige Augenblicke, die uns einen Einblick in eine andere Art von Wirklichkeit gewähren und einen unvergesslichen Eindruck hinterlassen. Wir fühlen uns wahr, offen und ganz gegenwärtig. Ein solcher Moment umfasst alles, was wir brauchen, und das Dasein wird mit einem Mal begreiflicher. Gipfelerlebnisse sind vollkommene, ich-überschreitende Erlebnisse, die an religiöse Erfahrungen erinnern; nicht mehr als einen kurzen Augenblick schauen wir über die Welt hinaus und gleichzeitig in uns selbst hinein. Wer das erlebt hat, greift zu starken Ausdrücken, um seine Gefühle zu beschreiben: Ehrfurcht, Schauder, Staunen, Barmherzigkeit, Gnade, Versöhnung, Glück. Wer diese einmaligen Gipfelerlebnisse wiederzugeben versucht, tastet nach Worten: „Das Universum schien wie eine Ganzheit", „Plötzlich erkannte ich das Einmalige daran, Mensch zu sein", „Für einen Augenblick fühlte ich mich wie das Kind von Göttern", „Alles fiel zusammen, ich fühlte mich groß und stark und erkannte meinen Platz in dem großen Ganzen". Es entsteht das Gefühl der Zugehörigkeit zum gesamten Kosmos. Eine übliche Reaktion auf eine solche Erfahrung ist auch die Einsicht in unsere Unbedeutendheit und die Tatsache, dass das Leben eine Gnade ist. Die Erfahrung, in etwas Größerem aufzugehen, kann so überwältigend sein, dass manchmal der Wunsch zu sterben entsteht. In dem Gedicht „Ode an eine Nachtigall" fängt der englische Dichter John Keats Ekstase und Todessehnsucht ein:

Im Finstern lausche ich – ach, oftmals hab
Ich halb begehrt, dass mich der Tod berühr,
Rief ihn mit zarten Namen aus dem Grab,
Dass meinen Atem er ins Blau entführ.
Jetzt mehr denn je wünsch ich den Tod herbei,
Ein Ende ohne nächtliche Beschwer,
Jetzt, da sich deine Seele ganz verglüht
In süßer Raserei!
Du sängst noch fort – dem Tauben, der ich wär:
Ein Klumpen Lehm vor deinem höchsten Lied.

Es müssen keine dramatischen Ereignisse sein, die einem Gipfelerlebnis vorausgehen. Unvermittelt eine Blume zu sehen, die gerade aufgeblüht ist, eine wilde Orchidee in einer Waldlichtung, ein Reh in der Morgendämmerung, ein Lächeln, das sich langsam ausbreitet, ein Vogel im Flug, ein schlafendes Kind, ein Marienkäfer auf einem Blatt. Eine Cellosonate zu hören, auf die stürmische See zu blicken, mitten im Stadtlärm eine Kerze in einer Kapelle anzuzünden, den Sonnenaufgang zu sehen, ein Stück Obst zu essen, aus einer Quelle zu trinken, den Raureif auf einem Autofenster zu sehen. Alles, was tief in uns eindringt, kann uns mit Harmonie erfüllen und unsere Grenzen sprengen – wenn wir es nur zulassen. Wer einmal ein Gipfelerlebnis hatte, bekommt Hunger nach mehr. Aber wir können dieses Erleben nicht willkürlich hervorrufen. Wir können lediglich unsere Sinne öffnen und darauf achten, unsere Zeit nicht so sehr mit Voraussehbarem vollzustopfen, dass das Selige spurlos an uns vorbeigleitet.

3 Die Sehnsucht nach dem Anderen

Ausgedörrt vom Sonnenglast,
sinken wir verschmachtend nieder,
wenden uns unter der schweren Last
unserer verdorrten Glieder
wieder nach innen, wo uns der Geist
das Sakrament des Brunnens weist.
(Johannes Edfelt, Eins tut Not)

Sehnsucht nach mehr

Bereits beim Aufwachen war ich unwillig und verstimmt. Allein schon der Gedanke an den Vortrag, den ich in einer Stadt, einige Fahrtstunden von Stockholm entfernt, halten sollte, weckte meine Unlust. Es widerstrebte mir, mich zusammenzureißen und frisch und freundlich zu sein. Am liebsten wäre ich liegen geblieben und in Selbstmitleid zerflossen. Aber mein Wille und die Gewohnheit siegten, und ich machte meine Sache gut. Auf halbem Weg nach Hause, als ich allmählich wieder heiter wurde, beschloss ich, langsam zu machen und bog in eine Nebenstraße ein. Die Sonne schien, und im Auto wurde es warm. Nach einiger Zeit erblickte ich am Wegrand ein Schild, und ganz instinktiv bremste ich: „Kapelle" stand darauf, und ein Pfeil zeigte direkt in den Wald auf einen schmalen Kiesweg. Ich brauchte eine ganze Weile, bis ich die Kapelle fand, die ganz abseits lag und winzig war. Ein handgeschriebener Zettel hing schief an der Tür: „Andacht – Donnerstag, 15.00 Uhr". Es war Donnerstag und kurz vor drei.

In der Kapelle war es dunkel und kühl. An den Wänden waren undeutlich Reste von Malereien zu erkennen, die wohl vor langer Zeit gemacht worden waren. Ich hatte das Gefühl, Kaffeeduft zu riechen. Als die schwere Tür hinter mir ins Schloss fiel, erklang aus einem Lautsprecher eine Bachmotette. Er musste gut versteckt hinter dem Altar stehen, denn ich konnte keine andere Stelle erkennen, an der er sonst aufgestellt sein konnte. Dumpfe Stimmen und ein leises Räuspern kündigten das Weitere an. Eine kleine Gruppe von Frauen kam herein, die Psalmenbücher fest im Griff. Sie nahmen ganz vorne Platz. Dass sie nicht mit Besuch gerechnet hatten, konnte man daran erkennen, wie sie verstohlen nach mir blickten, während sie ihre Röcke zurechtzupften. Eine von ihnen schaute einladend in meine Richtung und ließ mich mit einer Handbewegung verstehen, dass ich gerne nach vorne gehen konnte, wenn ich wollte. In diesem Augenblick eilte jemand in die Kapelle. „Oh, wir bekommen hohen Besuch!“, flüsterte eine der Frauen ihrer Nachbarin zu, bevor sie mit einer der reinsten Stimmen, die ich je gehört hatte, ein Lied anstimmte: „Gottes Liebe ist wie Gras und Ufer …“ Die Pastorin aus einer nahe gelegenen Stadt war hereingekommen.

Es wurde eine feierliche Stunde. Jemand las ein Gedicht vor, jemand anderes einen Text aus dem Lukasevangelium. Wir sprachen ein Gebet, sangen drei Psalmen und verbrachten ein paar stille Minuten, bevor die Andacht zu Ende ging und es Zeit zum Kaffeetrinken war. Ich dachte daran, mich heimlich davonzustehlen, wurde jedoch am Ausgang von einer Frau begrüßt, die ein Gästebuch in Händen hielt. Diejenige, die als letzte ihren Namen eingetragen hatte, hieß wie ich, Patricia, was ich auch der Frau sagte – und sagte ihr auch, dass ich Engländerin bin. „Nein so was! Das wird Sie aber überraschen: Sie sind heute nicht die einzige Engländerin hier“, plapperte sie munter und lotste mich nach vorne zur Pastorin. Es zeigte sich, dass diese in den sechziger Jahren nach Schweden gekommen und seither hier lebte. Dass wir darüber hinaus beide in demselben Jahr in derselben Gegend geboren waren und denselben Dialekt sprachen, ließ uns über die merkwürdigen Einfälle des Lebens staunen. In dieser abgelegenen Kapelle, die ich rein zufällig gefunden hatte, wurde ich aus der Eintönigkeit des Alltags herausgehoben und erlebte, als ich es am nötigsten hatte, einige Augenblicke seltener Wärme und Nähe. Meine Gedanken gehen oft dahin zurück und erinnern mich daran, dass es nicht selten die kleinen unscheinbaren Wege sind, die in die richtige Richtung führen; und dass Tage, die schlecht beginnen, oft gut enden.

Ich glaube, dass viele von uns angezogen werden von dem, was uns staunen und Geheimnisvolles erahnen lässt. Mit anderen Worten glaube ich, dass wir das Göttliche in unserem Leben brauchen, gerade weil wir, absichtlich oder aus Versehen, den Kontakt zu einer Sehnsucht abgebrochen haben, die wir nicht zugeben wollen. C. S. Lewis schreibt in seinen Tagebuchnotizen unter der Rubrik „Die heimlichen Zeichen der Seele" – und ich zitiere ihn vollständig, weil ich denke, dass er hier etwas Wesentliches zum Ausdruck bringt über unser Verlangen nach dem, was wir erahnen und spüren und Gott nennen –:

Werden nicht alle Freundschaften in dem Augenblick geboren, da wir endlich ein anderes menschliches Wesen treffen, das eine gewisse Ahnung hat (auch wenn sie selbst bei den Besten schwach und unsicher ist) von diesem Etwas, das für uns einen angeborenen Wunsch darstellt und wonach wir suchen, wonach wir spähen, worauf wir lauschen, Tag und Nacht, Jahr um Jahr, von unserer Kindheit an bis ins hohe Alter hinein, in einem ganzen Strom anderer Wünsche und in jeder flüchtigen Ruhepause der viel besser hörbaren Leidenschaften?

Wir haben dies niemals besessen. All das, was unsere Seele jemals ernsthaft in Besitz genommen hat, war lediglich eine Andeutung dessen –

aufreizende Streiflichter, ein nie völlig erfülltes Versprechen, ein Echo, das in demselben Augenblick, da es unser Gehör erfüllte, auch schon erlosch. Wenn es sich jedoch wirklich offenbaren sollte – falls uns jemals ein Echo erreichen sollte, das nicht erlischt, sondern zu einem echten Laut heranwächst –, dann würden wir es erkennen. Jenseits jedes Zweifels würden wir sagen: „Hier ist endlich das, wofür ich geschaffen wurde."

Davon können wir einander nicht erzählen. Es ist das geheime Zeichen jeder einzelnen Seele, ein Sehnen, das man weder aussprechen noch zufrieden stellen kann, das, wonach wir strebten, bevor wir unsere Ehefrau trafen oder unsere Freunde gewannen oder unsere Arbeit wählten, und wonach wir noch auf unserem Todesbett streben werden, wenn unsere Sinne weder Ehefrau noch Freund noch Arbeit mehr kennen. Solange es uns gibt, wird es auch dieses geben. Verlieren wir es, so haben wir alles verloren.

Gott zu kennen, bedeutet von ihm erfüllt, nicht, über ihn informiert zu sein. Wir nehmen Gott mit unserem Herzen, nicht mit unserer Vernunft wahr. Das Herz ist unser geistliches Erkenntnisorgan, der innerste Raum unserer Persönlichkeit, wo Glaube und Wissen zusammenfließen. In einer Gesellschaft, in der die meisten auf dem Glauben bauen, alles sei erklärbar und wir seien uns selbst genug, ist es alles andere als selbstverständlich zu bejahen, was weder rational noch vernünftig ist. Dort wo das Materielle angebetet wird und die Sinnesbefriedigung das höchste Ziel ist, kann es ein Risiko bedeuten, unser Bedürfnis nach dem Transzendentalen preiszugeben und damit als naiv dazustehen. In jeder Seele gibt es eine Leerstelle, die für Gott reserviert ist. Der Glaube wächst aus einem Mangel, aus einer Leerstelle heraus – und gerade deshalb aus einer Anwesenheit. Dies ist ein Rätsel – sonst ginge es hier nicht um *Glauben.* Wir müssen mit unserem Staunen und unseren Fragen kämpfen. Wir müssen uns vorwärts tasten zwischen Zweifel und Glaube. Und manchmal geschieht das Wunder.

Gott „gibt" es nicht. Ich glaube an ihn.
Sollte es ihn „geben", wäre er ein Gefangener der Sprache und damit unser Sklave.
Sollte es uns „geben", wären wir Gefangene der Sprache.
Und das sind wir auch.
Sobald ich meine Zwergenperspektive auf Gott richte und versuche, ihn festzulegen, verschwindet er, um überall dort sichtbar zu werden, wo er nicht ist. Seine Abwesenheit ist die Voraussetzung seiner Existenz.

So spricht eine der Romanfiguren in Göran Tunströms *Weihnachtsoratorium*.

Einer der ersten russischen Astronauten wurde in den sechziger Jahren in einem Radiointerview gefragt, welches Verhältnis er zu Gott habe, nun, da er im Weltall gewesen sei. „Ich habe keine Spur von Gott gesehen", meinte er ironisch, „nicht einmal einen noch so kleinen Engel." Darauf bekam er eine Woche später die Replik eines Gehirnchirurgen: „Ich habe mehr als dreißig Jahre Gehirnoperationen durchgeführt. Und ich habe immer noch keinen einzigen Gedanken gesehen."

Wir haben einen Körper, eine Psyche und eine Seele. Das Zusammenspiel zwischen ihnen bildet den Grund für unsere Persönlichkeit. Vernachlässigen wir das Seelische, können wir niemals ganz sein. Das Leben besteht aus einer langen Reihe von Begegnungen: mit uns selbst, mit anderen, mit der Welt, mit der Natur und – wenn wir dies zulassen – manchmal sogar mit Gott. Wenn wir wollen, können wir uns in vielen verschiedenen Wirklichkeiten bewegen. Die spirituelle Dimension auszuschließen, bedeutet eine Verkürzung, eine Verstümmelung. Es ist wichtig, dass wir sowohl unseren Intellekt als auch unsere Intuition schützen, sowohl unsere Seele als auch unseren Körper; dass wir sowohl zu unserem spirituellen Bedürfnis als auch voll beherzt im Alltag stehen. Der Mensch hat die Fähigkeit einzusehen, dass es vieles gibt, was er nicht versteht, genauso wie er ein ums andere Mal seine Grenzen erprobt, Neuland erobert und sich ständig selbst übertrifft. Wir sind schnell versucht, unsere spirituellen Bedürfnisse beiseite zu schieben und sie zu stutzen, uns mit zu wenig zu begnügen und damit unterhalb unserer Möglichkeiten zu leben. Außerdem verwechseln wir oft die psychologische Ebene mit der spirituellen, da uns eine nuancierte Sprache fehlt, in der wir unser spirituelles Erleben ausdrücken könnten. Was auf den ersten Blick wie ein Zeichen eines psychischen Krankheitszustandes aussieht, kann sich bei näherer Betrachtung als Gipfel einer seelischen Krise erweisen, die bisweilen spirituelles Wachstum ankündigt. Haben wir von Anfang an die Existenz einer spirituellen Dimension ausgeschlossen, wissen wir dann nicht, was los ist. Nicht alles kann in psychologischen Begriffen erklärt werden; und wir schränken uns unnötigerweise selbst ein, wenn wir psychische und spirituelle Phänomene gleich setzen. Endlich beginnt man in Psychologiekreisen, auf spirituelle Fragen aufmerksam zu werden, und Krisen mit spirituellem Vorzeichen geraten allmählich in den Blickpunkt. Die internationalen Verzeichnisse psychiatrischer Diagnosen haben beispielsweise in den letzten Jahren eine neue Kategorie eingeführt – „spiritual emergency" (spiritueller Notfall) –, um ein Verhalten zu beschreiben und zu verstehen, das Ähnlichkeiten aufweist mit dem, was eine Psychose kennzeichnet, was jedoch eher mit einem spirituellen Erwachen in Verbindung gebracht werden müsste.

Spiritualität ist ein schwer zu definierender Begriff, seine Bedeutung hat mit dem Verhältnis zwischen Zeit und Raum zu tun – und schließlich hängt die Antwort darauf, was Spiritualität sei, davon ab, wen man fragt. Für den Dalai Lama bedeutet sie zum Beispiel ein „warmes Herz". Das erklärte er in einem Zeitungsinterview und fügte hinzu, dass der wahre Sinn und das Wesen der Spiritualität darin lägen, ein Gefühl für Gemeinschaft zu haben und sich um andere zu kümmern. Sein Rat an uns lautete: „Ganz gleich, ob du an eine Religion glaubst oder nicht, sei gegenüber anderen ein freundlicher Mensch und handle so, dass sich dein Herz warm anfühlt. Wenn du die Möglichkeit dazu hast, erwirb genug Geld und genug materielle Bequemlichkeiten, aber erwirb nicht mehr. Meiner Meinung nach ist es das, was zum Glück, zum eigentlichen Leben führt." Im Lexikon findet sich Spiritualität als das Geistige oder Geistliche – im Gegensatz zum Körperlichen und dem Materiellen – und wird definiert als das, was „mit dem Seelenleben zu tun hat, besonders in Bezug auf höhere Werte". Als Synonyme werden genannt: „mental, psychisch, das Innere betreffend, übersinnlich, transzendent, übernatürlich, metaphysisch, nicht weltlich und seelisch".

Im Hebräischen ist der Begriff für „Geist" auch der für „Atem", „Atemzug" und „Wind". Im Alten Testament der Bibel ist der Geist ein Ausdruck für die Lebenskraft, die der Mensch von Gott bekommt. Später benutzte man das Wort, um den selbstständigen, nicht mit dem Körper verbundenen Teil des Menschen zu bezeichnen. Demnach besitzt der Geist Gefühle und Leidenschaft. Er ist Träger von Weisheit und Verstand. Im neuen Testament nahmen die Glieder der ersten Christengemeinde den Geist als eine Gabe Gottes auf, die sie unterstützen und ihnen dabei helfen sollte, ein christliches Leben zu führen. Im Laufe der Jahrhunderte hat die Vorstellung vom Geist persönlichere Züge angenommen. – Für mich steht das Geistliche oder Spirituelle für ein – mehr oder minder entwickeltes – Bewusstsein dafür, dass alle Dinge zusammengehören, dass es eine höhere Macht gibt und dass das Dasein des Menschen Sinn und Ziel hat. Aus diesem Blickwinkel erlebt der Mensch seine Zusammengehörigkeit zu allem, was geschaffen ist. Jeder Einzelne von uns hat einen Auftrag im Leben, den er oder sie herausfinden und erfüllen muss. Jeder von uns muss sein Potential entdecken und entwickeln sowie seine einzigartige Fähigkeit, zu einer wahren Begegnung zwischen Menschen beizutragen.

Spiritualität zu entwickeln, bedeutet die Tiefe unseres Wesens kennen zu lernen. Sobald Gott beginnt im Menschen zu wirken, schafft er in seinem Inneren Ruhe und Stille, schreibt Wilfrid Stinissen. Die mystische Theologie spricht dabei von „Ligatur“, einem ursprünglich medizinischen Begriff, der die Verknüpfung von Blutgefäßen meint. Im übertragenen Sinne heißt dies, dass unsere inneren Kräfte von Gott gebunden, ergriffen und benutzt werden. Das Wort „Ligatur“ geht auf ähnliche sprachliche Wurzeln zurück wie „Religion“, das eine ist mit dem lateinischen „ligare“ („verbinden“), das andere mit „religere“ verwandt, was „festbinden“ bedeutet. Im spirituellen Sinne zu reifen bedeutet, sich Gott und den Menschen zuzuwenden und zu erkennen, dass man *sowohl* vergängliches Geschöpf *als auch* Träger ewiger Werte ist. Unsere spirituellen Einsichten sollen dabei in unserem Handeln Frucht tragen und anderen zugute kommen. Spiritualität ist eher eine Mentalität als eine Reihe von Glaubensgrundsätzen. Die Psychologie bereitet den Weg zu unserem inneren Raum vor. Sobald wir dort angekommen sind, übernimmt Gott. Ich glaube, dass der Prozess, während dessen wir uns ein Gottesbild schaffen, mit dem in Einklang zu leben wir versuchen, unser ganzes Leben lang andauert.

Manchmal werden unsere Kräfte geprüft. Es gibt Augenblicke, die uns verändern. Die Theologen sprechen von *gnosis* – dem griechischen Wort für Erkenntnis – als Begriff für eine Einsicht, die so stark ist, dass sie einen Menschen verwandelt und ihm einen neuen Blick für das gibt, wer er ist und wohin er geht. Gnostische Erkenntnis ist eine intuitive Erkenntnis von

Gott, eine Erkenntnis, die für uns nicht auf dieselbe Art zugänglich ist wie die Kenntnis von der physischen Wirklichkeit, eine Erkenntnis, die wir uns nicht durch wissenschaftliche Methoden oder theoretische Studien aneignen können. Die Gnosis ist eine persönliche Erkenntnis, der Weg des Einzelnen zu seiner spirituellen Entwicklung, den jeder für sich entdecken und auf seine eigene Weise gehen muss. Der Funke dieser Erkenntnis wird vor allem durch Reflexion, Gebet und Meditation entzündet; so offenbart sich die gnostische Erkenntnis. Dies erinnert an die Inspiration, die Dichtern und Künstlern in ihren seligsten Stunden geschenkt wird: eine Wandlung des Herzens, eine neue Art zu sehen.

Erwarten Sie nicht, dass Ihr spiritueller Weg gerade verläuft. Die Augenblicke der Klarheit und des Enthusiasmus – ein Begriff, der buchstäblich „Gott in dir" bedeutet – werden von Momenten abgelöst, in denen Verdrossenheit und Zweifel herrschen. Genauso wie jeder andere Wachstumsprozess kann auch spirituelles Reifen nicht erzwungen werden. Eine Pflanze treibt nicht schneller, wenn man an ihr zieht. Ganz im Gegenteil nehmen ihre Wurzeln dabei Schaden, und sie wird niemals Blüten tragen.

Der Weg nach innen

Dass das Interesse für spirituelle Fragen in einem eher fortgeschrittenen Alter wach wird, gehört zum Lauf der Dinge. Die Schatten verdichten sich, und wir erkennen, dass das Leben ein Ende hat. In einer Zeit, in der viele verwirrt sind und Depressionen und das Gefühl von Bedeutungslosigkeit beinahe zu einer Volkskrankheit geworden sind, ist es wichtig, die spirituelle Dimension wiederzuerlangen und ihr eine konkrete, persönliche Bedeutung zu verleihen. Wenn wir uns in aller Ruhe Zeit für uns nehmen, stellen sich heute oft Gedanken über Glauben und Fragen der Lebensanschauung ein. Dies kann der Beginn einer spannenden Entdeckungsfahrt sein. Wenn unser Bewusstsein stärker wird, sind wir im Stande, neue Fragen über das Leben zu stellen. Obwohl jeder Weg einzigartig ist, verläuft die spirituelle Entwicklung in wohl bekannten Phasen. Das meinen jedenfalls die amerikanischen Altersforscher Harry Moody und David Carroll, die den Reifeprozess der Seele untersucht und eine Reihe typischer Stadien formuliert haben.

Eine Voraussetzung dafür, dass die Reise in die Seele überhaupt beginnt, ist der *Ruf* – er kann mit dem Rauschen des Meeres verglichen werden, das wir von Weitem hören können. So werden wir aufmerksam darauf, dass es das Meer gibt, und haben eine Ahnung, in welche Richtung wir gehen müssen, um an den Strand zu gelangen. Der Ruf gleicht einem Aufwachen in eben dem Augenblick, in dem wir eine bisher unbekannte Möglichkeit erblicken und uns entschließen, einen neuen Weg zu gehen. Plötzlich betrachten wir die Welt mit anderen Augen. Diese radikale Kursänderung geschieht meist still und ohne Aufsehen zu erregen. Es kann gut sein, dass andere Menschen nicht begreifen, dass etwas Bedeutendes geschehen ist.

Ich glaube, dass die meisten von uns Augenblicke erlebt haben, in denen uns etwas packt und daran erinnert, wie wertvoll das Leben ist und dass die Zeit rasch voranschreitet. Wir möchten gerne daran glauben, dass wir das Meiste im Griff haben, die Wahrheit ist allerdings, dass wir das Leben nur durch einen schmalen Spalt sehen und lediglich einen Bruchteil dessen erfassen, was ist. Wir können ein Picknick bis ins letzte Detail planen, zu guter Letzt können wir aber nur darum beten, dass es nicht regnet! Unsere Erkenntnis ist bruchstückhaft, und unser Blick begrenzt. Deshalb sind auch die Schlüsse, die wir für uns so ziehen, häufig falsch. Dies wurde mir an einem

Tag im Frühjahr klar, als ich mit meinem Mann im *Jasmine Tea House* auf Madeira Tee trank. Dieser unglaublich schöne Ort liegt auf einem Berg mit einer hinreißenden Aussicht über Wald und Meer. Ein nettes britisches Paar, das Strohhüte trägt, bietet dort Darjeeling und echte englische *Scones* mit Pfirsichmarmelade und Sahne an, während im Hintergrund Musik von Händel oder Purcell spielt. In ihrem wohl duftenden kleinen Garten haben sie wackelige Tische und Korbstühle aufgestellt, die ihre beste Zeit längst hinter sich haben. Zwischen den Büschen stehen vereinzelte Statuen und Terracottatöpfe mit Sprung. Am Jasmin baumelt eine Wetterfahne. Überall blühen Pflanzen, die sie aus ihrer ehemaligen Heimat Kent mitgenommen haben. Man ist entzückt und überrumpelt zugleich, während einer langen Wanderung auf einen solchen Ort zu stoßen. Als wir da waren, lag eine fette Katze auf einem sonnengebleichten Cretonnekissen und warf luchsartige Blicke auf Eidechsen und anderes Kleingetier, das ungeniert über die Steine kroch und vergeblich zur Jagd herausforderte. Die Katze ließ sich auch vom Labradorhund nicht stören, der um die Tische schlich und alle, die dort saßen und aßen, mit düsterem Blick betrachtete. Der Hund bettelte um Essen, aber keiner gab ihm etwas. Bald verstanden wir, warum. Auf jedem Tisch lag ein Zettel, auf dem stand: „Liebe Gäste, ich möchte gerne essen, aber ich darf nicht. Ich habe Magenprobleme. Wenn Sie mich füttern, werde ich krank. Versuchen Sie bitte, es nicht zu tun!“ Es war also reine Fürsorge, dass die Menschen dem Hund das vorenthielten, was er so sehr begehrte – der Hund konnte das allerdings nicht wissen. Aus seiner verkürzten Perspektive waren wir geizige, unfreundliche Wesen. Hätte er unsere Sprache verstanden und zudem zwischen *Begehren* und *Bedürfen* unterscheiden können, hätte er andere Schlüsse gezogen: Seine Beschränkung machte ihn blind für das, was offensichtlich war. Möglicherweise geht es uns in unserem Verhältnis zum Unergründlichen so wie diesem Hund unter den Kaffeetischen? Vielleicht ziehen wir ähnlich törichte Schlüsse, wenn wir uns in Situationen finden, in denen unser Verstand an seine Grenzen gelangt ist?

„Ohne Karte" ist ein Gedicht von Emily Dickinson, in dem es heißt:

Ich hab noch nie das Moor gesehen,
auch das Meer hab ich nie gekannt;
doch jetzt erkenn ich das Heidekraut
erkenne die Welle am Strand.

Ich habe nie geredet mit Gott,
war nie im himmlischen Land;
doch jetzt find ich sicher den Weg zu ihm,
als hätt ich die Karte zur Hand.

Spirituelles Erwachen ist der Anfang einer Bewegung, die vom Äußeren in die Mitte von uns selbst führt. Damit sie in Gang kommen kann, muss etwas geschehen, das unser Gleichgewicht verrückt und uns zum Nachdenken zwingt. Manchmal reicht die Einsicht in unsere Bedeutungslosigkeit, die wir mit den Jahren gewinnen und die bewirkt, dass wir uns nach innen kehren und unserer inneren Stimme Gehör verschaffen. Solchen Wendepunkten geht oft eine Metamorphose voraus. Ein Kind zieht von zu Hause aus, ein Freund wird ernsthaft krank, eine Beziehung geht kaputt, eine Katastrophe irgendwo auf der Welt macht uns traurig und erfüllt uns mit Angst. Es braucht nicht viel, damit das schlummernde Bedürfnis nach etwas hervorgerufen wird, das über das Materielle hinausgeht. Zu erleben, dass er in Verbindung mit einer höheren Macht steht, kann einem Menschen dazu verhelfen, mit dem Leid fertig zu werden, das früher oder später das Leben eines jeden von uns verdunkelt. – Eine gute Freundin von mir wurde im Zweiten

Weltkrieg verhaftet und in ein Konzentrationslager gebracht, wo sie monatelang gezwungen wurde, schwere Steinblöcke zu schleppen. Sie war damals achtzehn Jahre alt. Eines Tages, als sie die Hoffnung, durchhalten zu können, beinahe aufgegeben hätte, fand sie in sich selbst plötzlich einen Ruhepunkt, eine Kraftquelle, die ihr ungeahnte Stärke und einen Glauben verliehen, die bis heute halten. Unserer Offenheit für Spiritualität Folge zu leisten und sie zu bejahen, kann uns Kraft geben, auch wenn die Finsternis in unserer Seele undurchdringlich scheint. Ein Mensch, der in das Entsetzliche hineingerät, ist besonders empfänglich für die Signale aus seinem Inneren, für die er bis dahin taub war. Gott macht auf sich aufmerksam, indem er uns vor Probleme stellt, die wir nicht auf eigene Faust lösen können. Wenn sein Flüstern auf taube Ohren stößt, kann es passieren, dass er uns hart anpackt, damit wir sowohl unsere Verletzlichkeit als auch unsere Kraft erkennen können. So kann beispielsweise Trauer auch die Stärke der Liebe deutlich machen, so wie der Tod die Fähigkeit besitzt, die Gnade des Lebens ins Licht zu rücken.

Wir sind die einzigen Wesen, die wissen, dass sie sterben müssen. Vielleicht kann eine Zeit, die wir in freiwilliger Einsamkeit verbringen, auch eine Vorbereitung dafür darstellen. Im spirituellen Sinne zu reifen bedeutet auch, zu erkennen, dass der Tod immer nur eine Atemlänge von uns entfernt ist, und dieses Wissen in unseren Alltag zu integrieren. Carlos Castaneda erzählt in einem seiner Bücher von einem Abend, als er zusammen mit seinem geistlichen Lehrer Don Juan auf einem einsamen Weg im Auto fuhr. Während Don Juan schlief, tauchte ein Fahrzeug hinter ihnen auf und blendete Castaneda durch den Rückspiegel mit seinen Scheinwerfern. Das ging stundenlang so, ohne dass sie überholt worden wären. Castaneda wurde unruhig und weckte schließlich seinen Lehrer. „Keine Angst, es ist nur der Tod, der uns folgt", meinte Don

Juan und schlief wieder ein. Erst als das Auto hinter ihnen verschwunden war, konnte Castaneda sich entspannen. „Der Wagen ist weg“, rief er, „der Tod ist verschwunden!“ – „Ganz und gar nicht“, sagte der schlaftrunkene Don Juan verstimmt, „Merkst du nicht, dass er bloß für einen Augenblick seine Scheinwerfer ausgeschaltet hat?“ – Es gibt tausenderlei Arten, wie man auf seinem spirituellen Weg einen Schritt vorwärts kommen kann, und die unterschiedlichen kulturellen oder religiösen Traditionen haben verschiedene Lehren darüber, wie diese Wanderung vonstatten geht. Die Botschaft ist im Großen und Ganzen immer dieselbe: Lerne dein Inneres kennen und handle in Übereinstimmung mit dem, was du im Grunde bist. Vertraue darauf, dass dein Leben sinnvoll ist und dass du eine Aufgabe hast, die du entdecken, der du dich annehmen und die du vollenden darfst.

Suchen und finden

Wie ein Funke entzündet manchmal ein Unglück die Flamme der Spiritualität. Krisen und Verluste haben nicht selten den Vorteil, dass sie uns an eine Grenze führen, an der wir die Welt notgedrungen mit neuen Augen sehen und den zweiten Schritt auf dem Weg unserer spirituellen Reise tun: den der *Suche*. Wenn der *Ruf* bedeutet, zu *lauschen*, so bedeutet die *Suche*: zu *hören*. Wir sind dazu herausgefordert, die keimende Spiritualität richtig ernst zu nehmen. Bei unserer Suche haben wir die Chance, in Kontakt zu kommen mit dem Unberührten und Ursprünglichen, mit dem, was in uns am reinsten, tiefsten und wahrsten ist. Ein dringendes Gefühl, dass wir uns von uns selbst entfernt haben, eine Sehnsucht nach dem, was wir einmal waren und was wir hätten werden können, können der Anlass sein, auf die Suche zu gehen. „Gott ist nicht fertig“, schreibt Gunnar Ekelöf. „Wie ein Kind wird er in der Gebärmutter geboren, die Herz und Seele heißt."

Spiritualität ist ein Phänomen, das über eine spezifische religiöse Glaubenszugehörigkeit hinausgeht. Manchmal fallen Spiritualität und Religion zusammen, aber nicht immer. „Ich bin nicht religiös, ich liebe einfach nur Gott!" stand auf einem Plakat, das ich in Florida gesehen habe. Heute hat die Kirche kein Monopol mehr auf existentielle Fragestellungen; sie ist auch nicht mehr die selbstverständliche Quelle, die unseren geistigen Durst stillt. In einer Zeit, in der wir Menschen ein brennendes Bedürfnis nach spiritueller Führung haben, ist Gott in gewisser Weise aus unserer Gesellschaft verschwunden. Vieles deutet jedoch darauf hin, dass das Bewusstsein für das Spirituelle zurückkehrt. Viele Menschen heutzutage sind neugierig auf spirituelle Erfahrungen und bereit diese zu erleben. Spiritualität ist nicht mehr verankert in einem festgesetzten religiösen Rahmen. Und es fehlen Orte, die die Kirche ersetzen würden, wo man geistige Nahrung zu sich nehmen und in der Gemeinschaft mit anderen die heilende Kraft von Ritualen erleben könnte. Ich glaube, dass viele mit der Sehnsucht nach einem tragfähigen Glauben leben. Die Kirche vermag es nicht, die große Schar von Suchenden aufzufangen, und kann nur auf ungenügende Weise die reiche christliche mystische Tradition auf eine begreifliche und ansprechende Art vermitteln. Die Bande der Tradition wurden gelöst, und das Wissensniveau ist tief. In unserer Gesellschaft gibt es überfüllte Einkaufszentren und leere Kirchen – beides in rauen Mengen. Mit Ausnahme der Einwandererkirchen gehen die Besucherzahlen bei den meisten Gottesdiensten und Messen zurück.

Dennoch glaube ich, dass eine Veränderung im Gange ist. Die Gemeinden finden alle möglichen Wege, um uns in die Kirche zu locken und unserem Bedürfnis entgegenzukommen, unseren Schöpfer zu preisen: Themenmessen, Lieder und Musik, Vorträge in der Kirche, allerlei spezielle Gottesdienste einschließlich heiligem Tanz, Lichterfest und gemeinsamem Schweigen. Allmählich geht es uns auf, dass die Kanzel sowie die nackten und harten Kirchenbänke, die man im 17. Jahrhundert zu pädagogischen Zwecken einführte, vielleicht nicht die beste Methode sind, um Menschen dabei behilflich zu sein, ihren spirituellen Bedürfnissen nachzukommen und sich dem inneren Kern des Seins zu nähern. Ich glaube, dass sich die Kirche in einer Vertrauenskrise befindet. Eine Möglichkeit, allmählich aus dieser Krise herauszukommen, liegt vielleicht darin, die Kirchenbänke herauszureißen, damit wir einander in die Augen schauen können und uns gemeinsam zu Gott wenden.

Nils Uddenberg, Dozent für Psychiatrie und Fragen der Lebensanschauung, führte vor einigen Jahren eine Untersuchung durch, in der etwa 1000 Personen über einen Fragebogen oder mündlich Fragen der Lebensanschauung beantworteten. Viele berichteten, dass ihnen der Aufenthalt in der Natur Kontakt zu den Zusammenhängen des Daseins verschaffe und ihnen ein Gefühl von Ehrfurcht und Ganzheit gebe. Wir nehmen nicht alles an, was sich uns anbietet, und gehen gerne unkonventionelle Wege. Um die Suche des modernen Menschen zu beschreiben, hat der Religionspsychologe David N. Wulff den Begriff „Cafeteria-Spiritualität" geprägt. Man schöpft ein wenig hier und dort. Manchmal bekommt man etwas zusammen, manchmal verläuft man sich. Auf einem Seminar, das im Frühjahr 2001 von der Stiftung Ax:son Johnson veranstaltet wurde, diskutierte man, ausgehend von der extremen Säkularisierung der westlichen Welt, über die Zukunft der Religion. Dabei wurde deutlich, dass auch bei uns eine Neigung zum Glauben existiert; statt allerdings einer Kirche anzugehören, stellen wir aus den verschiedenen Weltreligionen ein Kompott zusammen, das unserem eigenen Geschmack entspricht. Wir glauben, was wir wollen, und tauschen aus, was uns nicht passt. Diese Entwicklung beunruhigt mich. „Suche, was du suchst, doch nicht dort, wo du es suchst", sagt der Kirchenvater Augustinus.

Fallen und wieder aufstehen

Die spirituelle Suche kann irgendwann, irgendwo und irgendwie beginnen und sich in viele Richtungen erstrecken. Sie nimmt ihren Anfang meist damit, dass sich ein Mensch wahrnimmt oder für sich entscheidet, dass die Zeit reif ist, den Ruf ernst zu nehmen und sich auf das Unbekannte zu zubewegen. Der Entschluss, auf dem Weg zu bleiben, kann ins Wanken geraten. Manchmal ist man versucht, aufzugeben und sich einen Dreck um das Ganze zu scheren. So folgt auf die Suche der dritte Schritt, für viele der schwierigste: der *Kampf*. Wenn wir es am wenigsten erwarten, kann die gerade noch so lebendige Flamme erlöschen und durch ein schleichendes Misstrauen ersetzt werden, das uns als Suchende daran zweifeln lässt, dass das Ganze irgendeinen Sinn hat. Nachdem wir uns zunächst reich und zielbewusst gefühlt haben, stehen wir nun da, verwirrt und mit leeren Händen. All das Wunderbare ist wie weggeblasen. Etwas von dieser Verzweiflung wird in Esaias Tegnérs Gedicht „Schwermut" deutlich:

Ich stand auf meiner Lebensklippe, einer von vielen,
wo sich die Wasser scheiden und dann eilen
mit schäumenden Wellen zu verschiedenen Zielen;
wolkenlos war es dort oben, so schön zu verweilen.
Ich sah die Sonne und ihre Gespielen,
die, sobald sie erlischt, im Dunkeln scheinen,

ich sah die Erde, sie war schön und herrlich,
und Gott war gut, und der Mensch war ehrlich.

Da stieg ein trüber schwarzer Geist empor,
und das Schwarze zerbiss das Herz mir ganz;
Und plötzlich kam mir alles leer und öde vor,
und Sonne und Sterne verloren ihren Glanz.

In der christlichen Mystik ist von der *via purgativa*, dem „Weg der Reinigung" die Rede, auf dem es darum geht, gegen die Verlockung anzukämpfen, den geistlichen Weg zu übersehen. Es war wohl der englische Dichter John Keats, der etwas beschrieb, was er „negative Kraft" nennt: die Fähigkeit des Menschen, in Unsicherheit, Zweifel und Mysterien zu verweilen, ohne sich an den Fakten und der Vernunft zu orientieren.

Im Idealfall führt die spirituelle Suche dazu, dass man mit der Zeit zu einem ganzen und harmonischeren Menschen wird. Dies ist jedoch nicht ihr Hauptziel. Das äußerste Ziel der Suche liegt in einem verstärkten Bewusstsein von den Zusammenhängen der Schöpfung und dem Platz, den man selbst darin einnimmt.

Für denjenigen, der auf dem Weg bleibt, geht der Taumel des Kampfes in eine Art von *Durchbruch* über, den vierten Schritt der spirituellen Reise. Diese Phase des spirituellen Reifeprozesses trägt eine so stark persönliche Prägung, dass alle Versuche, eine systematische Beschreibung vorzunehmen, scheitern müssen. Menschen, die einen solchen Durchbruch erlebt haben, reden normalerweise von einem Perspektivenwechsel, der von einer Klarsicht und einer Aufgeräumtheit gekennzeichnet ist, die an Euphorie grenzen und noch lange, nachdem die umwälzenden Gefühle abgeklungen sind, in Erinnerung bleiben. Was geschlummert hatte, erwacht zu neuem Leben. Die Karmeliterschwester Ruth Burrows spricht von zwei Zuständen: dem *Licht-an* („light on") und dem *Licht-aus*

(„light off"). *Licht-aus* ist die innere Dunkelheit, die die meisten von uns als normal betrachten. Wir sind so sehr daran gewöhnt, in der Dämmerung zu leben, dass uns der riesige Unterschied zwischen den beiden Zuständen erst bewusst wird, wenn wir das Gegenteil davon erleben: *Licht-an.* Wenn das *Licht an* ist, wird unser Leben für einen kurzen Augenblick von Klarheit und Licht durchdrungen. Es geht dabei um ein inneres Sehen, bei dem Herz und Kopf gleichzeitig erleuchtet werden. Für einen kurzen Moment tappen wir nicht mehr im Dunkeln. Wie von einem Blitzlicht erleuchtet sehen wir die Welt plötzlich in einer Helligkeit, als hätten wir neue Augen. Leonard Cohen singt: „There is a crack in everything, that's how the light gets in" – in allen Dingen gibt's einen Riss, so kommt das Licht herein. Erst in diesem Moment erkennen wir die deutlichen Grenzen unseres gewöhnlichen Zustandes. Es ist nur wenigen gegönnt, mehr als ein paar Mal in ihrem Leben den *Licht-an*-Zustand zu erleben. Diese Erfahrung ist jedoch so stark, dass sie alles, was danach geschieht, verändert. Ein inneres Licht ist angegangen. Es wirft seine Strahlen auf den Alltag und ermöglicht uns, für eine Weile die ganze Herrlichkeit der Schöpfung wahrzunehmen. Alles erstrahlt in neuem Glanz. Wir stehen in einem engen, lebendigen Kontakt mit dem Göttlichen und mit uns selbst: mit dem, was wir sind, und so, wie wir gemeint sind. Ein einzigartiges Gefühl von Sinn und Erfüllung löst für einen kurzen Augenblick alle Furcht und Angst auf. Nach einer solchen Erfahrung bleibt keiner beim Alten. Diese *Licht-an*-Momente geschehen, wenn wir es am wenigsten erwarten, und erfüllen uns mit Freude und Staunen – solche Erlebnisse sind vielleicht die besten Augenblicke im Leben eines Menschen.

So weit ich weiß, kennen alle religiösen Traditionen irgendeine Form von Durchbrucherlebnis. Ein verändertes Zeitgefühl und das Wahrnehmen des Paradoxen sind unter anderem Zeichen dafür, dass etwas Außergewöhnliches stattgefunden hat. Wie zum Beispiel das Gefühl, ganz bei uns *und* gleichzeitig außerhalb unserer selbst zu stehen, ein Individuum *und* ein Zahn im Radwerk der gesamten Menschheit zu sein, mit einer unendlichen Kraft in Verbindung zu stehen *und* unsere Individualität und persönliche Integrität zu bewahren. Der Durchbruch ist Vorbote eines neuen Verhältnisses zum Leben – und birgt dadurch auch gewisse Gefahren. Die des Hochmuts etwa, zu denjenigen zu gehören, die etwas so Einzigartiges erleben durften. Uns allerdings einzubilden, dass der Gewinn, den uns unsere spirituelle Reise einbringt, unser eigener Verdienst und ein Beweis unserer eigenen Vortrefflichkeit ist, ist auch eine Art, in die Irre zu gehen.

So wie dem Suchen der Kampf folgt, kann ein *Licht-an*-Erleben Angst mit sich bringen. Hat sich dann unser Gefühlstumult gelegt, beginnen wir vielleicht an der Echtheit der Klarsicht zu zweifeln, die wir kurz zuvor erlebt haben. Dieses Zaudern kann uns mächtig erschüttern, wenn uns aufgeht, dass die innere Veränderung für unser zukünftiges Leben tatsächlich Konsequenzen hat. Das Verlangen nach dem Heiligen kann so stark sein, dass manche den Großteil ihrer Energie darauf verwenden, noch einmal einen *Licht-an*-Zustand zu erleben; das ist sinnlos, denn er lässt sich nicht durch unseren Willen einfangen.

Im Idealfall führt uns ein Durchbruch zur *Rückkehr*, dem fünften und letzten Schritt. Dies bedeutet allerdings nicht, dass wir unser Endziel erreicht haben. Wiederum stehen wir vor einem neuen und tiefen Geschehen in unserer spirituellen Entwicklung. Der Dichter T. S. Eliot hat es so gesagt: Wir kehren „an den Ort zurück, von dem wir herstammen, sehen ihn aber wie zum ersten Mal" – und mit dem Auftrag, das zu festigen, was wir gelernt haben.

Wer Wert auf Spiritualität legt, ist für gewöhnlich kein besonders merkwürdiger Mensch. Spirituelles Bewusstsein hat nichts mit Makellosigkeit oder mit ständigem Gut-Sein zu tun. Am wichtigsten ist es, nicht den Mut zu verlieren und das Ziel im Auge zu behalten.

Spirituelle Reife bedeutet nicht, dass die täglichen Aufgaben an Bedeutung verlieren oder eine Entschuldigung dafür liefern, dass wir uns unseren Mitmenschen entziehen. Ganz im Gegenteil: Die neu gewonnenen Einsichten werden anderen Menschen Nutzen und Freude im Alltag bringen. Jede einzelne Handlung ist auch für andere wichtig.

Sich in spirituellem Sinne zu entwickeln heißt auch, die Verantwortung für seine Handlungen zu übernehmen und dazu beizutragen, dass wir alle ein wahrhaftigeres und würdigeres Leben führen. *Ora et labora*: Gebet und Arbeit stellen einen wichtigen Teil des Klosterlebens dar. Sie gehen Hand in Hand. „Vor der Erleuchtung hackst du Holz und trägst Wasser. Nach der Erleuchtung hackst du Holz und trägst Wasser", lautet ein zen-buddhistisches Sprichwort, das das Paradoxon von der Rückkehr zum Alten, die eine völlig neue Qualität hat, zum Ausdruck bringt: Alles ist nämlich sowohl gleich als auch verschieden. Das Leben geht seinen gewohnten Gang, so wie es schon vorher tat und immer tun wird.

Auf spirituelles Wachstum Wert zu legen, bedeutet nicht, etwas Besonderes werden zu müssen. Eine allzu verbissene Suche nach einem Meister und Führer kann es mit sich bringen, dass wir die Weisheit unserer Nächsten übersehen. Eine Erzählung berichtet von dem Mann, der so versessen darauf war, sich in spiritueller Weisheit zu vervollkommnen, dass er alle und alles aufgab, um auf der ganzen Welt nach einem spirituellen Meister zu suchen, der das letzte Rätsel lösen könne. Auf seiner Reise besuchte er einen weisen Meister nach dem anderen, ohne denjenigen zu finden, der seinen Erwartungen entsprochen hätte. Nach jahrelanger Suche hörte er von einem Mann, der auf der Spitze des höchsten Berges lebte. Ein weiteres Jahr voller Erschöpfung und Hunger folgte, bevor er endlich zu ihm gelangte, sich voller Ehrfurcht auf die Erde warf und ausrief: „Meister, aus meinem ganzen Herzen bitte ich dich, mich zu erleuchten, damit ich das Geheimnis des Lebens kenne!" Eine ganze Weile verstrich, bis sich der Meister vorbeugte, dem Mann tief in die Augen schaute und stöhnend die Worte hervorbrachte: „Das – Leben – ist – ein – Vogel – auf – der – Flucht!" Voller Ehrfurcht wartete der Mann auf die Fortsetzung, doch der Weise fügte kein einziges Wort hinzu. „Meister", flehte er schließlich, „ich bin über die ganze Erde gewandert und habe alles aufgeopfert, nur um dich zu finden. Ist das alles, was du zu sagen hast, dass das Leben ein Vogel auf der Flucht ist?" Der weise Mann blickte ihn erstaunt an: „Was denn, meinst du nicht, dass das Leben ein Vogel auf der Flucht ist?" – Es ist müßig zu glauben, dass andere die Antwort auf unsere Fragen haben. Den spirituellen Weg zu wählen, bedeutet nicht makellos und fromm, sondern menschlicher zu sein. Es bedeutet Vertrauen zu haben und zu verstehen, dass alle Menschen schwach und unvollkommen sind. So wie ein altes jüdisches Sprichwort sagt: Es ist besser, ein Sünder zu sein, der weiß, dass er ein Sünder ist, als ein Heiliger, der weiß, dass er ein Heiliger ist. Es geht weniger darum, nicht zu fallen, als wieder aufstehen zu können.

Viele Menschen ahnen, dass es eine andere spirituelle Dimension gibt, fühlen sich aber gleichzeitig von ihr abgeschnitten. Das Gefühl, verwirrt und unbefriedigt zu sein, nimmt zu, wenn ein Mensch wahrnimmt, dass er trotz äußerlichen Fortschritts den Kontakt zu etwas Wesentlichem vermisst. Sein Leben ist mit allerlei Dingen gefüllt, hat jedoch keinen Sinn. In dieser Situation kann die Lust entstehen, das Unbekannte zu erforschen. Und dies führt zu einer spirituellen Entdeckungsreise. Es kann geschehen, dass das, was wir in der Weite zu finden meinten, ganz in der Nähe auf uns wartet. Dieser Gedanke wird in vielen spirituellen Traditionen formuliert: „Gott ist dem Menschen näher als die Schlagader", steht beispielsweise im Koran, und die Bibel schreibt: „Das Reich Gottes ist schon mitten unter euch." Tief in uns liegt ein Kern, unser wahres, ursprüngliches Selbst, das – bevor die Welt uns nach ihrem Ebenbild formte und uns dem Heiligen entfremdete – dort als Möglichkeit schlummerte. Uns wieder mit ihm zu vereinigen ist ein Prozess, der unser ganzes Leben lang andauert.

Atem holen – Geist schöpfen

Mit Hilfe der modernen Technik machen wir am laufenden Band neue Entdeckungen, die unsere Theorien umwälzen und uns dazu zwingen umzudenken. So haben zum Beispiel australische Forscher fossile Überreste von Mikroorganismen untersucht, die seit 3,235 Milliarden Jahren auf dem Meeresboden in vulkanischem Milieu lebten. Dies hat sie die Auffassung von Leben auf dem Meeresboden um mehr als zwei Milliarden Jahre korrigieren lassen. Neulich konnten in einem Meteoriten Salzkristalle isoliert werden, die die älteste Materie überhaupt sein könnten – aus der Zeit, als sich das Sonnensystem gebildet hat. Doch wie viel wissen wir wirklich darüber, wie das Universum entstand und warum wir da sind? Noch unseren mit aller Sicherheit aufgestellten Behauptungen ist ein Haltbarkeitsdatum aufgedrückt. Wenn nicht einmal die Gelehrtesten unter uns zuverlässige Antworten geben können, ist es kein bisschen erstaunlich, dass Menschen mit Fragen um ihre Existenz ringen. „Präzision ist, wie wenn jemand einen Dartpfeil durch das gesamte Universum wirft und auf einer millimetergroßen Fläche voll ins Schwarze trifft", sagt der Physiker Michael Turner. Es ist schon ein Wunder, dass es uns überhaupt gibt. Wenn die Dichte des Weltalls um das Millionenfache eines Millionenfaches geringer oder größer wäre, als sie tatsächlich ist, wäre das Universum innerhalb von zehn Jahren kollabiert oder ganz leer geworden – darauf weist sein Kollege Stephen Hawkings hin.

Sind wir ein Produkt des Zufalls oder wurde der Mensch von einer höheren Macht erschaffen, die wir Gott nennen und die über alles herrscht? Letztendlich bleibt es jedem überlassen, selbst zu entscheiden, was er glauben mag und welche Konsequenzen dieses Glaubensbekenntnis in seinem Alltag hat. Im Grunde haben wir die Wahl zwischen zwei Interpretationsmöglichkeiten: die eine ist, dass wir mit unserem Leben allein dastehen; die andere, dass es jenseits unserer Begriffsmöglichkeiten eine höhere Macht gibt. Auch zu verneinen, dass es einen Gott gibt, oder die Frage offen zu lassen, ist eine Wahlmöglichkeit mit Langzeitfolgen. Bei der spirituellen Reife handelt es sich, wie bei vielem in unserem Leben, zum Großteil um Willen, Verantwortung und Erfahrung. Mangels eines sicheren Wissens sind wir auf uns selbst zurückgeworfen. Die Wissenschaft kann die Existenz Gottes nicht beweisen. Gleichzeitig ist eine Vorstellung von Gott tief verankert in unserer Kultur und kann nicht aus unserem Bewusstsein gestrichen werden. Ob wir nun an Gott glauben oder nicht: Der Gottesbegriff hat in unserem Kulturerbe seinen Platz, und wir müssen entscheiden, wie wir uns dazu stellen.

Diejenigen, die sich stark mit wissenschaftlichen Fragen beschäftigen, kommen allmählich zu der Erkenntnis, dass sich hinter den Gesetzen des Weltalls etwas verbirgt, das unsere größte Bescheidenheit verdient. Dies meinte jedenfalls Albert Einstein. In seinem Buch *Der verborgene Gott* beschreibt Stefan Einhorn, wie eine Zelle aus einer Außenhülle besteht, unter der sich das so genannte Zytoplasma befindet. Umgeben von einer inneren Hülle, sitzt darin der Zellkern, der die Erbmasse, die DNS, enthält. Aus den etwa 70 000 Genen, die ein Mensch als Muster aufweist, werden die Proteine gebildet, die die Zellen funktionsfähig machen. Man stelle sich nur vor, dass ein Mensch aus Millionen Zellen besteht, und dass sich in jeder Zelle weitere Millionen Bestandteile befinden, die in komplexer Beziehung zueinander stehen. Allein schon das ist schwer genug zu begreifen. Bedenkt man darüber hinaus, dass auf der Erde Milliarden von Menschen leben, die miteinander sowie mit unzähligen Tierarten und mit der Natur in einer engen und gegenseitigen Abhängigkeit verkehren, haben wir ein Bild vor Augen, dessen Komplexität unser Fassungsvermögen übersteigt und uns angesichts der Kräfte, in die wir mit einbezogen sind, erschaudern lässt. Es kann uns vielleicht auch darüber nachdenken lassen, wie es dazu kommt, dass wir so halsstarrig meinen, wir hätten unser Leben in der Hand. Wenn alles planmäßig verläuft, ist es einfach, sich einzubilden, dass man die Spielregeln der Schöpfung beherrscht und das Meiste unter Kontrolle hat. Naturkatastrophen und andere Ereignisse, die uns dazu veranlassen, unseren Blick zu weiten, entlarven solche Allmachtsvorstellungen als Wahn. Es ist überhaupt nicht schwer, diejenigen zu verstehen, die es vorziehen, ihr Augenmerk auf das Verborgene und Rätselhafte zu richten.

In meinem Urlaub letztes Jahr stand ich gerade auf einem Berg in einem fernen Land, als mein Mobiltelefon klingelte. Meine Tochter Rebecka meldete sich, die in diesem Augenblick an einem Skilift in Åre in der Schlange stand. Wir redeten miteinander, als seien wir im selben Raum, und mir wurde bewusst, dass das, was wir da für selbstverständlich hielten, vor gar nicht allzu langer Zeit als Wunder gegolten hätte. Vor weniger als hundert Jahren konnten Menschen sich kaum vorstellen, dass es gegen verschiedene lebensbedrohliche Infektionen einfache Heilmittel geben würde, so wie wir uns noch vor einigen Jahrzehnten damit schwer taten, auch nur zu verstehen, was Computer heute in Sekunden lösen. Es ist gar nicht so lange her, dass die heute stattfindende Revolution der Informationstechnologie unvorstellbar war. Welche „undenkbaren" Entdeckungen werden Menschen in den nächsten Jahren, Jahrzehnten und Jahrhunderten machen?

Inwieweit uns unser Fortschritt zu besseren oder glücklicheren Menschen macht, ist – versteht sich – eine offene Frage. Dass es Menschen besser geht, wenn ihre materiellen Grundbedürfnisse befriedigt sind, steht außer Zweifel. Genauso offenbar ist es aber auch, dass materielle Mittel, die über dieses Grundniveau hinausreichen, den Zufriedenheitsgrad keinesfalls erhöhen. Das stellt etwa auch der Dalai Lama fest und meint, dass sie beinahe das Gegenteil zu bewirken scheinen. Schließlich seien es die inneren Ressourcen, die ausmachen, ob wir uns zufrieden fühlen oder nicht. Nirgendwo außer in Europa und den Vereinigten Staaten, meint der Dalai Lama, sei er bei Menschen auf Selbsthass gestoßen. Es ist unsere *Einstellung* dem gegenüber, was wir sehen und erleben, die die Art und Weise bestimmt, wie wir unsere jeweilige Lebenssituation wahrnehmen, ebenso wie unsere Fähigkeit, uns und andere glücklich zu machen.

Zweierlei Arten von Fragen beschäftigen uns. Das sind die *kausalen* Fragen, die mit *Ursprung und Ursache* zu tun haben: Was hat einen bestimmten Sachverhalt verursacht? Welche Faktoren liegen dahinter? – Dann gibt es *teleologische* Fragen (vom griechischen Wort *telos*, was gerade „Endziel" bedeutet), die mit *Sinn und Ziel* zu tun haben. Worauf läuft etwas hinaus? Was ist der Sinn des Ganzen? Dies sind Fragen, die unausgesprochen mit Moral und Ethik verbunden sind. Teleologische Fragestellungen sind schwierig. Aus diesem Grunde werden sie beispielsweise in der Forschung oder im Unterricht gerne beiseite geschoben zu Gunsten von Fragen, die sich mit der Kausalität beschäftigen und mit Hilfe der herrschenden Wissenschaft leichter zu beantworten sind.

Der Mensch kann großartige Dinge vollbringen. Aber selbst in den Augen des rationalsten unter uns verblassen die eigenen Wunderwerke und unsere rekordverdächtigen Leistungen, vergleichen wir sie mit der Großartigkeit des Sternenhimmels oder mit der Urkraft der Asche oder des Wassers. Darüber hinaus werden wir dessen, was wir selbst geschaffen haben, schnell überdrüssig. „Wir können stundenlang auf einen See, auf einen Ozean, einen Berg oder eine Wiese schauen, ohne uns zu langweilen: Wir erleben Ruhe und Frieden. Aber wie lange können wir auf ein Menschenwerk blicken wie etwa auf ein Flugzeug oder einen Wolkenkratzer?", fragt Harold Kushner in seinem Buch *Who needs God?* Als wir das erste Mal sahen, wie ein Mensch seinen Fuß auf den Mond setzte, wurden wir stumm vor Staunen. Bei der dritten Landung auf dem Mond mussten die Astronauten schon etwas mehr leisten, um das Interesse der Fernsehzuschauer für einige Minuten zu bekommen.

„Nähere dich der Stille" nennt Elisabet Hermodsson ihr Gedicht, in dem sie schreibt:

nähere dich der stille
atme den wind
sie verschwinden
in kranken pfeifen
die klatschstimmen
der kalte hauch des geizes
einteilungen klassen
kategorien begriffe
verschwinden
der baum gehört allen
die fichte ist baum
das haus gehört allen
besonders ist ein zeichen fürs allgemeine
der mensch ist menschen

die menschen sind
überall den menschen nahe
und über allem
über jedem verstand
diese stille

Menschen, die für längere Zeit isoliert in schöner Natur gelebt haben, schildern oft in rhapsodischer Weise Erlebnisse, die ihre Lebensansichten tief beeinflusst haben. Das folgende Zitat ist der Auszug aus einer Schilderung von Admiral Byrds, in der er beschreibt, wie es für ihn war, sich längere Zeit auf einer Wetterstation in der Antarktis aufzuhalten:

Ich machte heute meinen täglichen Spaziergang um vier Uhr bei 30 Grad Kälte und blieb stehen, um auf die Stille zu lauschen … Der Tag ging seinem Ende zu, die Nacht nahte – jedoch in größter Ruhe. Hier waren die undenkbaren Vorgänge und Kräfte des Universums am Werk, lautlos und harmonisch. Harmonie, genau das war es! Das war es, was die Stille ausströmte – ein stiller Rhythmus, die Klänge eines perfekten Akkords, Sphärenmusik vielleicht. Es reichte, diesen Rhythmus aufzunehmen, um für einen Moment selbst ein Teil davon zu werden. In diesem Augenblick konnte ich nicht daran zweifeln, dass Mensch und Universum eine Einheit bildeten … Das Universum war ein Kosmos und kein Chaos; und wie Tag und Nacht war der Mensch ein rechtmäßiges Teil dieses Kosmos.

Wenn ich in einer Mondnacht spät an unserem Haus in Österlen weit draußen am Pier stehe, das Wasser an die Klippen schlagen höre, meinen Blick auf den Sternen ruhen lasse und eine sonderbare Sehnsucht verspüre, weiß ich ganz genau, wovon Admiral Byrds spricht. Mit meinem ganzen Herzen fühle ich, dass es einen Gott gibt. Wenn wir endlich am Ziel angelangt sind, werden wir vielleicht entdecken, dass wir die ganze Zeit schon dort waren.

4 Beredte Stille

Ich sagte zum Mandelbaum:
„Schwester, erzähl mir von Gott."
Und der Mandelbaum erblühte.
Japanisches Sprichwort

Schweigen

Es war eine ganz gewöhnliche Zugfahrt. „Was denn, verdammt noch mal?", fauchte eine in Schwarz gekleidete junge Frau die andere an, die versucht hatte, sie dazu zu bewegen, ihre Illustrierte wegzulegen und mit ihr zu reden. Jemand schaltete das Radio ein, um zu hören, wie sich der Sportverein machte. Ein Herr in dunklem Anzug mit gestreifter Krawatte klagte in sein Handy, dass sein Zug Verspätung habe. Er schaffe es *nicht*, fürs Abendessen einzukaufen! Neben mir knabberte ein junger Mann pausenlos Kartoffelchips und stampfte mit dem Fuß zu der Musik, die noch dröhnend aus seinem Kopfhörer tönte. Die Frau mir gegenüber schlürfte Kaffee aus einem Plastikbecher und stöhnte über ihrem Kreuzworträtsel. Im Gang tapste ein kleines Kind hin und her, wobei es immer wieder über die Rucksäcke, die Koffer und die ausgestreckten Beine eines schnarchenden Kerls mit Bierbauch zu fallen drohte. Auf dem Korridor flirteten zwei Teenager ganz ungeniert miteinander. Und ganz hinten im Wagen brach ein Kind in Weinen aus, worauf sofort auch die Lautstärke des Radios erhöht wurde. „Jemand zugestiegen?" brüllte der Schaffner und ließ die Tür ordentlich knallen.

Eine ganz gewöhnliche Fahrt an einem ganz gewöhnlichen Tag. Für mich war es ein Albtraum. Ich war in den Zug gestiegen, nachdem ich fast eine Woche lang auf „Retreat" gewesen war und die ganze Zeit geschwiegen hatte. Das Wort *retreat* bedeutet: sich zurückziehen. Mein Rückzug geschieht in regelmäßigen Abständen an einem Zufluchtsort in Rättvik, der St. Davidsgården heißt. St. Davidsgården liegt in einer Umgebung, die größtmögliche Stille garantiert. Und innerhalb seiner Mauern flüstert man nicht einmal. Es gibt weder Radio noch Fernsehen noch Zeitungen, um sich abzulenken. Die Kommunikation dort beruht nicht auf Worten. Dagegen war die Zugfahrt zurück nach Hause ein greller und unwillkommener Kontrast. Und doch war es nicht das erste Mal, dass ich diese Umstellung erlebte. Im düsteren Wissen, mich bald wieder an den Alltag anpassen zu müssen, gab ich mir Mühe, noch eine kleine Weile in der milden Stimmung zu verweilen, die mir so gut getan hatte.

Um uns herum ist es beinahe niemals still. Überall wird gleich viel geredet. Nicht zu reden, erweckt geradezu Misstrauen. „Hast du schlechte Laune?", bekommen wir zu hören. Ich glaube, dass sich viele Menschen danach sehnen, still sein zu können. Auf Retreat zu gehen, hilft mir, meine Siebensachen zusammenzupacken und mich und mein Leben aus einer gewissen Entfernung zu betrachten. Das kann so sein, wie wenn man im Licht eines Sommermorgens überrascht ist, Staub im Bücherregal und Spinnweben in den Ecken zu entdecken; aber auch die Pracht eines Blütenblattes und das Muster auf dem Flügel eines Schmetterlings. Alles wird sichtbar – das Gute und das Schlechte. Es ist schön, in der Stille die überflüssigen Worte und die unüberlegten Taten von mir zu streifen, zu denen wenigstens ich mich immer wieder hinreißen lasse. Ich glaube, es ist wichtig, zu sich selbst heimzukehren, Atem zu schöpfen, auf seine eigene Stimme zu hören und seinem eigenen Blick zu begegnen. Für die Zeit des Retreats werden Pflichten und Erwartungen zur Ausnahme erklärt, und, wenn man Glück hat, kommen neue Möglichkeiten ans Licht. Gleichzeitig weiß ich auch aus eigener Erfahrung, dass es leichter gesagt als getan ist, Zeit für sich zu finden. Vieles muss erledigt werden, und die eigenen Bedürfnisse landen ganz unten auf der Liste. Alles Mögliche taucht auf und hindert uns daran, Ruhe zu finden. Es gibt auch einen inneren Widerstand dagegen, loszulassen und den eigenen Lebensrhythmus erkennbar werden zu lassen – etwas in uns, das sich dagegen wehrt, dass wir Zeit für uns selbst brauchen.

Natürlich muss man nicht auf Retreat gehen, um Ruhe zu haben. Es gibt viele Möglichkeiten, sich zurückzuziehen und es gibt viele Arten der Stille. „Die Stille" beispielsweise, „die nachts über dem Wasser liegt. Der glasklare Herbstmorgen mit Reif auf dem Gras. Die Stille in einem liebevollen Blick. Das unerbittliche Zentrum eines Sturms. Oder die Stille, die in einer alten Kirche zu Hause ist." Solche Momente der Ruhe schildert Arne Holen in seinem Buch *Die Psychologie der Stille*.

Neulich stieß ich auf das wunderbare Gedicht „Stille" des japanischen Dichters Shinkichi Takahashi:

Ein Hahn kräht, und jemand
spielt Koto.
Nichts fehlt.

Mitten in der Stille
bin ich still.
Wenn ich ihn fangen könnte, würde ich

den Schmetterling dort in den Mund nehmen.

Friede kann in unsere Seele dringen, wenn wir es am wenigsten erwarten – auf dem Weg von der Arbeit in dem überfüllten Wagen der U-Bahn, wenn wir im Supermarkt Schlange stehen müssen, um den Tageseinkauf zu bezahlen, oder mitten im Geplapper einer Kaffeepause. Und er kann uns daran erinnern: Am wichtigsten ist die *innere* Stille. Mitten in den Turbulenzen des Lebens schaffen es manche Menschen, ihre Ruhe zu wahren. Andere wiederum können nicht einmal in der friedlichsten Umgebung ruhig sein. Aus der geistlichen russisch-orthodoxen Tradition stammt der Begriff *pustynia,* der buchstäblich „Wüste“ oder „Einöde“ bedeutet, im übertragenen Sinne jedoch einen geschützten Ort beschreibt, eine Kirche oder ein Kloster zum Beispiel – oder einen symbolischen Ort in der Seele. Ein „inneres Kloster“, in dem man im spirituellen Sinne eine Atempause einlegen und sich erholen kann.

In der Stille wird die Schleuse zum inneren Leben geöffnet. Das ist ein entspannter, jedoch alles andere als passiver Zustand. Wir haben viele verschiedene Gefühle, die manchmal im Widerstreit miteinander stehen. Davor brauchen wir keine Angst zu haben. „Schäm dich nicht, Mensch zu sein, sei stolz!/ In dir öffnet sich endlos Gewölbe um Gewölbe./ Du wirst nie fertig, und so soll's auch sein“, lautet eine Stelle aus Tomas Tranströmers Gedicht „Romanische Bögen“. Mitten in der Ordnung kann Chaos herrschen, so wie der Glaube ganz eng mit dem Zweifel verbunden sein kann. In uns liegen Kreativität und Wiederholung, Vernunft und Gefühl, Drohung und Versprechen, Trauer und Freude, Stärke und Schwäche, Hingabe und Abstand. „Die Eindeutigkeit ist die Frucht der Angst. Die Mehrdeutigkeit, das Zusammengesetzte zu bejahen, bedeutet der Erfahrung zu begegnen, sie zu integrieren und wirklich zu werden. Und dieser Prozess ist die Voraussetzung sowohl fürs Dichten als auch für das praktische Handeln und die wirkliche Moral“, sagt Bengt Nerman in seinem Buch *Der Mensch und seine Sprache.* Wenn wir unseren Blick auf uns selbst richten, fordern wir unsere Gegensätze zum Tanz auf. Dann nähern wir uns dem, was verändert werden kann, aber auch dem, wogegen wir nichts ausrichten können und mit dem wir lernen müssen zu leben. Wir ergreifen die Chance, etwas Neues zu entdecken und gehen das Risiko ein, die weniger ansprechenden Seiten an uns zu sehen; sowohl unsere Vielfalt als auch unsere Grenzen zu erkennen.

Die Zeit in der freiwilligen Stille hat mich verstehen lassen, dass ich weniger von Dingen oder äußeren Reizen abhängig bin, als ich dachte. Immer mehr fühle ich mich zu einer relativen Einfachheit hingezogen. Die Zeit in der Stille hat mich dazu gebracht, mein Leben so einzurichten, dass ich einmal im Monat einige Tage allein auf dem Lande verbringe. Dort genieße ich das unkomplizierte Leben. Beispielsweise kaufe ich weniger Essen ein. Was ist das für eine Erleichterung, wenn ich beim Brotbelag bloß die Wahl zwischen Schinken und Käse habe – und aufhöre mich zu fragen, was ich lieber hätte: Leberpastete, Sülze, Kaviar, Salzgurken, Frischkäse oder Marmelade? Mit nur wenigen Büchern und einem Kleiderbündel im Gepäck habe ich genug Raum, ich selbst zu sein.

In der Einsamkeit kann es passieren, dass man auf Charakterzüge stößt, von denen man nichts wissen will. Genauso gut kann es aber sein, dass man sich über kleine Dinge freut, die im Alltag an einem vorübergehen würden. Manchmal wird man sogar durch einen kurzen Einblick in den tieferen Sinn des Lebens belohnt. „Die Freude ist nicht das ekstatische Feuer des Augenblicks, sondern die Glut, die dem Sein folgt", schreibt Erich Fromm. Freude ist das, was wir erleben, während wir dem Ziel, wir selbst zu werden, immer näher kommen: Dabei kann eine bislang nur schlummernde Lebenslust geweckt werden, die uns daran erinnert, dass der Geschmack der Mahlzeit größtenteils am Appetit liegt.

In der Einsamkeit werden viele Erinnerungen wach. Bei dem Gedanken an eine Zeit, die nun vergangen ist, werde ich von Freude und Wehmut gepackt. Erwartungen, Phantasien, Hoffnungen und Sorgen gehen mir durch den Kopf. Ich denke an das, was mir einmal weh tat oder was ich ungetan ließ, an die Fehler, die ich gemacht habe oder die andere an mir begangen haben. Und an die Wendepunkte in meinem Leben, nach denen nichts mehr wie vorher war. Es kann viel passieren, wenn man einsam und hellhörig ist.

Wer sich die Mühe macht zu lauschen, hört, dass sogar die Stille eine Melodie hat. Wissen Sie, wie man fühlt, wenn man sich an einem Ort befindet – vielleicht oben auf einem Berg oder draußen auf See –, an dem der Alltag weit weg ist? An solchen Orten ist alles, was uns normalerweise auf Hochtouren laufen lässt, weit entfernt und unbedeutend.

Stille ist mehr als eine einfache Pause; sie ist der verzauberte Ort, an dem Raum geschaffen wird, die Zeit still steht und selbst der Horizont weiter wird. Wir sagen oft, dass wir uns in der Stille selbst denken hören. Zutreffender ist es jedoch zu sagen: In der Stille können wir hören, wie wir nicht denken, und können auf diese Weise an einen Ort in uns sinken, der tiefer ist, als es der bloße Gedanke zulässt. Und vielleicht noch besser: In der Stille können wir hören, wie jemand anders denkt. Oder wir können einfach atmen. Denn Stille ist Empfänglichkeit, und in der Stille können wir etwas hören, was sich jenseits des Lärms der Welt befindet.

So schreibt der Journalist und Reiseberichterstatter Pico Iyer in einem seiner Essays, und das kann ich gut nachvollziehen. Leider gibt es verschwindend wenig Orte, die so frei sind vom Verkehrsgetöse und dem menschlichen Gejammer, dass man die Chance bekommt, das Raunen der Stille zu hören. Stille dieser Art kann leicht unheimlich wirken. Wer Krach und Getöse gewohnt ist, mag etwas Zeit brauchen, bis er sich mit der Stille anfreundet, die in der Einsamkeit herrscht. Wir sind es nicht gewohnt, unsere eigenen Atemzüge zu hören.

Das französische Wort *rêverie* bezeichnet den traumähnlichen Zustand, in den man in der Stille hineingleiten kann. Schriftsteller und Künstler nutzen eine solche Träumerei als Arbeitsinstrument. Die Arbeit eines Dichters besteht beispielsweise nicht hauptsächlich darin, Gefühle zu *beschreiben*, sondern diese Gefühle zu *übertragen*, indem er sie in Worte übersetzt – Worte, die im Idealfall das Herz des Lesers berühren. Im Zustand einer *rêverie* wendet man sich seiner Mitte zu, versinkt in dem Formlosen und Unfertigen, das sich, sobald es gekocht und geschmolzen ist, in Worte, in Bilder, in Formen oder in Laute verwandeln kann, die sich auf andere zubewegen und sie vielleicht dazu anspornen, eine eigene innere Reise zu beginnen. Es ist nicht leicht mit den Worten. Es besteht das Risiko, dass sie in demselben Augenblick, in dem sie das verdeutlichen, was wir gestalterisch so schwer einfangen können, an Bedeutung verlieren. Ich glaube, dass der schöpferische Prozess in der Stille beginnt. Ein Gedicht ist das Ergebnis eines Prozesses, das im inneren Raum des Dichters als ein Flüstern geboren wird, um schließlich auf dem Papier Form anzunehmen und dem Leser zu begegnen. Bevor man das Wesen eines Dinges einfangen und ihm für einen anderen Menschen Bedeutung verleihen kann, muss man zuerst selbst davon gefangen genommen sein und sich damit vereinigt haben, in gewissem Sinne damit „verschmolzen“ sein. Ein chinesischer Künstler – ich habe seinen Namen vergessen – gibt folgenden Rat:

Bevor du einen Bambus malen kannst, muss der Bambus tief in deinem Inneren gewachsen sein. Erst dann kannst du, den Pinsel in der Hand und festen Blickes, das Bild vor dir aufsteigen lassen. Fang das Bild sofort mit deinen Pinselzügen ein, denn es kann verschwinden wie ein Hase, wenn der Jäger naht.

Sehnsucht nach sich selbst

Eine ganz besondere Stille herrscht an den heiligen Orten. Wenn wir in eine Kirche gehen, bleiben die Worte hinter der Schwelle zurück. In allen Religionen gibt es Hinweise auf die Notwendigkeit, Zeit in der Abgeschiedenheit und Einsamkeit zu verbringen. Es gibt genügend Beispiele von herausragenden Figuren, die sich aus der Welt zurückgezogen haben und in sich selbst gegangen sind, um danach in die Gemeinschaft zurückzukehren und zu berichten, was sie erlebt haben: Jesus in der Wüste, Buddha unter seinem Baum, Mohammed in seiner Grotte. Schilderungen der besonderen und ekstatischen Erlebnisse, die es gab, seitdem die Menschen gelernt haben, über ihr Leben zu schreiben, schließen oft das Erleben der eigenen Auflösung, das Aufgehen in etwas Größerem, ein Sich-Verlieren und Sich-wieder-Finden ein. Gunnar Björling drückt etwas davon in einem Gedicht aus:

Wie
die stille, die wir suchen
die menschen suchen
die stille, ihre stimme
wie das einzige, das stumme
das letzte
die stille, die wir suchen
wir suchen die antwort
die antwort, sie hat keinen namen
unseres herzens leben
wie
die stille, die wir suchen
sie gibt keinen schlüssel, sie gibt nicht rat noch hafen
sie spendet leben,
in des unendlichen lebens offene hand gibt sie uns des weltalls ende.

Wie
die stille, die wir suchen
die menschen suchen.

Es gibt viel mehr bei uns selbst zu holen, als wir ahnen. Wenn wir uns keine Zeit nehmen, um das kennen zu lernen, was in uns ist, können wir auch nicht unser Potential verwirklichen und unsere Fahrtrichtung finden. Ich glaube, dass die Sehnsucht danach, Gott zu finden, und die Sehnsucht danach, sich selbst zu finden, im Grunde genommen ein und dasselbe sind.

Wer bin ich, und wohin gehe ich? Diese Fragen tauchen immer noch in mir auf, obwohl ich schon in fortgeschrittenem Alter bin. Und im Übrigen: Was *ist* ein *Ich*? Ich habe einen Körper, aber ich *bin* nicht mein Körper. Ich habe Gefühle, aber ich *bin* nicht meine Gefühle. Ich denke, aber ich *bin* nicht meine Gedanken. Ich habe Sorgen, aber ich *bin* nicht meine Sorgen. Ich besitze verschiedene Dinge, aber ich *bin* nicht mein Auto, mein Haus oder meine Kleider. Ich habe eine Arbeit, aber ich *bin* nicht meine Arbeit und so weiter. „Ich" ist viel mehr als dies alles. Vielleicht kommen wir unserem Kern am nächsten, wenn wir an das „Ich" denken, das all das beobachtet, was wir sind, etwas, das alle Teile in sich vereint, aber das unendlich viel mehr ist als die Summe davon. In jedem Menschen gibt es etwas, das ihm ein Gefühl von Kontinuität und Verwurzelung gibt – etwas, das es gibt, wenn er achtzig Jahre alt ist – und das es gab, als er sechzig und vierzig und zwanzig und zehn Jahre und zehn Monate und zehn Tage und zehn Stunden und zehn Sekunden alt war. Und wer weiß, vielleicht noch davor.

Von einem erwachsenen Menschen erwartet man viel: Er soll seine manchmal gegensätzlichen Gefühle aushalten und gleichzeitig eine realistische Auffassung seiner selbst und von anderen wahren; er soll sich, wenn nötig, anderen gegenüber behaupten, aber auch sich selbst trösten können. Er soll realistische Erwartungen und zuverlässige Beziehungen haben und ein Gefühl für Kontinuität und Zusammenhang in seinem Selbstbild bewahren sowie die Fähigkeit besitzen, sich seiner schöpferischen Möglichkeiten zu bedienen. Und nicht zuletzt: Er soll allein sein können.

Unsere Entwicklung hört niemals auf. Und bis zu unserem Lebensende können wir noch viel mehr Dinge entdecken, wenn wir wollen. „Es ist nicht wahr: Du bist nicht, wie du bist./ Denn du wirst so wie das, was dich aussondert./ Erst wenn du zu dem letzten Grund gelangt bist, / wo du vor all den vielen Möglichkeiten sagst:/„Dieses ist gut und es gehört zu mir,/ dieses ist schlecht, es gehört nicht zu mir“,/ erst dann wirst du erfahren, wer du bist“, schreibt der Arzt und Künstler Poul Bjerre.

Man kann einen Menschen beschreiben, indem man von seinen *Bedürfnissen* spricht. Schlafen, trinken, essen, irgendwo wohnen können, lachen, von etwas berührt werden, weinen, schimpfen, mit anderen zusammensein, lieben, schaffen, sich begeistern, sich wundern, sich entsetzen, vertrauen, Sinn erleben, bauen, etwas Neues lernen und so weiter – von all dem brauchen wir etwas. Dann gibt es das, was wir im Leben *begehren*. Beispielsweise begehren wir Geld und Dinge oder die Liebe eines bestimmten Menschen. Oder wir begehren eine bestimmte Arbeit oder Stellung. Oder wir begehren Perfektion, Weisheit, Schönheit, Macht, Anerkennung, Berühmtheit, Glück und was wir auch immer zu verdienen meinen. *Bedürfnisse* sind buchstäblich die Dinge, deren wir *bedürfen*, *Begehren* sind die Dinge, die wir *haben wollen*. Essen ist zum Beispiel ein Bedürfnis, Filet mignon mit Trüffelsauce ist jedoch ein Begehren. Sich zu kleiden ist ein Bedürfnis, ein Armani-Anzug hingegen ein Begehren. Eine Wohnung zu haben ist ein Bedürfnis, aber eine zweistöckige Villa mit Sauna, Doppelgarage und Meeresblick ist ein Begehren. Das Bedürfnis ist tief in unserer Natur verankert, das Begehren wird geformt im Zusammenspiel mit der Welt, in der wir leben. Das Begehren ist nicht immer schlecht: Es treibt uns voran auf die Suche nach einem guten Leben. Wer sich jedoch davon leiten lässt, endet oft in Enttäuschung und Frustration. Unser Begehren führt uns in Versuchung und gaukelt uns vor, unsere Sehnsucht dadurch stillen zu können, dass wir die richtigen Dinge bekommen, am richtigen Ort Urlaub machen und den richtigen Wein trinken. Wir werden niemals satt, denn immer gibt es neue Dinge, die uns locken. Der Theologe Ola Sigurdson schreibt in seinem Buch *Der Weg des Hungers* über „Abgötter" – das heißt über Dinge, an die wir unser Herz hängen, die unseren Erwartungen jedoch nicht entsprechen und nicht halten, was sie versprechen. Bedürfnis und Begehren fallen oft zusammen, genauso oft aber stehen sie in Konflikt miteinander. Es ist überhaupt nicht sicher, dass das, was wir begehren, auch das ist, was wir brauchen, um uns weiterzuentwickeln. Davon abgesehen können Bedürfnis und Begehren in Dunkelheit gehüllt sein. Denken Sie zum Beispiel an den gestressten Geschäftsmann, der nichts lieber will, als für eine Woche aufs Land zu gehen und sich um seine Familie zu kümmern. Dort angelangt, kommt er nicht zur Ruhe und findet bald eine Entschuldigung, um in die Stadt zurückzukehren. Warum beraubt er sich selbst seiner Freiheit? Vielleicht ist es seine Machtgier, die ihm einen Streich spielt und ihn dazu veranlasst, sich darüber Gedanken zu machen, was seine Mitarbeiter in seiner Abwesenheit so treiben. Vieles wird besser verständlich, wenn wir um unsere versteckten Motive wissen.

Das Begehren hat verschiedene Quellen – Leib, Gefühle, Intellekt, Geist – und erstreckt sich von der vagen Hoffnung, etwas zu bekommen, bis hin zu mächtigen Leidenschaften, die einen Menschen in den Wahnsinn treiben können. Manche Begehren sind zufällig und klingen mit der Zeit ab. Andere begleiten uns unser ganzes Leben lang. Manche Begehren führen uns in den Zwiespalt. So zum Beispiel, Treue geschworen zu haben und sich dann zu einem anderen hingezogen zu fühlen; reich sein und sich gleichzeitig nicht mehr um seine Geschäfte kümmern zu wollen; die Freiheit genießen zu wollen, allein zu leben, und gleichzeitig sein Leben mit einem anderen Menschen zu teilen. Begehren können uns hin und her treiben wie ein Wirbelwind Blätter. Wir tun gut daran, sie hin und wieder zu sichten und uns zu fragen, ob das, was wir begehren, wirklich dem entspricht, was wir tief in unserem Inneren haben wollen. Leben bedeutet begehren. Es kommt nicht darauf an, unsere Begehren auszurotten, sondern sie zu ordnen. Nicht, sie abzuschaffen, sondern sie zu pflegen.

Kennen Sie Ihr Begehren? Was ist es, und welche Ihrer Begehren sind für Sie lebensnotwendig, auf welche können Sie genauso gut verzichten? Besitzen Sie vielleicht Dinge, die Ihr Leben komplizieren und auf die Sie verzichten könnten? Kaufen Sie manchmal Dinge ein, die Sie weder gebrauchen noch sich leisten können? Gibt es solche, die Ihnen eine gewisse Freude schenken, bei genauerer Betrachtung Ihre Zeit, Ihr Geld oder Ihren Einsatz jedoch kaum wert sind? Schauen Sie sich in der Küche um. Wie sieht es in Ihren Schränken aus? Sind Sie sicher, dass Sie all diese Dosen und Päckchen wirklich haben wollen? Wie viele Marmeladensorten brauchen Sie eigentlich? Kaufen Sie planlos Essen ein, das dann liegen bleibt? Denken Sie an Ihren Kleiderschrank, oder werfen Sie einen Blick hinein. Wie viele Schuhe und Hemden und Kleider und Unterhosen und Jacken haben Sie? Ziehen Sie sie alle an? Gibt es Kleider, die Sie nie anziehen und die jemand anders gebrauchen könnte? Schauen Sie sich in Ihrer Wohnung um. Gibt es dort Dinge, die bloß Platz wegnehmen und Staub fangen? Mögen Sie alles in Ihrer Wohnung, oder stehen die Dinge dort aus irgendwelchen anderen Gründen? Haben Sie sich in einem schwachen Augenblick dazu verführen lassen, Dinge zu kaufen, die Sie seitdem nicht haben wollen? Möchten Sie mit Ihrer Einrichtung Eindruck auf Ihre Nachbarn machen? Vielleicht stellen Sie fest, dass einige Ihrer Begehren zu einer Belastung geworden sind und dass sie Sie daran hindern, das zu bekommen, was Sie wirklich brauchen.

Sich für eine Weile zurückzuziehen, kann eine Möglichkeit sein, darüber Klarheit zu gewinnen. Manche Menschen fühlen sich von der Einsamkeit angezogen, ohne eine Ahnung davon zu haben, was sie wirklich suchen. Manchmal entsteht aus dem unbestimmten Gefühl, dass etwas fehlt, das Bedürfnis, sich zurückzuziehen und nachzudenken. Die anspruchslose Einsamkeit und Stille machen es vielleicht möglich, zum ersten Mal in Kontakt mit dem inneren Ich zu kommen. „Innen im Menschen wohnt der wirkliche Mensch“, schreibt der Schriftsteller Eyvind Johnson in einem undatierten postumen Fragment. In der Einsamkeit kann „der wirkliche Mensch“ hervortreten und sich selbst kennen lernen.

Eine Richtung in der modernen Psychologie – die angelsächsische so genannte Objektrelationstradition – benutzt den Begriff „das wahre Selbst“. Damit meint sie das Unverformte und Besondere, das man in jedem Kind anzutreffen meint, das Kraft- und Lebensreservoir, das viele auf dem Weg zum Erwachsenwerden aus den Augen verlieren. Das wahre Selbst ist die Quelle zum Einzigartigen, Schöpferischen und Authentischen, durch das wir uns lebendig, gegenwärtig und wirklich fühlen statt abwesend, leer und ohne Kontakt. Es handelt sich dabei um das Potential eines Menschen, das heißt um die latenten Entwicklungsmöglichkeiten, die beim kleinen Kind schon am Anfang seines Lebens sichtbar werden. Jeder Mensch hat seine besondere Art zu sein, das, was ihn von den anderen trennt und ihn einzigartig, wiedererkennbar und unersetzlich macht. Das wahre Selbst hat mit unserer innersten Natur und unseren grundlegendsten Bedürfnissen zu tun. Je nachdem, was die frühe Umgebung eines Kindes bietet, wird dieses Potential entwickelt oder aber erstickt. Manche Kinder dürfen nie sie selbst sein. Sie lernen schon früh, dass ihre Aufgabe darin liegt, die Erwartungen ihrer Eltern zu erfüllen und deren Existenz zu bestätigen. In solchen Konstellationen stehen die Bedürfnisse der Eltern, nicht diejenigen des Kindes, im Mittelpunkt – und die Kinder lernen so, dass Liebe etwas Willkürliches ist. Dabei kann das wahre Selbst einfrieren, zu einer schlummernden Möglichkeit verkümmern, die ihre Zeit im unerfüllten Warten darauf verbringt, gesehen und bestätigt zu werden. Wird das wahre Selbst lange und tief genug versteckt, gerät es langsam, aber sicher in Vergessenheit. Doch es ist ein entsetzlicher Verlust, den Kontakt zum eigenen Kern zu verlieren.

Manchmal stößt ein erwachsener Mensch auf bis dahin unbekannte Seiten seiner selbst, die sein Leben verändern. Ein Freund von mir ist ein Beispiel dafür: Er wurde als Kind alter Eltern in einem kleinen Dorf geboren. Mit dem Jungen wuchs auch der Ehrgeiz seiner Eltern. Aus diesem Kind sollte etwas werden! Während seiner gesamten Kindheit tat er sein Äußerstes, um ihre Erwartungen zu erfüllen und der Stolz seiner Familie zu werden. Er verließ das Gymnasium mit guten Zensuren, ging auf die Universität, begann ein Wirtschaftsstudium und führte im Großen und Ganzen ein beispielhaftes Leben. Mit zweiundzwanzig Jahren war er auf dem besten Weg, den Traum seiner Eltern zu erfüllen. Eines Tages fragte ihn ein Freund, ob er im Studentenchor, der an einem chronischen Mangel an Männerstimmen litt, Probesingen wolle. „Tja“, antwortete er, „ich werde mir das durch den Kopf gehen lassen.“ Was hatte er dort verloren? Zwar hatte er als Kind gerne gesungen, aber das war nun lange her. Schließlich nahm er die

Einladung an, vor allem, weil der Chor im Ruf stand, gute Partys zu veranstalten. Beim Vorsingen zeigte es sich, dass er eine viel versprechende Tenorstimme hatte. Singen wurde bald zu seiner Leidenschaft, zu etwas, was er einfach tun *musste*. Während er pflichtbewusst für sein Examen lernte, begann er heimlich, Pläne für eine andere Art Leben zu schmieden. Ein knappes Jahr nach dem Ende seines Studiums ging er an die Musikhochschule und wurde zu aller Verwunderung zugelassen. Dies wurde der Anfang einer Laufbahn, wie sie sich keiner vorgestellt hatte. Jetzt, zwanzig Jahre später, kann er mit knapper Not von seiner Musik leben. Sein Debüt erfolgte zu spät und sein Talent war zu gering, als dass er sich in einer Branche mit hart gesottener Konkurrenz in die erste Reihe hätte arbeiten können. Aber mein Freund erblickte in sich etwas so Wesentliches und Lebensspendendes, dass er bereit war, das Meiste zu opfern, um seinen Weg zu gehen. „Wenn ihr jenes in euch hervorbringt, wird euch das, was ihr habt, erretten. Wenn ihr jenes nicht in euch habt, wird das, was ihr nicht in euch habt, euch töten“, steht im Thomasevangelium. So sagt es der dänische Philosoph Kierkegaard: „Das Große liegt nicht darin, der eine oder der andere zu sein, sondern man selbst.“

Voriges Jahr habe ich im Fernsehen eine Sendung mitverfolgt, in der eine Frau in mittleren Jahren von einem professionellen Stylisten „verjüngt“ wurde. Sie sah in der Tat nicht umwerfend aus. Ihre Haare waren grau und formlos, ihre Haut bleich und ihre Kleider sackartig. Dafür aber war ihr Lächeln großartig, und sie sah aus, als stünde sie mit beiden Beinen auf dem Boden. Nach der Veränderung glänzte die Haut, und die Haare hatten Farbe und Volumen erhalten. Da stand sie nun in ihrer neuen Gestalt, schwankte auf hohen Absätzen, trug die Farbe der Saison und die richtige Rocklänge. Ich erinnere mich an ihren erschrockenen Blick, als sie dieses Geschöpf im Spiegel erblickte. Unter dem Jubel des Publikums versicherte sie mit Nachdruck, dass sie natürlich zufrieden war und dass sie sich in Zukunft beim Aussuchen ihrer Kleider an die richtige Farbskala halten würde. Ich fand, sie sah nicht besonders überzeugt aus. Wohin war das selbstsichere Lächeln verschwunden? Ich hatte das Gefühl, dass die hochhackigen Schuhe und die so moderne Bluse bald zugunsten von Kleidern, in denen sie sich wohl fühlte, beiseite gelegt würden. Und dass sie, nachdem die Haarfarbe herausgewachsen war und sie die Kunst verlernt hatte, ihre Augenlider anzumalen, mit Erleichterung zu ihrem früheren Aussehen zurückkehren würde – das aus der Zeit stammte, bevor sie zum Schein eine andere geworden war. Damit meine ich selbstverständlich nicht, dass es falsch ist, sich um sein Äußeres zu kümmern. Ich selbst habe mich „stylen" lassen und eine Menge darüber gelernt, welche Kleider und Farben am besten zu mir passen. Wichtig ist, dass das auf eigenen Wunsch geschieht. Äußere Veränderungen können das echte Selbstgefühl *unterstützen*, sie können es jedoch niemals *ersetzen* – es muss von innen heraus wachsen. Sich selbst treu zu bleiben, ist eine Aufgabe, die mit den Jahren immer wichtiger wird.

Stress

„Götterfunke von Stress bedroht!" lautete der Titel einer Zeitungsrubrik, in der die Ärztin Christina Doctare ein Interview gab. Sie war gerade von einem Aufenthalt auf dem vom Krieg gebeutelten Balkan zurückgekehrt. In dem Artikel behauptete sie, dass es augenfällige Gemeinsamkeiten im Stressverhalten der Bewohner von Sarajevo und der Schweden gäbe – obwohl sie ein grundverschiedenes Leben führten. Allein in den EU-Ländern werden die Kosten für arbeitsbedingte Stresserkrankungen auf etwa 18 Milliarden Euro im Jahr geschätzt, und das ist eher vorsichtig berechnet. Dasselbe Bild bietet sich uns in allen Industrieländern. Das soziale Leben schrumpft immer mehr zusammen. Die Menschen von heute können immer weniger Zeit mit ihren Familien verbringen und nehmen immer seltener aktiv Teil an Vereinsaktivitäten. Stress im Beruf ist für die meisten von uns das tägliche Brot. Nie zuvor war die Zahl der Langzeit-Krankgeschriebenen so hoch wie jetzt. Im Jahre 1998 haben sie den Staat zwei Milliarden Euro gekostet. Im Jahre 2000 betrug diese Zahl bereits circa vier Milliarden Euro, also hatte sie sich innerhalb von zwei Jahren verdoppelt. Darüber berichtete der Arzt Åke Nygren auf der Ärztegeneralversammlung im Herbst 2000. Wir werden wie Zitronen ausgepresst, laufen da- und dorthin, regeln dies und jenes und machen uns Gedanken über alles, was es unter der Sonne gibt. Das Ergebnis ist ein Stresspegel, der mit demjenigen von Menschen, die sich im Krieg befinden, durchaus vergleichbar ist. „Zivilisationsstress" nennt Christina Doctare den permanenten Stresszustand, den wir im Westen inzwischen als normal betrachten. Wir werden mit Informationen und Eindrücken vollgestopft, und dies immer früher. Eine Untersuchung von 1300 Jugendlichen im Alter zwischen elf und achtzehn Jahren, die im Herbst 2001 veröffentlicht wurde, zeigte, dass die meisten von ihnen eigene Computer und Fernsehgeräte hatten. Und ein Drittel der Jugendlichen hatte auch mindestens einmal pro Woche Magenschmerzen und wies darüber hinaus noch weitere stressbedingte Symptome auf.

Nicht voraussehen zu können, was passieren wird, ist eine wichtige Ursache für Stress – und umgekehrt: Sobald wir gestresst sind, verlieren wir die Fähigkeit vorauszuschauen, was passieren wird. Eine Umorganisierung am Arbeitsplatz kann beispielsweise das Leben eines Mitarbeiters drastisch verändern. Wenn gewohnte Muster zerbrechen, geraten wir leicht aus der Fassung. Bei Menschen, die über längere Zeit Stress ausgesetzt werden, können Teile des Gehirns verkümmern. Der Hypocampus, der Bereiche der Erinnerungsfunktionen steuert, sowie die zwei Stirnlappen, die unsere Persönlichkeit steuern, entwickeln sich zurück. Gehirnzellen verschwinden und sterben und die, die übrig geblieben sind, funktionieren anders als vorher. Dies hat zur Folge, dass das Gedächtnis sich verschlechtern, die Fähigkeit zur Empathie sinken und das Gemüt sich verändern kann. Die Liste der negativen Auswirkungen von Langzeitstress ist umfangreich. Das empfindliche Gleichgewichtssystem des menschlichen Körpers wird durcheinander gebracht und lahmgelegt. Das Gehirn kann nur schwer unterscheiden zwischen dem, was eine reale Bedrohung darstellt, und allen anderen unzähligen Stresssituationen, die für viele von uns zu einem Teil unseres Alltags geworden sind. Wenn die meiste Energie darauf verwendet wird zu überleben, brauchen wir uns nicht zu wundern, wenn viele Menschen das Gefühl haben, ihr Leben habe weder Inhalt noch Sinn. Wenn wir alle Anforderungen und Erwartungen an uns zu der Informationsmasse addieren, die unaufhörlich auf unser Gehirn einströmt, haben wir das Gefühl, uns an der Grenze zu einem Zusammenbruch zu befinden. Und offenbar ist es wirklich so, wenn man allen Berichten und Artikeln Glauben schenken mag, die über den gestressten Menschen unserer Zeit geschrieben werden.

Die Folgen von Stress zeigen sich auf mehreren Ebenen. Krankheiten setzen sich fest, die Zahl der Langzeitkrankgeschriebenen wächst, die Produktion nimmt ab, Beschlüsse werden auf schwankenden Grundlagen gefasst, Beziehungen sind weniger tragfähig, wir verlieren unsere Lebenslust, und unsere Fähigkeit, die spirituelle Dimension in unserem Dasein zu erfassen und zu nutzen, stumpft ab. In den letzten Jahren hat hierzulande das allgemeine Bewusstsein für den Preis, den man für Stress zahlen muss, zugenommen, und das Bild klärt sich vielleicht allmählich. Andererseits informiert eine Pressemitteilung der Versicherungsgesellschaft SPP im Herbst 2001, dass die Zahl derer, die mit den Diagnosen Stress, Depression und Burn-out-Syndrom krankgeschrieben sind, in der vergangenen Zeit wesentlich angestiegen ist. Ein Fünftel aller Langzeitkranken leidet an Stress oder psychischen Beschwerden.

Burn-out-Syndrom ist in den Medien zu einem eifrig verwendeten Begriff geworden. Und er ist dabei, in diesem Land zu einer der größten politischen Fragen zu werden. Alle sind dabei, das Burn-out-Syndrom zu untersuchen. Der englische Begriff „burn out" wurde geprägt, um die physische und psychische Ermattung zu beschreiben, die Künstler auf Tourneen befallen kann und die mit Leistungsdruck und physischer Ermüdung in Zusammenhang steht. „Burn out" wird als letzte Phase eines Verschleißprozesses betrachtet, der über längere Zeit andauert und zu einem physischen und mentalen Kollaps führt. Man hätte vorher die Batterien laden sollen.

Laut Statistik sind es Frauen im mittleren Alter in Pflegeberufen und in der Schule, die von den Belastungen des Arbeitslebens am stärksten mitgenommen werden. Heutzutage finden wir allerdings bei Menschen in allen Berufen extreme Ermüdungserscheinungen. Haben wir etwa eine Gesellschaft geschaffen, die wir selbst nicht ertragen, eine Kamikazekultur, die uns so lange beansprucht, bis wir zerbrechen? In einer Artikelserie der Tageszeitung *Svenska Dagbladet* vom Herbst 2000 erwähnte die Journalistin Ann Lagerström ein Gespräch mit Rolf Ekman, Professor für Neurochemie an der Universität Göteborg. Er sprach von „chronischem Stress mit letalen Herzrhythmusstörungen" – was so viel heißt wie: stressbedingter plötzlicher Tod. Der Begriff „plötzlicher Erwachsenentod" erscheint in letzter Zeit hier und dort in Verbindung mit der

Entdeckung, dass in den Industrieländern junge Menschen ohne ersichtliche Ursache zu sterben beginnen. Die Hypothese lautet: Diese Menschen haben sich zu Tode gearbeitet. Wenn ein Motor über lange Zeit auf Hochtouren läuft, geht viel Energie nutzlos verloren, und er verschleißt frühzeitig. Für dieses Phänomen gibt es in Japan schon lange den Begriff *karoshi*.

Neue Untersuchungen sagen voraus, dass die üblichsten Todesursachen bei Zwanzig- bis Vierundzwanzigjährigen in baldiger Zukunft Herz- und Gefäßkrankheiten sowie Depressionen mit Selbstmord als Folge sein werden. In der gesamten westlichen Gesellschaft sinkt die Fruchtbarkeit, und Frauen werden immer seltener schwanger. Bei den Männern ist die Spermienproduktion auf die Hälfte zurückgegangen, und die Spermienqualität hat sich verschlechtert. Kinder und Jugendliche leiden unter schweren Stresserkrankungen, und die Gewalt nimmt in der Gesellschaft zu, inzwischen auch die Gewalt unter Kindern. Immer mehr Schweden lassen sich wegen Tinnitus, permanentem Ohrrauschen, ärztlich behandeln. Die Überweisungen in die HNO-Kliniken haben sich innerhalb eines Jahres verdoppelt. Eine steigende Anzahl junger Frauen leidet an chronischen Schmerzen beim Geschlechtsverkehr. Aus ärztlicher Sicht scheint sich unsere Kultur ihrem Zusammenbruch zu nähern. Die oben erwähnten Artikel malen ein düsteres Szenario, voller Menschen, die massenweise Eigentum anhäufen, jedoch weder die Zeit noch die Fähigkeit haben, sich daran zu erfreuen.

Schon im 19. Jahrhundert konnten Ärzte Symptome beschreiben, die wir aus der heutigen Zeit gut kennen. Damals waren sie unter dem Begriff „Melancholie“ oder ganz einfach „Heimweh“ bekannt. Seeleute, die für längere Zeit weg von zu Hause waren, konnten in einen Zustand extremer Ermüdung, Erschöpfung und Handlungsunfähigkeit geraten. Die Diagnose „chronisches Müdigkeitssyndrom“, die in den 80er-

Jahren in Mode kam, ist zum großen Teil identisch mit dem Heimweh des 19. Jahrhunderts; allerdings wurde dieser Zustand in unserer modernen Zeit mit metaphysischen Spekulationen über mystische Viruserkrankungen, die man nicht bezwingen könne, verbunden. Eine Epidemie von diffusen Symptomen brach aus, ohne dass man verstanden hätte, worum es dabei ging, sagt Lisa Ehlers in dem Buch *Lebensweh*. Dem „chronischen Müdigkeitssyndrom" folgten weitere Modediagnosen wie Depression, unerklärliche Schmerzen, schließlich das Burn-out-Syndrom und Gehirnstress. Es ist schwer zu erkennen, was mit diesen Begriffen gemeint ist, die alles beschreiben können – von allgemeiner Müdigkeit bis zu klinischer Depression –, je nachdem, von wem und in welchem Zusammenhang sie verwendet werden. Es herrscht eine starke Begriffsverwirrung, und es stellt sich die Frage, worin dieser ganze Stress wurzelt. Sind die stärkeren Anforderungen in der Arbeit und den Beziehungen schuld daran? Kann man sich vorstellen, dass Zustände wie Burn-out-Syndrom und Gehirnstress den verzweifelten Versuch des Menschen darstellen, sich selbst zu finden? Sind es die oberflächlichen Beziehungen und das Fehlen eines tragfähigen Sinns im Leben, die uns ins Trudeln geraten lassen? Ich glaube nicht, dass in diesem Drama der Stress selbst der Schurke ist. Was uns in die Knie zwingt, denke ich, ist der Mangel an engen Beziehungen und gefühlsmäßiger Sicherheit in Verbindung mit dem schwankenden Selbstgefühl und dem Fehlen einer sozialen Verankerung, die damit einhergehen. Das ist es, was sich hinter unseren seelischen Qualen verbirgt. Im Grunde fehlt uns einfach die Erfahrung, dass das, was wir tun, einen Sinn hat. Ohne das Gefühl von Sinn wird unser Leben leer. Dies geschieht nicht über Nacht. Was wir in unserer Arbeit erleben, sammelt sich so lange an, bis eines Tages das Fass überläuft. Maggie Miller, eine Ärztin, die sich auf Arbeitsmedizin spezialisiert hat, spricht vom Prinzip des gekochten Frosches. Wenn die Temperatur nur langsam genug erhöht wird, merkt der Frosch gar nicht, dass er gekocht wird. Vieles spricht dafür, dass sich eines Tages überall lauter halb gekochte Frösche tummeln werden. Je mehr ich über Stress lese, desto stärker wächst mein Glaube daran, dass es sich beim Burn-out-Syndrom und Gehirnstress vor allem um unsere Art handelt, uns den Raum zum Atmen zu schaffen, den wir brauchen.

Warum haben wir es so schwer, einen Gang herunterzuschalten, zu uns selbst zu kommen und uns für eine Weile irgendwo zwischen Aufbau und Aufbruch aufzuhalten? Was tun wir stattdessen? Wissen Sie, was ein 7–24-er ist? Letzte Woche erfuhr ich, dass dieser Begriff für denjenigen steht, der sich seiner Firma vierundzwanzig Stunden am Tag und sieben Tage die Woche zur Verfügung stellt. Gleichzeitig las ich, dass das amerikanische Fernsehen auf etwa 80 Kanälen zirka 3000 Sendungen zeigt, und die Zuschauer zappen hin und her und schauen selten eine Sendung zu Ende. Wir schaffen es nicht oder wollen es gar nicht. Viele schwanken zwischen diesen Haltungen, und es kann schwierig sein, sie auseinander zu halten. „Massenmedien-Inkontinenz“ ist ein Begriff, der kursiert, ohne dass damit etwas Vernünftiges ausgesagt wäre. Der moderne Mensch ist ein großer Verbraucher von Fakten und Eindrücken, die sich im Informationssystem unseres Gehirns anhäufen. Werfen Sie nur einen Blick auf unsere Visitenkarten. Name, Adresse und Titel, Telefon- und Telefaxnummer – privat und dienstlich –, Handynummer, E-Mail-Adresse, Web-Adresse machen sich dort den Platz streitig. Auf der Rückseite steht dasselbe, ins Englische übersetzt. Ich meine, dass allein schon der Gedanke, derart zugänglich zu sein, Stress erzeugen kann. Überreizung ist genauso schrecklich, wie überhaupt keinen Reiz zu haben. Beides sind unnatürliche Zustände, die dem Menschen schaden. Wir schalten einen immer höheren Gang ein, ohne es dann zu schaffen, auch wieder herunterzuschalten. Wie viel man auch immer tut, es bleibt am Ende eines Tages das übrig, was man *nicht* geschafft hat.

Meine Tochter Hedda, Mutter zweier Kleinkinder, erzählte mir folgende Geschichte, die an ihrem Arbeitsplatz die Runde machte: Frau und Mann sitzen auf der Couch und sehen fern. Die Frau sagt: „Ich bin müde, und es wird langsam spät. Ich glaube, ich gehe jetzt lieber ins Bett." Und sie geht in die Küche, um die Brote für den nächsten Tag zu schmieren. Sie leert die Popcorntüten, nimmt aus dem Gefrierschrank das Fleisch für das nächste Mittagessen heraus, sieht nach, wie viel Cornflakes noch in der Tüte übrig sind, füllt Zucker ins Schälchen, stellt den Zucker und die Löffel auf den Tisch und macht die Kaffeemaschine zum Kaffeekochen fertig. Danach füllt sie eine Ladung Wäsche in den Trockner, legt neue Wäsche in die Waschmaschine, bügelt ein Hemd und näht einen losen Knopf an. Sie hebt die Zeitungen auf, die auf dem Boden liegen, sammelt das Spielzeug ein, das auf dem Tisch verstreut ist, und legt das Telefonbuch zurück auf seinen Platz. Sie gießt die Blumen, leert einen Wäschekorb und hängt ein Handtuch zum Trocknen auf. Sie setzt sich an den Schreibtisch und schreibt einen Zettel für die Schule, legt Kleingeld für die Kinder beiseite und sammelt ein paar Strümpfe auf, die unter den Stuhl geraten waren. Sie schreibt einen Geburtstagsbrief an eine Freundin und klebt eine Briefmarke auf das Kuvert, schreibt einen Merkzettel und legt beides neben ihren Geldbeutel. Dann wäscht sie ihr Gesicht, trägt Gesichtscreme auf, putzt die Zähne und kämmt ihre Haare. Der Mann ruft aus dem Wohnzimmer: „Ich dachte, du wolltest schlafen gehen?" „Ja, ich bin dabei", antwortet sie. Sie füllt den Hundenapf mit Wasser, lässt die Katze hinaus und schaut, ob alle Türen verschlossen sind. Sie sieht nach den Kindern, macht in ihren Zimmern das Licht aus, hängt eine Bluse auf den Stuhl, legt die schmutzige Unterwäsche in den Wäschekorb und wechselt ein paar Worte mit ihren älteren Kindern, die noch auf sind und Hausaufgaben machen. In ihrem Schlafzimmer angelangt, stellt sie den Wecker, nimmt Kleider für den nächsten Tag heraus und schiebt die Bettdecke beiseite. Sie fügt noch drei zusätzliche Dinge auf ihrem Merkzettel hinzu. In diesem Augenblick macht der Mann den Fernseher aus und sagt zu sich selbst: „Jetzt gehe ich aber ins Bett!" Und das tut er dann auch.

Zu viele und zu hohe Anforderungen machen Menschen handlungsunfähig, sagt die Ärztin Christina Doctare und vergleicht eine solche Überlastung mit einem Autofahrer, der Vollgas gibt, während er gleichzeitig die Handbremse anzieht und den Rückwärtsgang einlegt – das gesamte System bricht so zusammen. Auch der Mensch kann mit einem großen „zerebralen Kurzschluss" schlapp machen. Bevor der Prozess so weit fortgeschritten ist, wird er von einer Erschöpfung befallen, die ihm alle Kraft raubt und jegliche Lust, Kompetenz und Fähigkeit im Keim erstickt. In unserer hoch technisierten Welt ist es schwer, allein zu sein. Zeiten, in denen es früher dunkel war und unsere Großeltern sich zurückzogen, werden heute immer öfter – zumindest in Großstädten – von Geselligkeit, Betriebsamkeit und Licht erfüllt. So verwischt die Grenze zwischen Tag und Nacht, und die allmählichen Übergänge der Dämmerung verschwinden. Der Wecker übernimmt das Kommando und reißt uns aus unserem natürlichen Rhythmus. Die nächtliche Ruhe und ihre heilende Wirkung gehen verloren, und viele leiden unter chronischem Schlafmangel. Ich habe gehört, dass der in Kongo lebende Bakutustamm weiße Menschen *lolema djola feke* nennt, das heißt: „Die Fledermaus, die stürmisch fliegt, aber nicht weiß, wohin."

„Warten ist cool“, steht in einer Annonce. „Sitz nicht da und glotze!“, lautet der Slogan einer Werbekampagne, die Spiele für Handys anpreist, damit wir uns beschäftigen können, während wir zur Arbeit und wieder nach Hause fahren. Die notwendige Pause zwischen verschiedenen Tätigkeiten, auf die uns Bodil Jönsson in ihrem Buch *Zehn Gedanken über die Zeit* aufmerksam gemacht hat, wird allmählich aus unserem Bewusstsein ausradiert. Wir sprechen heute von „Multitasking“, davon, immer mindestens zwei Dinge auf einmal zu tun: telefonieren zum Beispiel, während wir unsere E-Mails abrufen. Auf diese Weise beweisen wir, dass wir tüchtig sind.

Wo ist der langsame Genuss hin? Diese Frage wurde neulich aktuell für mich, als wir dabei waren, unser altes Haus zu verkaufen. Der Makler hatte einen eigenen Schlüssel erhalten und konnte kommen, wann er wollte, um Interessenten das Haus zu zeigen. Meistens kamen sie, während ich bei der Arbeit war, aber an diesem Tag hatte ich ausschlafen können. Ich war in den Waschraum gegangen, der im Keller liegt – nur mit meinem Nachthemd bekleidet und mit Lockenwicklern im Haar –, um dort frische Kleider zu holen. Genau in diesem Augenblick hörte ich den Schlüssel im Haustürschloss und die Stimme des Maklers in der Küche über mir. Ach, nein! Mir blieb nichts anderes übrig, als zu warten und zu hoffen, dass sie bald weitergehen würden und ich die Chance hätte, auf einem Schleichweg ungesehen nach oben zu kommen. Solange könnte ich doch bügeln, dachte ich mir. Etwas anderes gab es da unten im Keller ja nicht zu tun. Ich suchte ein Wäschestück und fing mit dem Bügeln an. Wann verschwinden sie denn endlich da oben? Es schien, als hätten sie sich an den Küchentisch gesetzt, um über alles zu reden. Die Zeit verging. Bald war nur noch wenig Wäsche im Korb übrig. Und ich fing an, immer langsamer zu bügeln. In diesem Augenblick erkannte ich das Merkwürdige an der Situation: Ich, die den Haushalt normalerweise in Lichtgeschwindigkeit erledigt, begann eine starke und überraschende Befriedigung in den langsamen Bewegungen zu finden. Mir wurde ganz einfach bewusst, was ich gerade tat: Es war sonderbar, den Duft der feuchten Baumwolle wahrzunehmen, den weichen, folgsamen Stoff zwischen meinen Fingern zu spüren und es dabei nicht eilig zu haben. In diesem Augenblick wurde mir klar, wie herrlich Langsamkeit sein konnte. Als läge die ganze Zeit der Welt in meinen Händen. Das war eine Offenbarung, die ich so schnell nicht vergessen werde.

Früher dauerte es mehrere Generationen, bevor in einem Dorf eine Kirche fertig gebaut wurde. Die Arbeit konnte sich über mehrere Hundert Jahre erstrecken, und sie wurde vom Vater an den Sohn vererbt. Baumstämme mussten jahrzehntelang liegen, bevor sie für reif genug erklärt wurden, um verwendet werden zu können. Heute, da die meisten Großprojekte vor der nächsten Wahl fertiggestellt sein müssen, ist das nicht mehr so. Die Erfahrung des Menschen, mit der Geschichte und der Zukunft in Verbindung zu stehen, ist schwächer geworden, ebenso wie die Selbstverständlichkeit, sich in Abhängigkeit von anderen zu begeben, um bedeutende Ziele zu erreichen.

Schneller: Eine Gesellschaft auf der Suche nach der verlorenen Zeit lautet der Titel eines Buches von James Gleick. Sein Thema ist die gespannte Beziehung des supereffektiven Menschen in der westlichen Kultur zu Zeit und Leistung. Wir müssen alles schaffen, wir müssen immer in Form sein. Bei der Arbeit sollen wir uns im Laufe einer nur kurzen Sitzung eine Meinung bilden und in aller Hetze, während eines einzigen Nachmittags, Lösungen für bestehende Probleme finden. Die Arbeitszeit wird länger, die Geschäfte sind länger geöffnet, und zu Hause warten tausend Dinge, die erledigt werden müssen, bevor man ins Bett gehen kann. In unserer Gesellschaft, in der alles sofort geschehen muss, ist es unsere Handlungsfähigkeit, die zählt. „Jetzt musst du dich entscheiden, schnell!“, zischte ein Vater seinem dreijährigen Kind zu, das zögernd vor dem Süßwarenregal stand. Ich dachte daran, wie ungeduldig ich selbst werden kann, wenn ich das Gefühl habe, dass mir die Zeit durch die Finger rinnt. Wir haben keine Zeit zu zögern, keine Zeit, etwas fertig zu denken oder zu überprüfen, wir haben keine Zeit, uns das Recht zu nehmen, einen Fehler zu machen. Und wenn wir erst losgerannt sind, fällt es uns schwer, langsamer zu werden.

In dem oben erwähnten Buch werden viele Beispiele von dummen Dingen genannt, die Menschen erfunden haben, um kostbare Zeit zu sparen. Schnellnummern fürs Handy zum Beispiel. Sie sparen uns sicherlich die Extrasekunden am Tag, die wir bräuchten, um ein paar Tasten mehr zu drücken. Ofen, die sich innerhalb von 30 Sekunden auf 200°C erhitzen. Sie sparen uns die viereinhalb von den fünf Minuten, die es uns sonst kosten würde! Wann werden wir uns darüber klar, dass es für uns viel wichtiger ist, uns zu entscheiden, was wir mit der Zeit, *in* der wir leben und die unsere einzige Zeit auf dieser Erde ist, *anfangen wollen*, als uns einzubilden, wir *hätten* Zeit und könnten Zeit *sparen*? Manchmal gehen wir den langen Weg im Kreis. Das wusste der Schaffner in der U-Bahnstation nur zu gut, der mich in vollem Tempo auf die Rolltreppe zurennen sah und mir zurief: „Machen Sie langsam, gute Frau. Sie haben diesen Zug verpasst, aber Sie haben genug Zeit bis zum nächsten!“

Und so war ich auch entzückt, als ich eine Fernsehsendung der BBC über die Stadt Orvieto in Italien sah. Dort hatten sich die Gemeindebehörden für eine „Fahr-langsam!“-Kampagne stark gemacht. Der Hintergrund dieser Bemühungen war eine berechtigte Sorge darüber, dass der gehetzte Autoverkehr, die Imbissbuden und ein allgemein unwürdiges Verhalten gegenüber der Umwelt die Stadt ihrer natürlichen Schönheit und ruhigen Atmosphäre berauben würden, die die Touristen eigentlich anzieht. Eine Menge Aufsehen erregende Beschlüsse wurden also gefasst: Unter anderem wollte man die Konzession von Restaurants nur dann erneuern, wenn sie in ruhiger Atmosphäre lokale Spezialitäten anböten. Fast-Food und Autos sollten innerhalb der Stadtgrenzen verboten sein.

„International Slow Food Movement", die Bewegung für langsames Essen, wurde 1986 von dem italienischen Journalisten und Gourmet Carlo Petrini in den Weingärten Italiens gegründet. Heute zählt sie in 35 Ländern 60.000 Mitglieder. Diese Organisation – auf deren Logo eine Schnecke zu sehen ist – erklärt, dass sie sich für das Recht des Menschen einsetzen wolle, in aller Ruhe gutes und nahrhaftes Essen zu genießen. In ihren Statuten steht, dass die Organisation „eine internationale Antwort auf den Effekt" darstelle, „den Fast-Food auf unsere Gesellschaft und unser Leben hat". Sie sind der Ansicht, dass die Fast-Food-Kultur, die die Welt im Sturm erobert, unter dem Deckmantel der Effektivität unser kulinarisches Erbe unterminiert. Essen und Wein zu verteidigen, bedeutet eine Kultur zu verteidigen, die ernsthaft bedroht wird. Auch ein „Slow City Manifesto", ein Manifest der langsamen Stadt, wurde kürzlich veröffentlicht. Eine Slow-City-Medaille wird als Ehrenbezeigung an die Städte verliehen, die die festgelegten Forderungen an Harmonie, Schönheit und Ruhe erfüllen. In solchen „langsamen Städten" gibt es eine Menge Märkte mit lokalen Produkten, schöne Plätze und ruhige Esslokale.

Wir würden viel gewinnen, würden wir lernen, zu ruhen. Wie paradox unsere Einstellung zu Tempo, Effektivität und Erfolg ist, zeigt folgende Geschichte: Ein schwedischer Geschäftsmann macht Urlaub in einem malerischen griechischen Dorf. Am ersten Morgen geht er hinunter zum Hafen, um zu sehen, wie die Fischer ihre Netze einziehen. Es ist ein magerer Fang. „Warum bleibst du nicht länger auf See, um mehr Fische zu fangen?", fragt der Mann den Fischer. „Ich möchte mit meinen Kindern spielen, mit meiner Frau Siesta machen und mit meinen Freunden Gitarre spielen", bekommt er zur Antwort. Der Geschäftsmann ist nicht besonders beeindruckt. „Denk doch mal nach", sagte er, „wenn du härter arbeitest, kannst du dir ein zweites Boot leisten. Ein Jahr später kannst du noch eins kaufen und so, mit der Zeit, eine ganze Flotte. Dann kannst du andere für die harte Arbeit einstellen, während du nach New York gehst, um deine Firma an der Börse einzuführen. Dann kannst du deine Aktien verkaufen und reich werden." „Und dann?", fragt der Fischer. „Dann kannst du in Rente gehen, in ein griechisches Dorf ziehen, jeden Tag Siesta machen, Zeit haben, Gitarre zu spielen, mit deinen Kindern spielen und deine Freunde treffen, wann du willst. Sind das nicht phantastische Aussichten?"

Hand in Hand mit dem Stress

Abgesehen von allen äußeren Gründen für Spannung tragen viele eine potentielle Stressquelle in sich selbst. Uneingestandene Bedürfnisse, unterdrückter Zorn, schwankendes Selbstgefühl, Gewissensbisse und Bitterkeit gehören zu den Gefühlen, die an unserem Herzen nagen und unseren Stresspegel erhöhen. Mit dabei sind oft Neid, Schuld und Scham. *Neid* ist unerquicklich. Wenn man sich mit anderen vergleicht und darüber ärgert, dass man es nicht genauso gut hat oder nicht genauso gut ist wie sie, kann man kaum mit sich selbst zufrieden sein. Das wurde mir eines Tages im Sommer bewusst, als mich der Neid gepackt hatte. Es war gegen Mittsommer. Ich hatte zuhause geputzt, und alles strahlte vor Sauberkeit. Die Sonne schien auf das alte Sofa und verlieh ihm neues Leben. Wenn sie in der leichten Brise flatterten, merkte man kaum, wie ausgebleicht die Gardinen waren. Die Pelargonien am Fenster standen in voller Blüte. Die Vögel sangen, und im Hintergrund hörte ich am Strand die Wellen. Ich trank Kaffee aus meiner Lieblingstasse, und es ging mir gut. Ich war zufrieden. Am Abend waren wir bei neuen Bekannten eingeladen. Ihr Haus war groß und sorgfältig eingerichtet, voll mit schönen Gegenständen, die von gutem Geschmack und viel Geld zeugten. Ich freute mich, dort zu sein. Zumindest so lange, bis ich begann, an unser altes Sofa und an alles andere zu denken, das schon längst alt war. In dem Augenblick, in dem ich zu vergleichen anfing, sah ich unser Haus in einem weniger vorteilhaften Licht. Die große Zufriedenheit, die ich wenige Stunden vorher empfunden hatte, wurde vom Neid empfindlich gestört. Und die Unzufriedenheit legte sich bald als Schatten über meine Freude. Mein Seelenfrieden machte sich im Handumdrehen davon, und der Abend war zerstört.

Eine Gesellschaft, die die Latte hoch setzt und zu ständiger Leistung auffordert, macht es uns schwer, anderen ihren Erfolg zu gönnen. Ich glaube, dass viel verborgener Neid an Arbeitsplätzen und innerhalb von Familien zu finden ist. Viele fürchten insgeheim, das Glück der anderen bedeute, dass sie den Kürzeren ziehen und außen vor bleiben. Wer in dieser Angst lebt, hat es schwer, anderen großzügig zu begegnen und echte Freude zu empfinden, wenn es ihnen gut geht. Die Angst, außen vor zu bleiben, gründet in der Angst, den Ansprüchen nicht zu genügen. Diese hat ihrerseits ihren Ursprung in der Angst, nicht geliebt zu sein. Und vielleicht noch viel schlimmer: in dem Verdacht, es nicht wert zu sein, geliebt zu werden.

Bisweilen haben wir das Gefühl, dass es nicht ausreicht, wenn es uns *gut* geht; dass es uns *am besten* gehen muss. Dass es nicht genügt, unser Bestes zu tun, sondern dass wir andere übertreffen müssen, damit das, was wir tun, auch wirklich zählt. Wir werden gefangen genommen von dem, was uns *fehlt*, und verpassen dabei das, was wir *haben*. Dies ist ein guter Keimboden für Neid. Neid, der in uns wirkt, ohne dass er uns bewusst wäre, ist wie Gift. Missgunst, Scharfzüngigkeit, Feindseligkeit, Zynismus und Kritik prägen dann unsere Haltung gegenüber unserer Umgebung und lassen uns immer mehr schrumpfen. Dies ist eine Verhaltensweise, die andere aus- und uns selbst einschließt. Statt den ganzen Menschen zu sehen, konzentrieren wir uns nur auf das, was unseren Neid weckt. Ein solches Bild ist verzerrt und unvollständig. Andere aber als halbe Menschen zu betrachten, zerstört alle Voraussetzungen für einen offenen Dialog und ein unvoreingenommenes Gespräch. Sicher haben wir alle in der einen oder anderen Form schon Neid empfunden, aber es ist nicht immer leicht, das zuzugeben. Wer will schon ein schlechter Mensch sein, der dem anderen nichts gönnt? Denn das ist die nackte Bedeutung des Neides: an sich reißen zu wollen, was ein anderer besitzt oder von dem man meint, dass er es besitzt.

Mit Neid sind nicht selten Schuld und Scham verbunden. Im Großen und Ganzen kann alles Schuldgefühle hervorrufen, angefangen damit, dass man keine Zeit für seine Kinder hat, bis dahin, dass man seine Topfpflanzen nicht gießt. Man findet immer einen Grund dazu. Manchmal tritt *Scham* an die Stelle der Schuld. Wenn Schuld das Gefühl ist, *etwas Dummes getan zu haben*, dann ist Scham das Gefühl, *weniger wert zu sein*. Und das ist meiner Meinung nach schlimmer. Der Fehler liegt dann nicht in dem, *was wir getan haben*, sondern in dem, *was wir sind*. Was genau uns zur Scham treibt, ist schwer zu sagen. Das hängt davon ab, wer wir sind, in welcher Kultur und zu welchem Zeitpunkt wir leben. Heutzutage sind typische Gründe für Scham, nicht tüchtig genug zu sein, mit den anderen nicht mithalten zu können, nicht gefragt zu sein. Schwach zu sein, zu dick, zu alt oder sonst irgendetwas. Auch Einsamkeit kann als eine Schande erlebt werden: durch die Vorstellung, andere denken, dass sicher keiner mit uns zusammen sein will. Und diese heimliche Scham kann uns daran hindern, herauszufinden, was uns die Momente der Einsamkeit alles geben können.

Scham ist das brennende Gefühl, gewogen und für zu leicht befunden worden zu sein. Das höhlt unser Selbstwertgefühl aus und führt, wenn es sich festsetzt, dazu, uns selbst und unseren Wert zu verleugnen. Scham zu empfinden kann so schmerzlich sein, dass wir fast alles tun, um diese Stimme zum Schweigen zu bringen: Arroganz, Eitelkeit, sich für besser halten als andere, können Zeichen dafür sein. Alles, was jemanden veranlasst, sich über einen anderen zu stellen und ihn auf diese Weise auf Abstand zu halten, kann als Strategie betrachtet werden sicherzugehen, dass einem keiner so nahe kommt, dass er entdecken könnte, wie klein und bedeutungslos wir uns in unserem Inneren fühlen. Dem Erfolg hinterherzujagen, Statuszeichen zu sammeln, seinen Körper zu trainieren – das *können* Strategien sein, das Gefühl von Scham zu meiden. Manche Menschen versuchen, ihre Scham in Alkohol und Drogen zu ertränken. Andere wiederum versuchen die Schamgrenze zu überwinden, indem sie selbst zur Attacke übergehen, andere angreifen und erniedrigen, über sie klatschen, ihnen gegenüber in Gedanken oder Taten gewalttätig werden.

Ein relativ neues Phänomen, das in der westlichen Welt immer mehr um sich greift und das vielleicht mit Scham zu tun hat, ist die so genannte *road rage*, die Verkehrsraserei. Ein kleines unbedeutendes Ereignis, ein plötzlicher Stillstand im Straßenverkehr kann ausreichen, um bei einigen Menschen eine gewalttätige Reaktion hervorzurufen: Diese versuchen durch Hupen, Schreien und Tritte gegen Autos einen Teil ihrer unterdrückten Frustration und Aggression loszuwerden. Menschen, die von Scham belastet sind, ähneln einer wandelnden Bombe. Wenn sie gekränkt sind, gehen sie in die Luft, und man muss sich vor ihnen in Acht nehmen. Wer mit Scham beladen ist, muss den Schein wahren. Dies allerdings raubt Kraft und kann einen zusätzlichen Faktor darstellen, an der Grenze der Belastbarkeit angelangt zu sein.

Zeit für die Einsamkeit

Ich hatte begonnen, dieses Buch mit Begeisterung zu schreiben. Ich dachte, ich hätte eine Menge begriffen von den Chancen der freiwilligen Einsamkeit. Wenn ich durchlese, was ich bisher geschrieben habe, kommt es mir vor, als bestünde diese Art Einsamkeit vor allem aus tiefen Gedanken und andachtsvollen Momenten. So ist es aber ganz und gar nicht. Zeit für sich selbst bedeutet alles Mögliche. Natürlich gibt es Tage, an denen ich voller Gedanken bin, und Nächte, in denen mich meine Träume stören. Es gibt aber genauso viele Tage in der Einsamkeit, an denen meine alltäglichen Geschäfte überhand nehmen, und Nächte, in denen ich wie ein Stein schlafe. Manchmal nutze ich die Zeit, um Dinge zu tun, die sonst unerledigt blieben: einen Brief schreiben, Rechnungen bezahlen, den Backofen putzen. Manchmal nehme ich mir die Zeit, einfach nur zu sein und überhaupt nichts zu tun. Nicht alle Tage in der Einsamkeit haben einen Sinn. Manche wirken grau und trist, und ich frage mich, was ich da gerade tue und warum ich nicht den nächstbesten Zug nach Hause nehme. An anderen Tagen nutze ich intensiv die Freiheit aus, die Nacht zum Tag zu machen, das Telefon abzuschalten, die Musik laut aufzudrehen, im Morgengrauen Pfannkuchen zu backen oder so lange, wie ich will, im Pyjama herumzuschlendern. Nur Eines ist sicher: Ich weiß nie, wie sich die Tage entwickeln werden. Auch wenn ich im Voraus entschieden habe, wie ich meine Zeit verbringen möchte, kommt es selten so, wie ich es mir dachte.

Das Wichtigste an der freiwilligen Einsamkeit ist, nicht von Zeiten bestimmt zu werden, die eingehalten werden *müssen*. Das macht es mir möglich, die gewöhnliche Ordnung auf den Kopf zu stellen und das Dasein seinen eigenen Rhythmus gestalten zu lassen. Ich werde auch davon verschont, mich von allem Durcheinander und allen Energieräubern plagen zu lassen, die mir sonst die Kraft stehlen und mehr kosten, als sie letztendlich bringen. In den letzten Jahren habe ich gelernt, meine Bedürfnisse zu verteidigen und mich hin und wieder zurückzuziehen. Nun kann ich in meinem Kalender die Tage markieren, an denen ich für mich sein möchte. Und das ohne Schuldgefühle.

Es braucht am Anfang immer seine Zeit, bis ich mich mit meiner Einsamkeit versöhnt habe, von allen Eindrücken frei geworden bin, die mich aufwühlen, und meine Ohren für die innere Stimme, die mir damit zusetzt, was ich alles machen müsste, statt auf dem Land vor mich hin zu dümpeln, zu verschließen. Still zu werden braucht seine Zeit, und daran kann man nichts ändern. Man muss sich Zeit lassen und darauf vertrauen, dass man im gegebenen Augenblick still sein wird. Wenn man abstreift, woran man gewohnt ist und was einen ablenkt, bereitet man den Weg für den vorsichtig sich einschleichenden wortlosen Zustand, der jene Einsamkeit kennzeichnet, die uns bereichert. Nicht immer ist das leicht. Allein schon die Umgebung zu wechseln und die alltäglichen Gewohnheiten loszulassen, kann für viele eine Herausforderung darstellen. Außerdem kann man sich zu Beginn der einsamen Tage, wenn einen der Zweifel packt, ein wenig verloren fühlen. „Wozu soll denn das gut sein?“, fragt man sich. „Das hier schaffe ich niemals! Am besten fahre ich nach Hause und tue etwas Vernünftiges. Klar will ich allein sein, aber nicht gerade jetzt! Das ist doch unnötiger Luxus. Wer bin ich eigentlich, dass ich mir das gönne?" Viele Hindernisse können auftauchen und einem im Weg stehen, wenn die Einsamkeit ihre Wirkung tun soll. Eines davon heißt Furcht. „Furcht ist der grausamste/ aller Mörder. Sie tötet/ niemals ganz, aber sie/ hindert Menschen am Leben", schreibt Siv Arb im Gedicht „Die Furcht". So gut wie alles zwischen Himmel und Erde kann Furcht hervorrufen: Vergangenheit und Zukunft, Stillstand und Veränderung. Es gibt die Furcht vor dem, was in einem selbst ist, und vor dem, was draußen ist. Die Furcht zu reden und die Furcht still zu sein. Diese letzte Art von Furcht ist es, die den Lauf der Einsamkeit beeinträchtigen kann. Und wie alle anderen Arten von Furcht kann sie lähmend wirken, uns von uns selbst wegtreiben und uns dazu führen, unser Ziel zu verpassen. Geben Sie zu diesem Zeitpunkt nicht auf! Die eigene Furcht im Griff zu haben, während man sie einfach sein lässt, im Wissen darum, dass sie früher oder später verschwindet, ist ein wichtiger Schritt, wenn es darum geht zu erfahren, wozu die Einsamkeit gut sein soll.

Im Folgenden werde ich ein wenig erzählen, was ich tue und wie ich denke, wenn ich mich zurückziehe, um allein zu sein. Nicht, weil Sie das unbedingt auch tun sollten – aber vielleicht, um Sie dadurch zu inspirieren, wenn Sie dabei sind auszuprobieren, was *Ihnen* die Einsamkeit geben kann. Ich war lange Zeit unsicher, wie ich diesen Teil meines Buches gestalten sollte, bis ich an einem einsamen Tag den Gedanken gesponnen habe, ein „Alphabet der Einsamkeit" zu schreiben. Ich habe darin Gedanken von *Annehmen* bis *Zuhause* aufgeschrieben.[1] Eine Voraussetzung dafür, die Chancen der freiwilligen Ein-

[1] *Anm. der. Übers.:* Durch die Übersetzung hat sich die Reihenfolge gegenüber dem Originaltext verändert – im Deutschen finden sich nicht alle Buchstaben des Alphabets wieder.

samkeit zu ergründen, liegt darin, Vorstellungen davon, wie Sie sich dabei verhalten sollten und was geschehen müsste, sein zu lassen und der Einsamkeit zu erlauben, mit ihrer eigenen Stimme zu Ihnen zu reden.

II
Das Alphabet der Einsamkeit

Abenteuer
Angst
Annehmen
Atmen
Aufräumen
Äußerliches
Beten
Einfachheit
Genießen
Hier und jetzt
Ich
Inventur
Klausur
Körper
Langsamkeit
Lesen
Mitte finden
Musik
Quo vadis?
Rad fahren
Schlafen
Schreiben
Schweigen
Spazieren gehen
Spielen
Tanzen
Trauern
Träumen
Überraschen
Versöhnung
Wagen
Wahrnehmen
Worte
X- formation
Zuhause

„Ich hätte gerne eine Kalbskotelette." Dieser alberne Satz gehört zu den ersten, die ich auf Schwedisch gelernt habe. Das war im Jahr 1964. Gerade eben vierundzwanzig geworden, war ich eine der Versuchspersonen im hochmodernen Sprachlabor, dem ganzen Stolz der Universität Stockholm. Dort warteten neu eingewanderte Akademiker darauf, sich schnell und schmerzlos in der schwedischen Sprache zu vervollkommnen. Es war der Anfang eines Abenteuers: mein Leben als Schwedin. Ich hatte mich aus einer unmöglichen Beziehung in England befreit und war hierher gereist, um auf andere Gedanken zu kommen und eine neue Perspektive zu bekommen. Ich sollte mit Ian Dunlop arbeiten, der zu der Zeit für seine lustigen Sprachsendungen im Fernsehen landesweit bekannt war. Ich sollte ein Jahr bleiben und dann nach Hause zurückkehren, um Lehrerin zu werden. Aber das Leben wollte es anders, und nun lebe ich seit bald vierzig Jahren in Schweden. (In dieser Zeit habe ich kein einziges Mal eine Kalbskotelette bestellt.) Ich mietete mir ein Zimmer mit Kochplatte auf einer wunderschönen Etage mit einem meilenlangen Flur auf Öfvre Östermalm. Die Vermieterin war eine mürrische Dame, sie schloss die Haustür Punkt 22.00 Uhr ab und verweigerte mir einen eigenen Schlüssel. Sie schlich umher in ihren pelzbesetzten Pantoffeln und schaltete das Licht aus, sobald ich es eingeschaltet hatte. „You must save the energy, girl!", brummte sie mit einem Akzent, der an Ingrid Bergman erinnerte – die einzige Schwedin, die ich bis dahin kannte.

Schweden war ganz und gar nicht so, wie ich gedacht hatte. Ich hatte das gelobte Land der modernen Küche und der freien Liebe erwartet. Alles sollte schön, gleichberechtigt, gerecht und sauber sein! Das genaue Gegenteil eben vom England der Arbeiterklasse, das ich gerade vorübergehend verlassen hatte, wie ich meinte. Nach nur einigen Stunden war ich um eine Illusion ärmer. Der Tag war hochsommerlich. Auf dem Weg vom Flughafen fuhren wir an einer Laubenkolonie vorbei. All diese schönen Häuser mit ihren prangenden Gärten, den getischlerten Toren und den hohen Fahnenmasten. Unglaublich! So etwas hatte ich noch nie gesehen. Ein Freund, der mich begleitete und um meine hohen Erwartungen an die schwedische Idylle wusste, flüsterte mir ins Ohr, dies sei ein Projekt, Zwergen die gleichen Chancen zu bieten wie allen anderen. Und ich glaubte ihm natürlich. Ich schrieb sogar einen begeisterten Brief nach England darüber. Es brauchte lange Zeit, bis mir aufging, dass er einen Scherz gemacht hatte.

Stockholm war sagenhaft in jenem Juli. Aber die Straßen waren leer. Wo waren nur die Menschen? Keiner hatte mir erzählt, dass Schweden im Sommer geschlossen hat. Die allgemeinen Betriebsferien der Industrie waren mir unbegreiflich. Genauso wie das *Systembolaget* – die staatliche Monopolgesellschaft zum Verkauf alkoholischer Getränke –, ein weiteres typisch schwedisches Phänomen. Nach nur einigen Wochen sollte ich ein Abendessen vorbereiten und kaufte Lebensmittel und Getränke im Laden an der Straßenecke ein – genauso wie ich es zu Hause getan hätte. Ich suchte die Weinflaschen mit den auffälligsten Etiketten aus. Was ich nicht wusste: Sie waren alkoholfrei. Meine Gäste hatten was zu lachen, und die Flaschen blieben ungeöffnet. Seitdem haben sie viele Umzüge miterlebt und stehen jetzt ganz hinten auf dem obersten Regal in der Küche – ein Symbol für all meine Jahre in einem Land, das mir immer noch ein wenig fremd geblieben ist, das ich jedoch lieben gelernt habe und in dem den Rest meines Lebens zu verbringen ich gewillt bin.

Dass Schweden meine Zukunft würde, konnte ich nicht ahnen, als ich aus dem Hubschrauber stieg, meine Haare zu einem Knoten hochgesteckt und mit dicken schwarzen Kajalstrichen um die Augen, um Audrey Hepburn ähnlich zu sehen. Ich hörte die Beatles und das Modern Jazz Quartet, Ella Fitzgerald und Yves Montand. Ich schwärmte für Richard Burton und Kirk Douglas – den Vater von Michael und ziemlich sexy –, und bewunderte Brigitte Bardot. Gleichzeitig war ich aktive Kernkraftgegnerin und Frauenkämpferin, las Bertrand Russell und Jean-Paul Sartre und bezeichnete mich gerne als Existentialistin. Mit meinen vierundzwanzig Jahren war ich also rührend unreif. Weltbewandert und naiv, von mir selbst eingenommen und idealistisch, Mädchen und Frau, wissend und ahnungslos, alles in einem. Mein größtes Problem lag wohl darin, es allen recht machen zu wollen. Liebenswert zu sein – in einem Versuch, der Liebe teilhaftig zu werden, die ich als Kind nicht ausreichend bekommen hatte und nach der ich mich verzehrte, ohne es zu verstehen. Ich verpasste viele Gelegenheiten und handelte oft unbedacht, bevor mir endlich aufging, dass – wie wir es auf Englisch sagen – „you can please some of the people all the time and all of the people some of the time, but you can't please all of the people all of the time“: Man kann manchen Menschen allezeit und allen Menschen manchmal gefallen, doch niemals allen Menschen allezeit. Hätte ich das gewusst, als ich jung war, und hätte ich nur den Verstand gehabt, damals schon für eine Weile still zu sein, meinen Blick nach innen zu wenden, mich zu trauen, mir selbst ins Gesicht zu schauen, und mich zu fragen, wer ich bin und was ich will!

„Die gefühlsmäßige Promiskuität – das Endergebnis meines zwanghaften Teenagerwunsches, beliebt zu sein – ist endlich verdampft. Heute ist es mir weniger wichtig, dass mich Männer begehren und billigen. Dasselbe gilt auch für die Billigung von Seiten meiner Familie, meiner Freunde und Kollegen. Wie ich mich in der Gegenwart einer bestimmten Person fühle, ist mir nun wichtiger als das, was diese Person für mich empfindet.“

Das sagt eine der Romanfiguren in Barbara Raskins *Heiße Tage im September* und trifft damit ins Schwarze. Zwar *kümmere* ich mich auch noch heute darum, was andere denken, aber ich bin nicht mehr davon *abhängig*. Und das ist ein großer Unterschied. Lob kann mich glücklich und Kritik kann mich traurig machen, doch mein Selbstgefühl steht und fällt nicht damit.

Sich selbst kennen lernen ist ein lebenslanges Abenteuer. Es gibt immer mehr zu entdecken, wenn man das möchte.

Angst

„Heute Morgen hatte ich etwas Bammel", höre ich jemanden im Bus sagen und sehe, wie er leicht geniert über die Angst lächelt, die ihn im Morgengrauen befallen hatte. So sind wir versucht uns zu verhalten, wenn schwarze Gedanken auftauchen. Es ist menschlich zu verdrängen, was Unbehagen auslöst, es von sich zu stoßen, zu schmälern oder sich daraus herauszureden, besonders, wenn es in der Zeit der freiwilligen Einsamkeit auftaucht. Aber selbst die Angst hat ihren Sinn und muss ab und an da sein. Wer zu große Angst davor hat, dass es ihm dabei schlecht gehen könnte, verpasst eine wichtige Erfahrung. Es ist nicht immer leicht, die Angst zu erkennen, wenn sie zuschlägt. Ein Zusammenziehen in der Kehle, ein Druck auf der Brust. Atemnot, Schwindel, rasender Herzschlag, Flimmern vor den Augen, ein Klumpen im Magen – Angst kann so viele verschiedene Gestalten annehmen. „Die Angst sollte bekräftigt werden, sie gibt Anlass zur Hoffnung", sagt der existentialistische Schriftsteller Albert Camus. Das Wort ist vom lateinischen *ango* abgeleitet, was „zusammenschnüren, würgen, drücken" bedeutet. Da will etwas heraus, während andere Kräfte es zurückzuhalten und einzusperren versuchen. Angst tut weh. Und doch ist sie mehr als nur ein Schmerz. Schmerzen werden mit dem Körper verbunden, die Angst dagegen mit der Seele. Wenn es im Körper weh tut, fühlt man normalerweise in etwa, wo der Schmerz sitzt. Angst ist ein diffuseres und schwer interpretierbares Gefühl, das uns erschrecken kann. Panikangst bewirkt beispielsweise, dass man für einen Augenblick ganz abtrudelt, handlungsunfähig wird und die Fähigkeit verliert, vernünftig und klar zu denken. Oder die tiefe, dauerhafte Angst, die ihren Ursprung in schlimmen Erfahrungen hat, und für die – will man mit ihr zurecht kommen – professionelle Hilfe nötig *ist.* Und dann gibt es die Angst, an der wir alle teilhaben, die existentielle Angst, um die keiner ganz und gar herumkommt.

Angst kann ein Signal dafür sein, dass in unserem Leben etwas nicht stimmt, und gleichzeitig eine Erinnerung daran, dass wir vielleicht etwas dagegen tun können. Dass es noch unbegangene Wege geben mag. Aber auch dafür, dass wir uns manchmal mit dem abfinden müssen, was wir einfach nicht ändern können. Die Angst führt uns näher an die Grundwillkür des Lebens heran. Wir haben eine Verantwortung für das, was wir aus unserem Leben machen, und das bedeutet die Freiheit, zwischen verschiedenen Wegen zu wählen, und es hat nicht zuletzt damit zu tun, dass jeder von uns zu seiner Zeit sterben wird. Es kann schwer sein, das zu akzeptieren. „Ihn störte der Gedanke, dass all diese Schönheit dazu verdammt war unterzugehen, dass sie im Winter wie alles menschliche Erblühen vergangen sein würde und dazu all das Edle und Schöne, das Menschen geschaffen haben und vollbringen können. All das, was er sonst hatte bewundern oder lieben können, erschien ihm, dadurch dass es vom Schicksal der Vergänglichkeit gewogen wurde, wertlos“, schreibt Sigmund Freud über den Dichter Rainer Maria Rilke. Sich ganz auszuleben, bedeutet auch, den Gedanken an seinen Tod zu akzeptieren. Damit werden wir nicht immer fertig. Die Angst – beispielsweise, wenn wir eine

Wahl treffen müssen – kann in einem Leerraum entstehen, in dem wir an der Grenze zum Unbekannten stehen: eine Situation, in der wir den Sprung wagen sollten, uns trauen sollten, etwas Neues zu leben. In diesem Moment fühlen wir, dass in uns Kräfte wohnen, die uns sowohl zu diesem Sprung hin ziehen als auch von ihm weg, die uns zögern und innehalten lassen. Wir wollen nicht immer wissen, dass wir eine Wahlmöglichkeit haben. Dass wir vielleicht einen größeren Spielraum haben, als wir meinen. Es gibt keine vorgefertigten Muster, die uns sagen, wie wir sein sollten, keine Anweisungen, die uns immer richtig führen.

Die Angst ähnelt der Furcht. Für den Philosophen Søren Kirkegaard ist sie eine gegenstandslose Furcht. Wenn man sich fürchtet, gibt es etwas, wovor man sich fürchtet und das außerhalb von einem selbst liegt und eine mehr oder minder passende Furcht auslöst. Es kann die Furcht sein, von einem Hund gebissen zu werden, die Furcht, bei einem Spaziergang im Wald auf eine Schlange zu treten, die Furcht zu fliegen oder die Furcht davor, eine bestimmte Aufgabe nicht erfüllen zu können.

Wenn die Angst kommt, verliert man den Boden unter den Füßen; man fühlt sich nackt und verletzlich, allein am Rand eines Abgrunds. Der Glaube an Gott und die Lebenskraft sowie das Vertrauen darauf sind die stärksten Gegengewichte der Angst. Wenn man allerdings von Angst gepackt ist, kann man weder glauben noch auf etwas vertrauen. Das Herz wird schwer, die Aussicht dunkel. So kann sich Angst anfühlen. Tiefe Angst ist wie ein Krebs der Seele. Sie untergräbt alles, was Leben, Lust und Gemeinschaft heißt. Trotzdem glaube ich, dass man sich von seiner Angst nicht zu leicht abschrecken lassen sollte. Wie alles andere hier im Leben hält auch sie nicht ewig an. Wenn man auf den Grund gestoßen ist, kann es nur noch aufwärts gehen.

Und sank so tief, so tief,
dass ich so hoch, so hoch geriet,
dass ich das Ziel erjagte.

So lautet eine Strophe in einem Gedicht von Johannes vom Kreuz. Wer es wagt, seiner Angst in die Augen zu schauen, kann viel gewinnen. Der Weg zur Reife und zum wahren Leben ist nicht immer nur breit und hell.

Annehmen

Ich erinnere mich an einen Tag im August, als es Zeit war, unser Haus auf dem Land zu verlassen. Ich war voller Wehmut. Ich ging langsam von Zimmer zu Zimmer, zog die Rolläden herunter, vergewisserte mich, dass die Fenster geschlossen waren und der Wasserhahn abgedreht. Während ich durchs Haus streifte, ließ ich meine Hand über den Fensterrahmen und das Treppengeländer gleiten. Ich klopfte die Kissen auf, verschob eine Vase um einige Zentimeter und ging dann ein letztes Mal die Treppe hoch, um von oben meinen Blick hinaus aufs Meer wandern zu lassen. Schließlich gab es nichts weiter zu tun, als die Tür abzuschließen und zu gehen. Wie schwer fiel es mir, das kleine Haus zu verlassen, mich vom Sommer zu trennen und auf den Herbst zuzugehen. Es ist nicht einfach, loszulassen, den festen Punkt zu verlassen und sich langsam, aber sicher in eine andere Richtung zu bewegen. Dies gilt nicht nur für Dinge und Orte, sondern für vieles im Leben: für Beziehungen, Aufgaben, Haltungen, Erwartungen, Hoffnungen – all das, woran wir uns gebunden haben, was wir jedoch aus irgendeinem Grund aufgeben müssen, vorübergehend oder für immer. Einen Schlussstrich ziehen zu können, ist ein notwendiger Teil des Schaffensprozesses, der Leben heißt. Es ist eine Voraussetzung dafür, weitergehen und die nächste Aufgabe, die auf uns wartet, in Angriff nehmen zu können. Loslassen erfordert allerdings Mut: den Mut, das zu vermissen, was war, den Mut, den Leerraum zu spüren, der entsteht, wenn etwas zu Ende gegangen ist – und dies zu tun, ohne dass wir uns an das festklammern, was wir verloren haben, oder aber es verdrängen. Sich für etwas zu entscheiden bedeutet gleichzeitig, sich gegen etwas zu entscheiden. Die Zeit ist begrenzt, und man kann nicht alles bekommen. Sich von etwas zu verabschieden, damit abzuschließen und weiterzugehen – vielleicht mit Trauer und Sehnsucht, aber ohne Bitterkeit und Gebundensein – ist notwendig, wenn man sich dem öffnen möchte, was gerade in unser Bewusstsein dringen will. Denken Sie einen Augenblick über Ihr eigenes Leben nach. Sprießt dort etwas und wartet darauf, zum Ausdruck zu kommen? Gibt es etwas, das dabei ist zu verwelken, wovon Sie sich aber nicht trennen können?

Wenn ich allein bin, kommen solche Fragen auf, und ich merke, wie schwer es mir fällt, Veränderungen anzunehmen – und zwar auch die, die ich selbst gewünscht habe. Ich bemerke mein großes Bedürfnis nach Kontrolle, obwohl ich eigentlich so wenig beherrsche. Allein zu sein, ist eine gute Gelegenheit, sich darin zu üben, Dinge ihren Gang nehmen zu lassen und die Zeit so anzunehmen, wie sie ist. Wir können uns die Form des Alleinseins aussuchen – wann und wo wir sein möchten; wir können uns jedoch kaum aussuchen, wie die Zeit der Einsamkeit ausgefüllt sein soll. Und das ist auch der Sinn der Sache. Zu Beginn werden wir vielleicht etwas unruhig. Was ist, wenn Schwerwiegendes geschieht? Was ist, wenn gar nichts geschieht? In dieser Situation sollte man nicht zu schnell auf den Gedanken kommen, etwas zu tun. Lassen Sie die Leere eine Weile wirken. „Annehmen – und später handeln“, schreibt Eckhart Tolle. „Was der Augenblick auch bereit hält, nimm es an, als hättest du dich selbst dafür entschieden. Arbeite immer damit, nicht dagegen. Mach es zu deinem Verbündeten, nicht zu deinem Feind."

Wilfrid Stinissen spricht von der Kunst, „im Augenblick mit leeren Händen" dazustehen; dem Dasein ohne vorgefasste Meinungen zu begegnen und loszulassen, was war. Das Leben wird arm, wenn wir versuchen, aus der Vergangenheit den letzten Saft auszupressen und uns auf diese Weise vor dem, was *jetzt ist* und was *kommen wird*, verschließen.

Ich mag die Geschichte von den zwei Mönchen, die zu einem abgelegenen Kloster pilgern. Die zwei gingen schon tagelang, als sie an einen Fluss kamen, an dem eine schöne junge Frau stand und darauf wartete, dass ihr jemand beim Überqueren des Flusses helfe. Einer der Mönche hob sie auf seine Arme und trug sie ans andere Ufer. Schweigend setzten die Mönche ihre Reise fort. Als sie aber rasteten und ihr Abendbrot zu sich nahmen, hielt der eine dem andern vor, dass Mönche keine Frauen berühren dürften und dass es schon falsch gewesen sei, mit dieser Frau zu sprechen, geschweige denn sie zu tragen. „Nun ja", meinte der Mönch, der die Frau ans andere Ufer gebracht hatte, „ich habe sie nur ein kurzes Stück getragen, du aber den ganzen Tag."

Es kann schwierig sein, die Entscheidungen zu akzeptieren, die man selbst getroffen hat – beispielsweise den Entschluss, einige Tage allein zu sein. Man sollte meinen, dass die Entscheidung, sich für sich selbst Zeit zu nehmen, die dafür notwendigen praktischen Dinge zu erledigen und loszulegen, leicht ausgekämpft ist. Doch das ist selten der Fall. Zwischen einen Gedanken und seine praktische Ausführung drängen sich gerne Unruhe und Zweideutigkeit. Entgegengesetzte Kräfte richten sich gegeneinander und heben sich manchmal gegenseitig auf. Haben Sie schon einmal im Restaurant Fisch bestellt, um sofort darauf zu überlegen, ob das Fleisch nicht doch besser geschmeckt hätte? Eine Kinokarte gekauft, um danach zu überlegen, ob Sie nicht lieber hätten zu Hause bleiben sollen? Wir haben gemischte Gefühle, sind gespalten und unentschlossen – und das kann vieles kaputt machen. Zwiespältigkeit kommt gerne auf, wenn wir kurz davor sind, etwas zu tun, was uns ein bisschen mehr abverlangt als üblich. Zum Beispiel, wenn wir uns Zeit für uns selbst nehmen wollen. Über eine Entscheidung unentschlossen zu sein, kann bedeuten, dass wir nicht die ganze Verantwortung für sie übernehmen wollen. Es kann der Versuch sein, die Angst, die das Unbekannte in uns weckt, zu mildern. „Wir wissen, was wir haben, aber nicht, was wir kriegen", heißt es. Am besten halten wir uns an das, was wir bereits kennen!

Mit der Weiterentwicklung stellt sich die Zwiespältigkeit ein. Wir wollen anders werden und uns selbst treu bleiben, das Neue willkommen heißen und das Alte nicht verlieren. Herausgefordert werden, aber in kleiner Dosierung und ohne unsere Sicherheit aufs Spiel zu setzen. Ein Risiko eingehen, ohne den Halt zu verlieren. So zu fühlen ist menschlich. Ich bekomme jedes Mal zwiespältige Gefühle, wenn ich eine Zeit der Einsamkeit beginne: meist in Form eigener Einflüsterungen all dessen, was ich hätte tun können – oder müssen –, wäre ich nicht dort, wo ich gerade bin. Wenn diese Stimme das Kommando übernimmt, kann das im schlimmsten Fall bedeuten, dass das Ganze abgebrochen wird, noch bevor es richtig in Gang kam. Das ist einige Male passiert und hat mich dazu bewegt, auf der Hut zu sein. Es ist leicht, sich überreden zu lassen, einen bereits gefassten Entschluss zu ändern. Nach einer Weile – manchmal früher, manchmal später – weichen meist die zwiespältigen Gefühle, und die neue Situation bekommt die Chance, Gestalt anzunehmen. Es ist eine Herausforderung, seine vorgefassten Meinungen aufzugeben und das Leben so anzunehmen, wie es kommt.

Sich zurückzuziehen, schafft Raum zum Nachdenken und Zeit, um spirituell erfüllt zu werden. Es bedeutet, einen Raum zu schaffen, wo man frei atmen kann, wo spirituelle Bedürfnisse sich äußern und wo wir zu ihnen stehen können. Unsere Seele braucht ihren angemessenen Platz, wenn wir gesund bleiben, Sinn finden und engagiert sein wollen. Man muss nicht gläubig sein, um den Wert eines geschützten Ortes zu erkennen, an dem man sich nach innen wenden, sich inspirieren lassen und den Sinn wiederfinden kann, der allzu oft im Alltagstrubel verloren geht. Ich glaube, dass viele Menschen dieses Bedürfnis verspüren.

In einem seiner Bücher erzählt Ove Wikström, dass der Begriff *Geist* (auf lateinisch *spiritus*) mit dem hebräischen *ruach* und dem griechischen *pneuma* zusammengehört. Der hebräischen Auffassung vom Menschen nach ist *ruach* das, was einen Menschen lebendig macht: der Lebenshauch. Im Schöpfungsbericht haucht Gott dem Erdklumpen, den er zu einem Wesen geformt hatte, Atem ein, und der Mensch bekommt seine Seele. Gottes Atem ist die Voraussetzung für die Menschwerdung. Damit steht der Mensch in ewiger Beziehung zu Gott. Das Wort *Geist* weist auf unsere Fähigkeit hin, das Göttliche zu vernehmen, das unser Ursprung und unsere Heimat ist.

Für mich hat die spirituelle Dimension einen immer größeren Raum eingenommen. Es musste lange Zeit vergehen, bevor ich erkannte, wie wichtig dies war. Als Kind und Teenager besuchte ich eine katholische Klosterschule, wo ich in einem strengen und unversöhnlichen Geist erzogen wurde. Die Kränkungen, die ich dabei erlitt und das mangelnde Verständnis für das, was ein Kind braucht, erstickten im Keime meine eben aufkommende Religiosität. Ich lernte eine Menge über die äußeren Formen eines geistlichen Lebens, aber sehr wenig über seinen Inhalt. Sobald ich alt genug war, packte ich alles zusammen, was mit Religion zu tun hatte, und warf es weit von mir. Ich wollte dem Dogmatischen entkommen und frei sein. Als Erwachsene war ich mir vage bewusst, dass etwas in meinem Leben fehlte, aber ich wusste nicht, was es war. Ich war nahezu fünfzig Jahre alt, als ich zu ahnen begann, dass ich das Kind mit dem Badewasser ausgeschüttet hatte, und auf die alten Spuren zurückkehrte.

Unsere Tochter Rebecka half mir dabei. In der Zeit, da sie als Teenager selbst auf der Suche war, stieß sie auf eine Konfirmationsgruppe. Und dies wurde zu einer existentiellen Erfahrung. Hier traf sie auf gute, erwachsene Menschen, die eine Ahnung davon hatten, wie man Jugendlichen auf ihrer Entdeckungsreise zur Spiritualität helfen kann, ohne ihre Entdeckerfreude zu unterdrücken oder sie in ihrer Individualität zu verletzen. Und vor allem ohne ihnen im Vorhinein zu sagen, wie der „rechte" Weg aussieht. Es war eine Freude zu beobachten, wie sich Rebecka öffnete und veränderte, und das beflügelte meine eigene Suche.

Einen anderen Meilenstein auf meinem Weg zu einem spirituellen Bewusstsein erlebte ich an meinem fünfzigsten Geburtstag – als ich erfuhr, dass ich Krebs hatte. Mitten im überschäumenden Leben war ich plötzlich gezwungen anzuhalten. Ich weiß, dass viele Menschen die brutale Konfrontation mit ihrem Tod erleben und sich die Frage stellen müssen: Was will ich mit dem Leben anfangen, das mir noch bleibt? Es war die Zeit nach den schweren medizinischen Behandlungen, als ich meinem Bedürfnis, mich zurückzuziehen, nachgab. Nicht nur um meine Wunden zu lecken, sondern um diese neue Dimension kennen zu lernen, die ich mit Hilfe der Krankheit entdeckt hatte und die in meinem Leben ihren Platz behauptete.

Eine ernsthafte Krise in der Arbeit einige Jahre später half mir noch ein Stück weiter auf meinem spirituellen Weg. Der unersetzliche Verlust von Freundschaften, von Vertrauen, Sicherheit und Geld erschütterte meine kleine Welt. Im Laufe eines Monats ging der größte Teil des Lebenskonzepts, das meine Sicherheit ausgemacht hatte, in die Brüche. Ich wäre mit jener Zeit wohl niemals zurecht gekommen, hätte ich nicht in dem Gedanken Kraft gefunden, dass das Ganze einen Sinn habe. Und dass ich daraus etwas Wesentliches lernen könne. Während der allerschlimmsten Zeit wurde ich erneut daran erinnert, wie wichtig es ist, den Tag so anzunehmen, wie er kommt, und zu unterscheiden zwischen dem, was ich ändern kann, und dem, was zu ändern jenseits meiner Möglichkeiten liegt. Irgendwo fand ich die Kraft und begann darüber nachzudenken, wie ich vielleicht selbst zu dem Schrecklichen, das mir widerfahren war, beigetragen haben könnte. Es war schwer, nicht in Rachewünschen und bitteren Anklagen gefangen zu bleiben, mir selbst und denjenigen gegenüber, die mir Böses getan hatten. Das Sprichwort „Hochmut kommt vor den Fall" bekam für mich eine neue und persönliche Bedeutung. Wenn man den Grund nicht pflegt, ist die Sache nicht stabil, ganz gleich wie schön das Gebäude darauf auch sein mag. Das gilt für alles hier im Leben, für das Materielle wie auch für das Spirituelle. Ich empfand große Dankbarkeit, als ich erkannte, dass man selbst dann, wenn sich die größten Sorgen als wahr erweisen, an ihnen vorbei- und weitergehen kann.

Die Geburt meiner Enkelkinder war für mich in den letzten Jahren ein wichtiger Grund, glücklich zu sein, und hat mir ein Stück auf meinem spirituellen Weg weitergeholfen. In das ehrliche Gesicht eines Kindes zu schauen bedeutet, sich von Gott berühren zu lassen. Kleine Kinder besitzen eine seltene Fähigkeit, sich an den wahren Menschen hinter der Maske heranzutasten. Wenn wir es zulassen, holen sie das Beste in uns zum Vorschein. Nichts besitzt eine so heilende Wirkung wie ein Gesicht, das vor Vertrauen und Liebe leuchtet. In dem

Buch *Vom Sinn des langen Lebens* beschreibt James Hillman die drei Phasen des Alters. Sie zeichnen sich dadurch aus, dass man zuerst lange leben möchte, dass man danach lernt, dem Gedanken an seinen eigenen Tod zu begegnen, und so ganz allmählich erkennt, dass man weiterlebt – in Form von Erinnerungsbildern und Stimmungen, die den Menschen spiegeln, der man ist, und die man an diejenigen vererbt, die einem nahe standen. Es ist mir wichtig, meinen Enkelkindern zu vermitteln, was es bedeutet, Mensch zu sein. Und für mich ist es Verantwortung und Sicherheit zugleich zu sehen, was ich denjenigen bedeute, die nach mir kommen.

Aufräumen

„Aufräumen" – welche Freude! Im Synonymwörterbuch steht: aussondern, aussortieren, sieben, lichten und sanieren. Wenn ich in der Laune dazu bin, mache ich das mit besonderem Schwung. Es ist ein reines Glück. Schubladen und Schränke, Regale und Winkel, Taschen und Handtaschen. Wenn ich so richtig mittendrin bin, werde ich oft überrascht: Dinge, von denen ich vergessen habe, dass ich sie besitze, oder die ich lange umsonst gesucht hatte, kommen zum Vorschein. Warum in aller Welt habe ich zwei Schuhlöffel, wenn ich nicht einmal einen benutze? Wem gehört diese kaputte elektrische Zahnbürste? Wie kommt es, dass ich drei Flaschen mit Fensterputzmittel gefunden habe, wenn am Tag vorher keine einzige aufzutreiben war? Wie bin ich bloß dazu gekommen, diese hässliche Bluse zu kaufen? Brauche ich wirklich einen elektrischen Eierkocher? Welche Befreiung, wegzuwerfen, was man nicht haben möchte, und in dem, was übrig bleibt, Ordnung zu schaffen! Unnötiges Zeug loszuwerden, kann meine Stimmung so richtig heben. Danach kann ich besser durchatmen. Wenn ich ein paar einsame Tage bei mir zuhause verbringe, nehme ich mir gerne ein bisschen Zeit, um aufzuräumen. Besonders schön ist es, mich an die ganzen Papiere zu machen, die – ganz gleich, was ich auch tue – meinen Schreibtisch in Besitz genommen haben. Wenn ich mit dem Aufräumen beginne, sortiere ich zuerst und bündele das, was zusammengehört, in verschiedenen Stapeln: Rechnungen, Briefe, Arbeitspapiere, persönliche Aufzeichnungen, verschiedene Listen. Es fühlt sich sofort besser an, und die Ordnung hält wenigstens eine Weile. Neulich las ich von einer Untersuchung über die Art und Weise, wie wir uns gegenüber unserem Arbeitsumfeld verhalten. Demnach ist es normal, dass der Schreibtisch zu allem Möglichen außer zum Arbeiten verwendet wird. Nur fünfzehn Prozent des gesamten Schreibtisches sind bei den meisten Menschen frei. Die restlichen fünfundachtzig Prozent sind bedeckt von Büchern, dem Computer, von Briefen, Rechnungen, ungeöffnetem Werbematerial, Quittungen, Stifthalter, Telefon, alten Zetteln und sonstigem Krempel, den man schon längst hätte wegwerfen müssen. Viele der Menschen, die über ihren Schreibtisch befragt wurden, ziehen es vor, woanders zu sitzen, wenn sie zu Hause arbeiten. Am Esstisch zum Beispiel oder auf der Couch. Auf dem Schreibtisch herrscht zu großes Durcheinander. Im Englischen gibt es das Wort „mess“, das sowohl Unordnung als auch Wirrwarr bedeutet sowie etwas, dass durchweicht und glitschig ist, also Matsch. Das Wort weckt ganz unterschiedliche Assoziationen: mit dem Ekligen und Abstoßenden, aber auch mit dem Lustvollen. Das Spiel der Kinder mit Lehm oder Farben oder das Kneten von Teig ist in gewissem Sinne auch eine „mess“, aber eine ganz herrliche!

Das Durcheinander kann eine lustvolle Herausforderung sein, die dazu einlädt, aus dem Chaos Ordnung zu schaffen. Und im Äußeren Ordnung zu schaffen, kann bedeuten, dass man beginnt, mit seinem inneren Durcheinander zurecht zu kommen.

Äußerliches

In der Einsamkeit gibt es keine vorgegebenen Rollen und aus diesem Grunde keinen Anlass dazu, sich auf Äußerliches zu reduzieren. Man hat die Freiheit, in sich selbst zu versinken und dort eine Weile zu ruhen. Sonst verleitet uns vieles dazu, im Äußerlichen zu verbleiben. Gespräche darüber, wie viele Pfifferlinge es im Herbst gab, wie der Winter dieses Jahr wird, was man zu Abend essen soll, wie viele Kilogramm man in letzter Zeit zugelegt hat, welchen Film man gestern gesehen hat. Daran ist nichts falsch. Leeres Plappern und Schwatzen haben ihren Raum in unserem Leben: Sie reichen allerdings nicht aus, wenn wir wissen möchten, was in unserem Inneren geschieht. Da müssen wir hinaus in unwägbares Gelände und es riskieren, etwas Unerwartetes zu sagen – und zu hören. Meine Sehnsucht nach Gesprächen, die mir nahe gehen, wird mit den Jahren immer größer. Ich möchte das Leben nicht nur beschreiben, ich will es berühren: Ich möchte erzählen, wer ich bin, und nicht nur, was ich tue. Ich möchte mehr als nur flüchtige Gedanken austauschen und über das reden, was mir mehr am Herzen liegt. Ephraim der Syrer (306–373) meint, Gott habe dem Menschen, als er ihn schuf, das gesamte Himmelreich in die Tiefe seines Herzens gelegt. Viele von uns sind von ihrer Tiefe abgeschnitten. Zu viel Wohlstand birgt die Gefahr in sich, dass wir die Fähigkeit verlieren, Bagatellen von dem Unentbehrlichen im Leben unterscheiden zu können. „Oh, himmlische Perle, wir suchen nach dir und sammeln billigen Tand, aber an dir schauen wir vorbei." Das Zitat stammt von dem arabischen Philosophen Ibn ak-Arabi. Wenn ich allein bin und nichts zu tun habe, sehe ich deutlich, wie viel Energie ich normalerweise darauf verwende, mein Leben äußerlich zu verbessern, was oft auf Kosten meines inneren Wohlstands geschieht. Es ist leicht, sich auf das Sichtbare zu fixieren: wie man aussieht, was man anziehen soll, welchen Wein man trinkt, was andere über das denken, was man tut. „Herrgott, verdammt noch mal, ich werde zu einem Werwolf!“, stieß eine entzückende junge Frau, die letzten Sommer mir gegenüber im Zug saß, plötzlich aus, als sie die paar Härchen auf ihren schönen Beinen bemerkte, die sie beim Rasieren übersehen hatte. Schön sein und gesehen werden ist heute für viele von uns ein Selbstzweck. So geschieht es immer häufiger, dass junge Menschen, die nach ihrem Berufswunsch gefragt werden, „Programmdirektor im Fernsehen“ oder irgendeinen anderen Job nennen, in dem man gesehen und auf der Straße wiedererkannt wird. „Das Dilemma des modernen Menschen liegt darin, dass er sich überall breit macht, jedoch niemals bei sich zu Hause ist. Keiner kümmert sich um das Wichtigste von allem, um sein inneres Heim. Man fühlt sich deshalb unsicher und unwohl, wenn man allein ist, weil man nie erlebt hat, was es heißt, im tiefsten Sinne des Wortes daheim zu sein“, sagt der buddhistische Meister Sogyal Rinpoche. Ich glaube, dass heute viele von uns Lust haben, zu sich selbst heimzukehren. Nur wer seine eigene Tiefe spüren lernt, kann etwas davon ahnen, was Liebe ist.

Der Weg in die Tiefe ist nicht immer bequem. Eine Schicht nach der anderen fällt unterwegs ab. Die Seele wird bloßgelegt, und wenn wir uns dem zerbrechlichen Teil nähern, kann es sein, dass wir unsere Achillesferse streifen. In der griechischen Mythologie war Achilles Krieger, Held und Halbgott, ein Sohn der Meeresnymphe Thetis. Um ihn unverletzbar zu machen, tauchte die Mutter Achilles in den Todesfluss Styx. Nur die Ferse, an der sie ihn festhielt, blieb trocken. Achilles erhielt Musik- und Schauspielunterricht; sein Schicksal sollte jedoch ein ganz anderes als das eines Künstlers sein. Er wurde in den Krieg geschickt und gegen Kriegsende von einem Pfeil an der Ferse getroffen, seiner schwächsten, ungeschütztesten Stelle.

Es war die Stelle an seinem Körper, die nicht einmal die stärkste Rüstung schützen konnte. Alle haben wir unsere Schwachpunkte, und wenn wir ihnen nahe kommen, geraten wir in Versuchung, die Tiefe unserer Seele in Ruhe zu lassen und schnell wieder an die Oberfläche zu flüchten. „Wozu soll das ganze Grübeln denn gut sein?“ „Hör doch auf mit dem Quatsch und freu’ dich des Lebens!“ Es gibt viele Arten, sich selbst zu betrügen. Wenn Sie Ihrem Schwachpunkt nahe kommen – und früher oder später wird dies geschehen –, horchen Sie ein wenig genauer hin, bevor Sie wieder an die Oberfläche gehen. Man sollte den Weg in die Tiefe nicht erzwingen wollen, man kann jedoch seine Grenzen vorsichtig testen und schauen, ob man sich nicht trotz allem noch ein Stückchen weiter wagt. Es geschieht nämlich oft gerade in diesem Bereich eine Veränderung. Aber wir scheuen uns vor der Tiefe und haben Angst vor einer echten Veränderung. Neulich las ich den Ausdruck „Bungy-jumping-Gemeinschaft“ – ein Begriff, der beschreibt, wie sehr wir nach Spannung und nach einem Kick jagen, je heftiger, desto besser. Wir schreien vor Entzücken, strampeln und zappeln wild auf einem Weg, der nirgendwo hin führt außer wieder an den Start. Nach all unseren Erlebnisorgien bleibt eine Schwermut zurück, die wir immer weniger loswerden können, ganz gleich, wie fieberhaft wir auch nach neuen Wegen suchen, uns zu amüsieren. Je mehr Spannung wir verlangen, desto mehr wächst unsere Angst vor der Leere, die dann eintritt, wenn die Energie schwindet und das Lachen verstummt. Wenn wir Glück haben, wird uns das zum Nachdenken anspornen: Ist es wirklich das, was wir aus unserem Leben machen wollen?

Beten ist ein Teil meines Alltags. Ich glaube, dass der Impuls zu beten im Menschen tief verwurzelt ist. Es ist ein Bedürfnis, das sich vielleicht mit fortschreitendem Alter immer stärker bemerkbar macht. Beten bedeutet, dass wir in die Tiefe unserer selbst hinabsteigen und die Gegenwart des Mysteriums wahrnehmen, das wir Gott nennen. Das Gebet gibt mir ein Gefühl von Sinn und Zusammenhang. Ehrfurcht angesichts des Göttlichen zu empfinden bedeutet nicht, seine Vernunft aufzugeben. Es bedeutet, seine Grenzen anzuerkennen und das Risiko einzugehen, das eigene Rufen ins Weltall hinauszuschicken, ohne sich einer Antwort sicher zu sein. Wir sind in ständiger Unruhe über die Existenz Gottes und in Ungewissheit über das kosmische Rätsel. Die Frage ist, was uns größere Angst macht: dass es Gott gibt oder dass es Gott nicht gibt? Das Gebet ist Ausdruck unseres Glaubens an einen Sinn und daran, dass wir selbst einen Auftrag im Leben haben. Beten heißt, die eigene Hoffnung zum Ausdruck zu bringen. Im Gebet kommen wir in Kontakt mit unserer eigenen Mitte. Die Grenzen zwischen innen und außen, zwischen Leib und Seele lösen sich für eine Weile auf, und es reicht, dass es uns einfach gibt. Das Gebet kann auch ein Freudenschrei sein angesichts der Schönheit der Schöpfung und angesichts der Tatsache, dass wir überhaupt ein Leben zu verwalten haben.

„Das Gebet ist das Lächeln oder der Blick, der einen anderen Menschen von Herzen begrüßt, der ihm sagt, dass er uns, auch wenn wir ihn nicht kennen und wir uns nur zufällig auf einem öffentlichen Platz oder im Bus begegnen, eigentlich kein Fremder ist, sondern ein wieder erkannter und geliebter Mensch."

So versteht Henri Le Saux das Gebet in seinem Buch *Die heilige Gegenwart.* Und „Still werden. Als sein Beten innerlicher und brennender wurde, zeigte es sich, dass er immer weniger zu sagen hatte. Er wurde still und begann … zu hören. Gebet bedeutet nicht, hauptsächlich zu sprechen, sondern zu schweigen, nach innen zu hören“, schreibt Søren Kirkegaard. Er fügt hinzu: „Beten bedeutet nicht, sich selbst reden zu hören, sondern still zu werden, so lange still zu sein, bis man Gott vernimmt.“ Wenn ich für mich allein und still bin, nimmt das Gebet einen besonderen Platz ein. Man kann auf verschiedene Weise beten, und es gibt viele Arten zu beten. Fürbitte heißt zum Beispiel, um etwas Konkretes für sich selbst oder einen anderen zu beten. Viele bleiben dabei stehen und meinen, das sei alles. Aber Gebet muss nicht so offensichtlich sein. Es kann ganz einfach bedeuten, dass man sich dem Unergründlichen öffnet.

Wenn man betet, muss man sich nicht auf eine besondere Art verhalten. Außer still zu werden und zu warten, muss man gar nichts tun. Es gibt kein Maß dafür, wann und wie man beten soll. Die Erfahrung, mit etwas Größerem in Verbindung zu stehen, kann sich jederzeit einstellen. Es ist, wie wenn man den Stecker in die Steckdose steckt und von einem Strom erfüllt wird, der uns glühen und warm werden lässt. Diejenigen, die mehr Erfahrung haben, können helfen und geistlichen Rat geben; Gebet aber – auch das Gebet, das man zusammen mit anderen betet – ist letztendlich eine persönliche Handlung, die jeder aus seinen Bedürfnissen und Voraussetzungen heraus formt. Man kann nicht in einen Kurs gehen und eine Prüfung im Beten bestehen. Beten kann sein wie Atmen. Es geschieht von selbst, und jede Anstrengung stört den Prozess nur. Manchmal beten wir mit Worten – entweder die wohl bekannten Gebete oder die Worte, die aus unserem eigenen Herzen kommen –, manchmal beten wir in der Stille. Wortlose Gebete sind oft die besten und die, die am besten heilen, aber es ist nicht immer möglich, diese innere Ruhe und Orientierung zu erreichen. Die Stille des Betens haben mehrere Mystiker beschrieben. Und ein anonymer Autor aus dem 14. Jahrhundert beispielsweise schreibt in dem kleinen Büchlein über Kontemplation, *Die Wolke der Unwissenheit*: „Vergiss alles, nur nicht die blinde Wahrnehmung deiner nackten Existenz. Konzentriere dich auf das Grundsätzliche in dir selbst und opfere Gott die nackte nicht-sehende Wahrnehmung deines Daseins – deine ‚Erstlingsfrucht'". In diesem Zustand lässt man die Dinge los und ist empfänglich sowohl für sich selbst als auch für das, was größer ist als man selbst.

In ihrem Buch *Die innere Burg* beschreibt Teresa von Ávila die Entwicklung des Menschen durch das Gebet als eine Reise in sieben Etappen. Diese stellen eine Vertiefung der menschlichen Erfahrung und des geistlichen Wachstums der Seele dar. Das Gebet ist die Tür zu unserer inneren Burg. Es gibt verschiedene Arten zu beten, der Grund ist aber immer derselbe: uns zu öffnen und in unser Inneres zu horchen. Die sieben Ebenen können ungefähr so zusammengefasst werden:

1. *Hilf mir!* Hier betet man in etwa: „Gott, hilf mir durch den heutigen Tag!" Solche Gebete können etwas oberflächlich und zufällig sein, zeigen aber, dass etwas im Begriff ist zu keimen.

2. *Lehre mich!* Zum Beispiel: „Gott, lehre mich, wie ich mehr Rücksicht auf andere nehmen kann!" Diese Gebete tragen einen größeren Ernst und eine Verantwortung für unsere Mitmenschen in sich. Wir wollen in die Burg tiefer eindringen, aber Hoffnungslosigkeit und Zweifel sind immer noch da. Dieses zweite Gebet hat einen wartenden Unterton.

3. *Verzeih mir!* Hier beginnen wir zu erkennen, wo wir selbst Fehler gemacht haben, und sehen die Hindernisse, die in uns selbst liegen. Viele bleiben hier stehen und gehen nicht den nächsten Schritt, also

4. zum *Gebet der Ruhe.* Das ist das wortlose Gebet, in dem wir uns dem tieferen Sinn und Zusammenhang des Daseins nähern, das seinerseits den Weg zu

5. *der vollkommenen Stille* bahnt. Hier sind wir tief in uns drin, und unsere Seele verhält sich jetzt wie Wachs, wenn ihm der Siegel aufgedrückt wird.

6. *Die Liebe* ist das Zeichen für die sechste Art zu beten. Wir bekommen ein deutlicheres Bewusstsein von Gottes Größe und unserer eigenen Geringfügigkeit – was zu

7. *der vollkommenen Vereinigung* führt, „wie wenn ein kleiner Bach ins Meer fließt und es keine Möglichkeit gibt, ihn davon zu unterscheiden". Das siebte und letzte Gebet ist das kontemplative Gebet, in dem der Mensch „heimgekehrt und er selbst geworden ist". Je näher wir uns selbst kommen, desto mehr nähern wir uns Gott. Und je näher wir Gott kommen, desto näher kommen wir einander. Mensch und Welt gehören zusammen, und selbst die kleinsten unter uns sind für das Ganze von Bedeutung.

Viele, die über das Gebet geschrieben haben, meinen, dass ein Wort oder ein Satz, die eine persönliche Bedeutung haben, hilfreich sein können. Man kann sie immer wieder wiederholen, damit man besser leer werden und sich gegen Eindrücke schützen kann, sich öffnen und „einfach sein" kann. Ich selbst benutze den „Rettungsring", den Martin Lönnebo geschaffen hat und den er „eine Übung zur Selbstbesinnung" nennt. Manche denken, dass Rituale das Beten erleichtern: durch einen besonderen Ort, eine bestimmte Art von Musik im Hintergrund, eine bestimmte Aussicht, eine brennende Kerze. Es sind vor allem die inneren Bedingungen, auf die es ankommt. Aber manche Orte laden tatsächlich zum Beten ein: die Stille in einer kleinen Kapelle, das Brausen der Wellen am Meer, dicht an einer mächtigen Eiche zu stehen – es sind verschiedene Situationen, die das Gefühl von Ehrfurcht, Staunen und Vertrauen wecken können, das zum Beten dazu gehört.

Ungeduld und Angst, etwas könnte dazwischenkommen, können das Beten stören. Oder vielleicht die Scham darüber, sich lächerlich zu machen. Oder aber Müdigkeit oder zu große Spannung, die einen daran hindern, zur Ruhe zu kommen. Vielleicht ist man belastet vom gestrigen Tag und voller Sorge darüber, was morgen sein wird. Alle möglichen Gedanken können sich einschleichen und den Gebetsfluss stören. Manchmal entsteht in der Seele ein Vakuum, und beten scheint keinen Sinn zu haben. Doch oft geht der innere Sturm nur den Augenblicken von Licht und Ruhe voraus. Momente des stillen Gebets helfen mir gerade zu stehen, den Kontakt mit mir selbst neu zu knüpfen und den Mut zu fassen weiterzugehen. Wie Dostojevski es sagte: „Vergiss nicht das Gebet. Jedes Mal, wenn du aufrichtig betest, wird ein neues Gefühl in dir wach und mit ihm ein neuer Gedanke, der … dir neuen Mut gibt." Mein Lieblingsgebet für den Morgen lautet: „Lieber Gott, geh mir dorthin nach, wohin ich heute gehe, gib mir das, was ich brauche, und bleibe bei mir, bis die Nacht einbricht."

Einfachheit

Manchmal ist das einfache Leben Luxus. Ich packe nur das Allernötigste für meine einsamen Tage ein und beschränke mich auf einfaches Essen. Jeder Tag soll so werden, wie er will. Normalerweise tue ich mich schwer damit, etwas einfach zu gestalten und die Dinge der Reihe nach zu erledigen. Während ich frühstücke, höre ich Radio, blättere in der Zeitung, mache eine Liste mit dem, was ich fürs Mittagessen einkaufen muss, überlege, ob ich nicht vergessen habe, mich für den Waschkeller einzutragen, mache mir Gedanken wegen eines bevorstehenden Arztbesuchs, frage mich, wie es meiner Tochter bei ihrer Matheprüfung ergehen wird, und mache mir Sorgen um alles, womit man mich tagsüber konfrontieren könnte. Ich stelle mir vor, dadurch effektiver zu sein, aber eigentlich verwirrt es mich nur. Die Ereignisse löschen einander aus, und das meiste nimmt bloß zur Hälfte Gestalt an und wirkt verwickelt. Wie anders ist es, wenn ich mir die Zeit nehme, jedes Ding für sich zu erleben und dem nachzuspüren, was ich tue, wenn ich die eine Tätigkeit nur langsam in die andere übergehen lasse, sie abschließe und abrunde. Ich möchte mich darin üben, einfach zu leben und den Augenblick so zu nehmen, wie er kommt. Die Tage in der Einsamkeit bieten mir diese Chance.

Einfach ist nicht gleichzusetzen mit *einförmig* oder *leicht*. Schauen Sie sich nur das folgende Haiku von Lars Vargö an:

> *Generationen von Familienzügen*
> *drohen aus dem Spiegelbild*
> *meines unrasierten Gesichtes.*

Oder das von Anna Carin Gregor:

> *Wenn die vergangene Zeit*
> *und die kommende Zeit eins sind,*
> *hält das Jetzt ganz still.*

In aller Einfachheit wird hier das Wesentliche des Allgemein-Menschlichen offengelegt. Hinter dem, was leicht aussieht, können viel Mühe und eine teuer erkaufte Lebenserfahrung stecken.

Die Einfachheit hat ihren eigenen Charme. Die Frage ist nur, ob man erst einmal ein Fünf-Gänge-Menü kennen muss, bevor man ein Omelett zu schätzen weiß. Muss man, bevor man einen klaren und einfachen Gedanken formulieren kann, die verschiedensten Bücher durchgeackert haben, um das, was man ausdrücken möchte, wirklich zu begreifen? Muss man eine ganze Flut von Quasi-Nachrichten und sinnloser Werbung über sich ergehen lassen, bevor man ein Medienfasten genießen kann? Einfach zu leben bedeutet nicht, aufgrund eines Mangels dürftig zu leben. Es kann sein, dass man ganz bewusst von dem Unmöglichen Abstand nimmt. Und das ist etwas ganz anderes. Lin Yutang schreibt:

„Einfachheit setzt ein Verschmelzen von Wissen sowie Reife und Erfahrung voraus. Wenn wir älter geworden sind, klären sich unsere Gedanken; unwesentliche oder falsche Fragen werden beiseite geschoben und hören auf, uns zu beschäftigen. Die Gedanken nehmen festere Formen an, lange Gedankengänge werden zusammengefasst zu leicht handzuhabenden Formeln, und eines schönen Tages erlangen wir die Klarheit des wahren Wissens, die sich Weisheit nennt."

Ich hoffe, dass das so ist! Ein solcher Prozess hat mehrere Phasen. Er beginnt in dem Augenblick, in dem wir mit etwas in Kontakt kommen, das unser Interesse weckt und das wir zu verstehen meinen. Wir denken nach, analysieren, vergleichen und bekommen mit der Zeit ein deutlicheres Bild. Eine neue Stufe des Verstehens gewinnt Konturen, und wir beginnen zu *spüren* – nicht nur zu denken –, worum es geht. Das Wissen wird persönlich und anwendbar, und die Theorie in die Praxis umgesetzt. Der Dalai Lama benutzt einen tibetischen Ausdruck – nyam ogtu chupa –, der in etwa bedeutet: „Du spürst es, als hättest du seine Seele begriffen." Dieses auf Erfahrung gegründete Wissen, von dem er spricht, entsteht durch einen Reifungsprozess, der sich nicht beschleunigen lässt. Mit der Reife ist es wie mit dem Kompost. Wie Erde müssen unsere Gedanken verwesen, sich miteinander vermengen und verschmelzen, um sich zu vollenden und das Wachsende zu düngen.

Genießen

„Am Tage des Gerichts wird der Mensch zur Verantwortung gezogen werden für all das Erlaubte, das er vielleicht gerne getan hätte und nicht getan hat“, sagt der Talmud. Es ist uns erlaubt, zu genießen! Was für ein erhebender Gedanke für diejenigen von uns, die streng erzogen wurden. Dabei ist Genießen nicht dasselbe wie leichtfertige Schwelgerei. Für mich bedeutet Genießen, Momente der Freude zu erkennen und zu leben, wenn sie da sind. Der Alltag steckt voller Freuden. Bevor ich mich etwa heute vor meinen Computer setzte, schaute ich mich um und überlegte, was mich glücklich macht: der Tee aus dem hellblauen Becher, eine Lesestunde auf dem Sofa, in einer Decke gewickelt, eine brennende Kerze am Fenster, wenn es dunkel wird, eine einzelne Rose in der Kristallvase, die ich aus England mitgebracht habe, ein Glas Wein, während ich koche. Das Buch auf dem Fensterbrett, das darauf wartet gelesen zu werden, der Brief von einem Freund, das Bild, das ich zum Geburtstag bekommen habe. Frühstück im Bett, ein Mittagsschläfchen, der Blick aufs Meer aus dem Küchenfenster, der Stapel CDs, die ich hören kann, wann immer ich will, weil ich hier niemanden stören kann. All dies und noch einiges mehr konnten meine Augen erblicken, bevor ich mich hinsetzte und anfing zu schreiben. Und es gibt noch viel mehr, nicht immer sichtbar. Oft ist es ja so: Erst wenn man etwas verloren hat, schätzt man es richtig. Eine Bekannte erzählte mir Folgendes – lesen Sie es und denken Sie an alles, was Sie selbst genießen können.

„Falls Sie heute Morgen aufgewacht sind und sich eher gesund als krank gefühlt haben, sind Sie besser dran als die Millionen Menschen, die in dieser Woche sterben werden. Vielleicht mussten Sie niemals Angst im Krieg erleben, Einsamkeit in der Gefangenschaft, Schmerzen in der Folter oder Hunger – dann haben Sie es besser als 500 Millionen Menschen auf der Welt heute. Wenn Sie zu einem Gottesdienst gehen können, ohne Angst zu haben, verfolgt, gefoltert oder getötet zu werden, sind Sie glücklicher als zwei Milliarden Ihrer Mitmenschen. Wenn Sie Essen im Kühlschrank, Kleider im Schrank, ein Dach über dem Kopf und ein Bett zum Schlafen haben, sind Sie reicher als 75 Prozent der Weltbevölkerung.

Und wenn Sie das lesen können, sind Sie glücklicher als die zwei Milliarden Menschen weltweit, die überhaupt nicht lesen können – Sie konnten sich ein Buch leisten und sind außerdem noch in der Lage, es zu lesen."

Auch nichts tun kann ein Genuss sein. Lars Björklund hat ihn in dem Gedicht „Tage" beschrieben:

Es muss
Tage geben
da nichts geschieht
da die Aufgaben wegfallen
und keiner Buch führt darüber
was du getan
oder nicht getan

Es muss
Tage geben
da die Gedanken Flügel tragen
da das Festgelegte nicht gilt
und keiner sich darum schert
was du gut heißt
oder verwirfst

Es muss
Tage geben

da nur du wichtig bist
da die Beziehungen ruhen
und keiner fragt
wohin du gehst
oder nicht gehst

Und der finnlandschwedischen Autorin Kerstin Söderholm verdanken wir eine Beschreibung vom Reiz des Untätigseins aus einer Tagebuchaufzeichnung aus der Zeit direkt vor dem Zweiten Weltkrieg:

„Ich habe eine ungewöhnlich schöne Zeit verbracht gerade, seitdem Mitte Juli die Wärme gekommen ist – eine Zeit, in der etwas geschieht, ohne dass dieses äußerlich nachweisbar wäre – man ist ganz einfach lediglich da. Wenn mich jemand fragt, was ich getan habe – so ist es viel einfacher aufzuzählen, was ich nicht getan habe. Ich habe kein einziges Gedicht geschrieben, bloß ein paar Rezensionen, ich habe keinen guten Freund persönlich getroffen – ich habe nur Briefe geschrieben –, ich habe kein tiefer gehendes Gespräch geführt, ich bin nicht verreist, ich habe nicht Tennis gespielt und nicht öfter mal einen Ausflug unternommen. Und nichtsdestotrotz erscheint mir diese Zeit bedeutender als die meiste Zeit, die ich bisher erlebt habe. Möglicherweise weil der „Lebenseinsatz" nicht nur darin besteht, und vielleicht nicht einmal hauptsächlich darin besteht, „tätig" zu sein, auch nicht darin „produktiv" zu sein, sondern darin zu leben. Soweit wie möglich die Bedeutung jedes Augenblicks und jeder positiven Wahrnehmung zu erfassen – eine kurze „Wirklichkeit" in unserem Leben zu erfahren oder ihr zumindest nahe zu kommen. Ich denke, dass ich früher selten erkannt habe, wie bedeutend eine solche „unproduktive" Zeit ist. Im Übrigen ist unproduktiv nicht das richtige Wort. Ich glaube, dass in solchen Zeiten in der Stille –

in dem Halbunterbewussten – viel mehr entstehen kann, als wir wissen. Es taucht dann, mehr oder weniger fertig, im richtigen Augenblick auf. Dennoch ist die Hauptsache, so zu leben, dass man sich dessen bewusst ist und dass jede positive Wahrnehmung ihre Bedeutung erlangt. Darauf kommt es an …“

Wir können uns so sehr daran gewöhnen zu *tun*, dass wir darüber vergessen zu *sein*. In aller Ruhe zu genießen, dass wir einfach *sind*, gehört zu dem Besten, was in der freiwilligen Einsamkeit geschehen kann. Da wir, moderne Menschen, uns keinerlei Unterbrechungen unseres Tätig-Seins gönnen, riskieren wir, die Fähigkeit zu verlernen, genussvolle Pausen zu schaffen. Wir schützen uns vor dem natürlichen Puls des Lebens, der dem Wechsel des Lichts folgt. Unsere Fähigkeit, zwischen Anspannung und Entspannung zu unterscheiden, stumpft ab. Wenn die Anspannung überhand nimmt, können wir selbst in freien Augenblicken nicht mehr die einfachen Dinge genießen. Was passiert, muss gleich neu und viel sein, sonst sind wir nicht zufrieden. Und natürlich zieht das „Viel“ das „Noch mehr“ nach sich. Wir haben uns daran gewöhnt, uns mit Eindrücken überhäufen zu lassen und denken, es sei langweilig, wenn sie nicht rasch aufeinander folgen. Im Süden von Stockholm wurde an der „Königskehre“ und in strategischer Nähe zum Kaufhaus IKEA eine *Heron City* eingeweiht. Hier gibt es 18 Kinos, 20 Restaurants und mehrere große Bewegungs- und Vergnügungsanlagen, alle mit Spezialeffekten wie Geräusch- und Lichtshows und verschiedenen Arten von Überraschungsmomenten versehen. Die Geschäftsidee liegt darin, ein einzigartiges Totalerlebnis zu schaffen, das für Menschen jeden Alters einen Reiz hat. Eine solche *Heron City* gibt es bereits in Madrid, wohin jede Woche 75 000 Genusssüchtige pilgern, die sich dort genussvoll ausleben wollen.

Sind wir dabei nicht in Gefahr, Freude durch Genuss zu ersetzen? Glauben wir denn daran, dass unsere Sehnsucht von materiellen Dingen gestillt werden kann? Kennen nicht auch wir die Enttäuschung, wenn das Ding seine Leere zeigt und wir die Hohlheit erkennen, die die Jagd nach dem augenblicklichen Genuss zu verbergen vermag? Die Sehnsucht nach einem schönen Auto wird gestillt, wenn wir uns eins kaufen. Und wird erneut zum Leben erweckt, damit wir – sobald wir die Lust dazu verspüren –, uns ein noch schöneres anschaffen. Wir können darüber *zufrieden* sein, Dinge zu erwerben; *Freude* allerdings hat mit der inneren Zufriedenheit zu tun. Freude ist nicht die Sehnsucht nach Dingen, sondern nach Leben. Sie ist eine innere Melodie, die wir am deutlichsten in der Stille vernehmen können.

Der Philosoph Paul Ricoeur spricht von drei Arten von Glück. Die erste liegt darin, das Geschaffene zu betrachten: Himmel und Meer, Landschaft und Tiere. Die zweite liegt in der Gemeinschaft und darin zu erkennen, welche Bedeutung andere Menschen haben. Sich gegenseitig von Freude erfüllen zu lassen, sich umeinander zu kümmern. Die dritte ist die Zuversicht, dass man den Mut haben wird, dem zu begegnen, was kommen mag, und dass die Hoffnung auf die Zukunft lebendig bleibt. „Ich bitte um einen Augenblick Freiheit, um an deiner Seite zu sitzen: Woran ich gerade arbeite, werde ich danach vollbringen", schreibt der indische Autor und Nobelpreisträger Rabindranath Tagore. Die Augenblicke der Gegenwart und der inneren Sammlung gehören zu den wirksamsten Momenten in unserem Leben.

Hier und jetzt

Viel zu viel von meiner Zeit verwende ich darauf, darüber nachzudenken, was ich getan habe und was ich tun soll. Und wenn mich die Lust packt „fertig zu werden", „zu Potte zu kommen" oder „es weg zu haben", weiß ich kaum noch, was ich tue. Das Hier-und-Jetzt verschwindet im Nebel. Damit stehe ich nicht allein da. Viele von uns haben sich daran gewöhnt, die Früchte zu ernten, bevor sie reif sind, und wir begnügen uns ganz ahnungslos damit, harte, kleine und saure Beeren zu essen. Auf diese Weise berauben wir uns – ohne sie erst zu kennen – der Süße dessen, was vollendet ist.

Wenn man mit sich selbst Zeit verbringt, kann man die Gelegenheit dazu nutzen, sich darin zu üben, im Jetzt zu leben. Die Zentrierungsübung, die ich im Abschnitt „Mitte finden" beschreibe, bahnt dafür den Weg, indem sie uns hilft, uns auf unsere Sinneswahrnehmungen zu konzentrieren. Dorthin, wo sich unser Körper befindet, folgt auch unsere Seele. Machen Sie doch ein kleines Experiment! Schließen Sie die Augen und sagen Sie sich: „Ich frage mich, was ich als Nächstes denken werde." Und nun warten Sie. Der nächste Gedanke lässt lange auf sich warten. Diesen Versuch zu wiederholen, stellt eine gute Möglichkeit dar, den inneren Lärm zu stillen und sich zu einem intensiven Da-Sein im Augenblick zu sammeln. Wenn Sie sich darauf konzentrieren, wie Sie sich *jetzt* fühlen – nicht wie Sie sich vor einiger Zeit gefühlt haben oder wie Sie meinen, dass Sie sich in einer Stunde fühlen werden –, verankern Sie sich fest in das Dasein.

Hier und jetzt
wirst du geboren in jedem Augenblick.
Hier sind deine Reiseziele, deine Kontinente.
Du sollst nie wieder wandeln auf den
verstaubten Landwegen der Vergangenheit.

Jetzt lebst du bereits in der Zukunft.

So endet Peter Curmans Gedicht „Hier".

Einer der Vorteile, gelegentlich aus dem Alltag auszubrechen, liegt darin, dass man Abstand gewinnt von seinen altbekannten Strukturen und gezwungen wird, dem Unvorhersehbaren zu begegnen. So können wir beispielsweise während einer gelungenen Urlaubsreise ganz im Jetzt aufgehen, die Spontaneität hervorbrechen lassen und die Alltagszwänge beiseite legen.

Sich im Jetzt einzufinden, bedeutet seine Kräfte auf einen einzigen Punkt zu bündeln. Das Jetzt trägt die Spuren all dessen, was jemals war, sowie die Saat all dessen, was sein wird. Es ist Ende und Anfang zugleich. Vor allem aber ist es das Einzige, dessen wir uns sicher sein können. Und da sich das „Eben-jetzt" immer wieder verflüchtigt, wird man auch kaum mit der Frage belastet, was man tun soll. Tatsache ist, dass das Einzige, was Sie *in eben diesem Augenblick* tun sollten, das ist, was Sie gerade tun. Sie brauchen sich lediglich darauf zu konzentrieren und es so gut wie möglich zu tun. Wenn Sie gerade essen, konzentrieren Sie sich darauf. Wenn Sie ans Telefon gehen, konzentrieren Sie sich darauf. Wenn Sie mit Ihrem Nachbarn sprechen, konzentrieren Sie sich darauf, und wenn Sie Ihre Zähne putzen, konzentrieren Sie sich darauf. Und so weiter. Dies ist zwar einfach, aber von großer Effizienz. Im Jetzt zu sein heißt, die Bedeutung all der kleinen Schritte zu respektieren, die zusammen das Leben ausmachen. Aus einer höheren Perspektive ist jeder Baustein wichtig für das, was kommen wird. Es sind selten die großen Schritte, die bestimmen, in welche Richtung wir gehen. Die Art und Weise, wie wir uns auf der Reise verhalten, hat Einfluss darauf, ob und wann wir unser Ziel erreichen.

Ein Freund gab mir folgenden Brief mit der Bemerkung: „Vielleicht was zum Nachdenken?" Eine 83-jährige Frau hat ihn geschrieben.

„Lieber Freund!
Ich lese mehr und wische weniger Staub. Ich sitze im Garten und genieße die Aussicht, ohne mich um das Unkraut zu küm-

mern. Ich verbringe mehr Zeit mit meiner Familie und meinen Freunden und weniger Zeit mit Arbeiten. Das Leben sollte – wann auch immer möglich – voller Ereignisse sein, die man genießt, nicht voll solcher, die man ertragen muss. Ich versuche diese Augenblicke zu erkennen und sie zu schätzen.

Ich ‚spare' an nichts; wir benutzen unser Festtagsgeschirr und unsere Kristallgläser jeden Tag. Wenn ich auf den Markt gehe, trage ich meine beste Jacke. Ich hebe mein teures Parfum nicht für besondere Feste auf, sondern trage es auf für Verkäufer und Bankangestellte. ‚Irgendwann einmal' und ‚allmählich' verschwinden in meinem Vokabular. Wenn etwas wert ist gesehen, gehört oder getan zu werden, so möchte ich es jetzt sehen, hören und tun.

Ich bin mir nicht sicher, was andere tun würden, wenn sie wüssten, dass sie morgen – ein Zeitpunkt, den wir alle für selbstverständlich halten – nicht mehr da wären. Ich glaube, sie würden ihre Familienangehörigen anrufen und ein paar wenige gute Freunde. Sie würden vielleicht einige dieser Freunde anrufen, um sich bei ihnen zu entschuldigen und alte Zwistigkeiten zu beseitigen. Ich möchte gerne glauben, dass sie zusammen ausgehen würden, um chinesisch zu essen oder was auch immer ihr Lieblingsessen wäre.

Wenn ich wüsste, dass meine Zeit begrenzt ist, würde es mich ärgern, hätte ich diese kleinen Dinge unterlassen. Ich wäre ärgerlich und traurig darüber, dass ich meinem Mann, meinen Eltern und meinen Kindern nicht oft genug gesagt hätte, wie sehr ich sie wirklich liebe. Ich versuche nichts aufzuschieben, zurückzuhalten oder für später aufzuheben, was unserem Leben Lachen und Heiterkeit beschert. Und jeden Tag, an dem ich morgens die Augen öffne, sage ich mir, dass er etwas Besonderes ist. Jeder Tag, jede Minute, jeder Atemzug sind wahrhaftig eine Gabe Gottes."

Es gibt eine besondere „Hier-und-Jetzt"-Qualität, von der ich erzählen möchte. Sie stammt aus der Welt des Flamenco; aber ich bin überzeugt davon, dass sie uns etwas über das gewöhnliche Leben zu sagen hat. Sie heißt *duende*.

„Vor vielen Jahren gewann bei einem Tanzwettbewerb in Spanien in Jerez de la Frontera eine 80-jährige Frau den ersten Preis – direkt vor der Nase schöner Frauen und junger Mädchen mit geschmeidigen Taillen – allein durch ihre Art, die Arme zu heben, den Kopf zu halten und auf der Bühne mit den Füßen zu stampfen. Unter all den Musen und Engeln, den formvollendeten und lächelnden Schönheiten, die sich dort versammelt hatten, siegte unvermeidlich jenes vom Tode berührte *duende*, das seine rostigen Messer über den Boden schleifte."

Der Text stammt von dem spanischen Schriftsteller Federico García Lorca und stand vor einigen Jahren im Programmblatt der Aufführung seines Stücks *Bluthochzeit* an der Staatsoper. Und was er hier beschreibt, ist eben das *duende*, jene Urkraft, die aus den Fußsohlen der alten Frau emporstieg, ihren Tanz durchsetzte und das Publikum für sich gewann. Beim *duende* geht es nicht um Geschicklichkeit, sondern um einen wahren, lebendigen, persönlichen Stil. In der Gegenwart des *duende* kommt man dem eigenen wahren Wesen näher. Es lässt sich nicht in Worte fassen. Aber all diejenigen, die einen Augenblick lang das *duende* erlebt haben, wissen, dass diese mystische Kraft, die in und zwischen den Menschen entstehen kann, in höchstem Grade real ist. *Duende* ist eine vollkommene Gegenwart, die all diejenigen gefangen nimmt, die sich so weit öffnen, um es zu empfangen. *Duende* entsteht nicht nur auf der Bühne; ebenso oft kann es an ganz gewöhnlichen Orten Gestalt annehmen. Meine Freundin und Lehrerin Gabriela Gutarra meint, *duende* sei eine Gnade. Wenn man vom Geist berührt wird, hat man das Gefühl, dass alle Sinne weit offen stehen. Man hört wie nie zuvor, man bewegt sich wie nie zuvor. Man ist verbunden mit allem, und alles ist verbunden mit einem. Raum und Zeit hören auf zu sein. Und gleichzeitig ist man dort, wo man sich gerade befindet, vollkommen anwesend. Man empfindet alle Gefühle auf einmal, und alle haben die gleiche Intensität.

Das Wort *duende* hat im Spanischen eine doppelte Bedeutung. Teils bedeutet es, von einem mystischen Geist berührt zu sein, teils steht es für ein verzaubertes Wesen, eine kleine Hexe oder eine koboldähnliche Gestalt. *Duende* kann nicht durch einen Willensakt hervorgerufen werden und lässt sich auch nicht vortäuschen.

Von *Duende*-Erfahrungen wird in Verbindung mit dem legendären Flamencosänger Manuel Torre aus Triana berichtet. Manchmal sang er sehr schlecht. Aber er war dafür berühmt, wie ein Gott zu singen, wenn ihn das *duende* berührte. Er wurde unter anderem angeklagt, in seiner Heimatstadt einen Streik angezettelt zu haben, als er eines Morgens zu singen begann. Schnell verbreitete sich die Nachricht, dass dies einer von Manuels besten Tagen war. Menschen, die sich auf dem Weg zur Arbeit befanden, machten kehrt, um stattdessen Manuel zuzuhören. So stark kann die Anziehungskraft des *duende* sein.

Ich erzähle von all dem, weil ich denke, dass sich ab und zu ein Gefühl einstellt, das auch im Begriff *duende* zu finden ist. Es gibt Augenblicke, in denen wir von einem Bewusstsein erfüllt sind, das über das gewöhnliche Maß hinausgeht und uns die Ewigkeit erahnen lässt. Eine Voraussetzung dafür, dem entgegenzuarbeiten, liegt darin, unsere Sinne zu öffnen und uns dem überlassen zu können, was geschieht. Gegenwärtig zu sein in unserem Körper und unserer Seele. In dem zu sein, was ist, und dieses dann loszulassen. William Blake, der englische Dichter und Mystiker, sagt es so: „Wer sein Glück erzwingen kann, weiß, was das beflügelte Leben ist. Derjenige aber, der die Freude im Fluge küsst, lebt im Sonnenaufgang der Ewigkeit."

Ich

Die Zeit der Einsamkeit ist *meine* Zeit. Es ist die Zeit, in der ich den Blick in meine eigene Richtung wende und mir selbst begegne. Familie und Arbeit, Katze und Topfpflanzen kommen dieses eine Mal an zweiter Stelle.

„Was kann man eigentlich tun gegen das, was jenseits des verdeckenden Außenwerks geschieht, jenseits der Fahrtblindheit und des Verlusts des Ortssinnes. Die Antwort ist unverfälscht einfach und unverhüllt: Denk deine Gedanken einen Schritt weiter und fange an, die Kraft der Gedanken auf die Probe zu stellen. Mach das ruhig im Gespräch mit anderen und mit dir selbst. Im inneren Gespräch."

So schreibt Bodil Jönsson im Vorwort zu ihrem Buch *Die Kraft der Gedanken*. Die goldene Regel des Christentums ist die Nächstenliebe. Vielmehr – so lautet der ganze Satz: Liebe deinen Nächsten *wie dich selbst*. Ich zweifle daran, dass man jemand anderen lieben kann, wenn man sich nicht selbst mit einem liebenden Blick bedenken kann. Damit meine ich nicht, dass man ganz von sich eingenommen sein und sich nicht darum kümmern soll, wie es anderen geht. Sich selbst zu lieben, bedeutet hellhörig zu sein sowohl für unsere eigene innere Stimme als auch für die Stimme Gottes in uns. Es bedeutet, uns mit demselben Respekt zu begegnen wie anderen: nicht nur über unsere Mängel zu klagen, sondern auch das Gute an uns wertzuschätzen. Ich kann nicht behaupten, dass ich das jederzeit erfolgreich praktiziere. Ich bin Expertin darin, mir meine Schwächen immer wieder vor Augen zu führen und meine Fehler wichtiger zu nehmen als das, was mir gelingt. Nun müssen wir auch nicht unser größter eigener Fan sein. Es reicht schon, wenn wir es schaffen, die selbstanklagende Stimme in uns – die in ihrer Selbstbezogenheit ebenso eitel ist – ein wenig zu dämpfen. „Keiner ist so schlecht – minderwertig – neidisch – dumm – langweilig wie ich", ist ja eine Variante des Hochmuts. Niemand ist perfekt. Wahrscheinlich sind wir alle ein wenig ramponiert; irgendein Puzzlestück fehlt immer. Leider ist auch unser innerer Saboteur ein zäher Widersacher, der sich nicht so schnell ergibt. Viele Menschen gehen stets mit einem Gefühl von Unsicherheit durchs Leben. Wer früh gelernt hat, seinen eigenen Wert in Zweifel zu ziehen, kann einen schwer zu heilenden Schaden davongetragen haben, in Form eines dauerhaften Gefühls, minderwertig zu sein und nichts zu taugen. Das macht es ihm schwer, mit sich selbst seinen Frieden zu finden. Schuld und Leistungsangst beeinflussen sowohl unser Selbstbild als auch unsere Beziehung zu anderen. Statt Brücken zu bauen, schaffen wir Abgründe zwischen uns und stehen uns selbst im Weg.

Wenn wir allein sind, sind wir uns selbst ein Spiegel. Dann sind wir frei von Kritik und prüfenden Blicken; uns fehlen aber auch die Wertschätzung und das Feedback, von dem viele von uns abhängig zu sein meinen. Aus diesem Grunde erscheint das Alleinsein vielen als eine Bedrohung. Ich bin jedoch sicher, dass die meisten viel besser damit zurecht kommen, als sie glauben. Die freiwillige Einsamkeit wirkt auf eine Weise läuternd, die man erst versteht, wenn man es gewagt hat, sich auf sie einzulassen. Bisweilen bleibt sie jedoch ein sensibler Zustand.

Ich bin einsam hier
und in dieser Einsamkeit
schwebt der Schatten einer ewigen Ulme

Wenn ihr mich sucht,
kommt weich und still
damit das zarte Porzellan meiner Einsamkeit
nicht zerbricht

schreibt der persische Dichter Sohrab Sepehri in dem Gedicht „Eine Oase im Augenblick".

Sich selbst nahe zu kommen bedeutet auch, die eigene Sehnsucht zu spüren. Die Zeit in der Einsamkeit hilft uns zu untersuchen, wonach wir uns eigentlich sehnen. Im Grunde glaube ich, dass wir eine starke Sehnsucht nach unserem wahren Ich haben, danach, zu uns selbst heim zu kommen. Gleichzeitig bringt es nichts, diese Entwicklung beschleunigen zu wollen. Sie geschieht dann, wenn wir dazu bereit sind. Zeiten der Klarheit mischen sich mit Zeiten der Ziellosigkeit und Verwirrung, wenn wir auf eine Art leben, die nicht direkt falsch, aber auch nicht vollkommen richtig ist; wenn wir so leben, als befänden wir uns im Exil, weit weg von uns selbst.

Der Weg zur Reife schlängelt sich durch Berg und Tal, durch Sümpfe und Wiesen. Gerade wenn man denkt, etwas begriffen zu haben, wird die Sicht schlecht, und es wird wieder dunkel. Und hinter einem Hügel türmen sich neue Berge auf. Was man für einen Binnensee hielt, stellt sich als Meer heraus. Der Blitz schlägt ein ohne Vorwarnung. Nur der feste Grund des inneren Menschen gibt uns Sicherheit. „Wer das All erkennt, sich aber selbst nicht kennt, verfehlt das Ganze", sagt Jesus nach dem Thomasevangelium. Immer wieder verfehlen wir unser Ziel. Wenn wir uns selbst prüfen, wird manchmal das Negative ganz deutlich sichtbar: Gier, Faulheit, Neid, Eifersucht, Geiz, Esssucht, Eigensinn, Gleichgültigkeit, Eitelkeit zum Beispiel. Wohlwollen, Toleranz, Freundlichkeit, Geduld, Empfindsamkeit, Mitgefühl und alles sonst Positive, werden unter dem Gewicht des Negativen bis zur Unkenntlichkeit platt gewalzt. Dabei tut es gut, sich daran zu erinnern, dass ein Mensch mehr wächst, wenn man seine positiven Seiten bejaht, als wenn man seine schlechten Seiten auszumerzen versucht. Und dass dies auch für uns selbst gilt.

Nie wieder ein böses Wort
über kaputte Geigen!
Einmal hörte ich den Meister
auf nur zwei Seiten spielen.

Er stand zwischen den Bäumen
und spielte auf seinem Lieblingsinstrument,
eine Hymne nach der anderen, ein Lied nach dem andern,
herauskristallisierter Schmerz,
und ich wusste:
Diese Geige war ich!

Andere hätten es nicht für Wert befunden,
auf mir zu spielen,
doch in Seinen Händen hatte ich Bestand!
So lautet Bo Setterlinds Gedicht „Der Meister".

Die Fehler, über die wir uns bei anderen ärgern, sind ein Abbild unserer eigenen Mängel. Wenn wir es schaffen, dies zu sehen, ohne uns selbst dabei aufzugeben, haben wir einen wichtigen Schritt getan. Nichts besitzt eine derart zerstörerische Kraft wie die Perfektion. Wenn wir immer der Beste sein und am hellsten strahlen müssen, verlieren wir die Freude darüber, gewöhnlich zu sein, ein Mensch unter vielen. Eine Meditation in den geistlichen Übungen des Ignatius von Loyola zeigt, wie wir unseren Platz in der Vielfalt erkennen können. Sie beginnt so:

DER ERSTE PUNKT IST, die Personen sehen,
die einen und die anderen:
und zuerst die auf dem Angesicht der Erde in so großer
Verschiedenheit sowohl in Trachten wie in Gebärden:
die einen weiß und andere schwarz;
die einen in Frieden und andere in Krieg;
die einen weinend und andere lachend;
die einen gesund, andere krank;
die einen geboren werdend und andere sterbend;
…

Das Glück liegt nicht in dem, was uns von anderen unterscheidet – netter, tüchtiger, reicher, schöner zu sein. Dies sind Zufälle, mit denen man nicht auf Dauer rechnen sollte. Bleibende Freude finden wir nicht in dem, was uns äußerlich von anderen *trennt*, sondern was uns innerlich miteinander *verbindet.*

Wir können nicht für andere strahlen, wenn wir nicht für uns selbst strahlen können. Jeder Tag birgt eine Möglichkeit, uns in Selbstannahme zu üben. Denken Sie an all die Male, da Sie einen Gedanken mit den Worten „Wenn ich nur weniger wiegen würde (tüchtiger wäre, einen besseren Geschmack bei Kleidern hätte, Nein sagen könnte, Geld hätte, an Gott glaubte, französisch sprechen würde, Kinder hätte, nicht verheiratet wäre)“ (und so weiter) eingeleitet haben. Wenn Sie das Gefühl haben, dass in Ihnen ein solcher Gedanke gerade aufkommt, halten Sie inne und denken Sie an das, was Sie haben und wozu Sie Ihre Begabungen nutzen können. Wie die Engländer sagen: „Es ist besser zu wünschen, was man hat, als zu haben, was man wünscht.“

Zu reifen bedeutet, sich selbst und das, was man bis dahin erreicht hat, zu übertreffen. Schrittweise die Gewichte zu erhöhen und sich in immer schwereren Lebensaufgaben zu üben, so lange, bis sie sich leicht anfühlen. Wenn man einsam ist, kann man bei sich selbst Inventur machen, die Rollen erkennen, die man spielt, sowie all die unterschiedlichen Masken, die man auf- und wieder absetzt. Man kann sich in der freimütigen Haltung trainieren, die man – wenn überhaupt – erst mit den Jahren gewinnt: nichts zu haben, was man verbergen, wofür man sich schämen oder wovor man Angst haben muss.

Inventur

Als die klassischen Kalligraphen den Zeichen der chinesischen Sprache ihre Form gaben, wollten sie in deren Linien das Wesen der Worte erfassen. Das Zeichen für Tiger – *hu* – soll beispielsweise an die Schönheit, Wachsamkeit, Ausdauer und Kraft des wilden Tieres erinnern. Es gibt ein Zeichen – *shou* –, das langes Leben bedeutet. Zu der Zeit, als es aufkam, betrachtete man das Alter als den Höhepunkt des Lebens. Die Klarsicht und Klugheit der langen Erfahrung, aber auch die Leidenschaft und Spontaneität – Eigenschaften, die sonst mit der Jugend verbunden werden – spiegeln sich in der Form dieses Zeichens. Älter werden bedeutet also, das Leben als Ganzes zu erfassen, seinen Anfang zu erinnern und sein Ende zu erkennen. In diesem Zeichen lassen sich die Gegensätze des Lebens erahnen: Ernst und Verspieltheit, Stillstand und Bewegung, Festhalten und Loslassen. Der Veränderungsprozess nimmt kein Ende. Dies gilt für alles Mögliche, für unbedeutende Einzelheiten des Alltags – letzte Woche stellte ich fest, dass ich die Marmeladensorte, die ich zwanzig Jahre lang gegessen habe, nicht mehr mag – ebenso wie für große Entscheidungen, die auf das gesamte Leben Einfluss haben.

Dem Älterwerden entkommt keiner. Die Veränderungen, die das Alter bewirkt, gehören zum Ersten, was ich wahrnehme, wenn ich Zeit habe, in mich hinein zu spüren: tiefere Falten, lichteres Haar, gelbere Zähne, trockenere Haut. All das, was sich zusammen mit Energieschwankungen und verschiedenen Schmerzen und Krämpfen in meinem Leben allmählich anhäuft. „Das Leben ist eine Abrissbude", sagt Ylva Eggehorn. Hin und wieder dürfte ein bisschen Inventur – und vielleicht eine Umwertung – angebracht sein.

Wenn ich auf Hochtouren laufe und tausend Sachen zu tun habe, schaffe ich es kaum, länger in den Spiegel zu schauen, als es dauert, mir einmal mit dem Kamm durch die Haare zu fahren und sicherzugehen, dass der Lippenstift auch dort sitzt, wo er soll. Es ist das Gesicht der berufstätigen Frau, das ich dort sehe, etwas steif um den Mund, mit lebhaften Augen und forderndem Blick. Ein Gesicht, das nur ungern seine Risse offen legt und nur zum Teil zeigt, wer ich bin. „Hinter jedem einzelnen Ausdruck … finden wir das bloße und unverhüllte Gesicht wieder, das heißt ein Gesicht, das unendlich ausgesetzt, wehrlos und verletzbar ist … vollkommen ausgeliefert in seiner Rätselhaftigkeit", schreibt der französisch-litauische Philosoph Emmanuel Lévinas. Das ist wohl das Gesicht, das sich dann am deutlichsten zeigt, wenn nur ich es betrachte. Das von meinem jungen Gesicht zeugt und von der alten Frau, die ich bald sein werde, überschattet wird. Unser ungeschminktes Gesicht zu sehen und unserem Alter treu zu bleiben, ist in unserer Gesellschaft nicht so einfach. Zuweilen wirkt es so, als wäre das Alter eine Heimsuchung und *alt* ein Synonym für *defekt*. Hinter der modernen Altersforschung kann man meist den heimlichen Wunsch erahnen, sich ein für alle Male von dem Alter zu befreien. Viel zu oft steht der alternde Körper im Vordergrund, während die alternde Seele in Vergessenheit gerät. Lebenslänge wird vor Lebenssinn gestellt. Aber das Älterwerden ist viel mehr als biologische Verwandlung. Vielmehr kann es als eine Kunstform betrachtet werden, meint James Hillman in seinem Buch *Vom Sinn des langen Lebens*. Wer länger lebt, bekommt die einmalige Gelegenheit, seine Einzigartigkeit zu entwickeln, Verantwortung für die kommende Generation zu tragen, sich die Freiheit zu nehmen, von Konventionen loszukommen und endlich zu sagen, was er oder sie denkt. Wir lassen uns in eine Falle locken, in der wir der Biologie und der Wirtschaft erlauben, die Sicht auf den Menschen zu steuern. Entweder geben wir auf und verfallen schon in unseren Fünfzigern in pessimistisches Selbstmitleid oder wir legen uns eine übertrieben optimistische Haltung gegenüber unserem Alter zu und streiten es ab. Beidem liegt dieselbe Ansicht zu Grunde: Älterwerden ist eine Geißel. Da ist es nicht verwunderlich, dass sich so viele bis ans bittere Ende an ihrer Jugend festklammern. Dafür zahlen sie ihren Preis: Sie schaffen es niemals, reif zu werden und die Aufgabe des Alters auf sich zu nehmen, nämlich ihr wahres Ich zu festigen und zu vervollkommnen, für die Widersprüchlichkeit des Lebens – so wie sie sie selbst erlebt haben – einzustehen und zu wagen, ihren Nachkommen den Weg zu weisen. Älterwerden bedeutet, seine Seele zum Ausdruck kommen und sie als führende Kraft in unserem Leben auftreten zu lassen, meint Hillman. Dieser Gedanke sagt mir immer mehr zu. Wenn wir uns von Statistiken über eine immer längere Lebensmitte verführen lassen sowie von dem Versprechen, dass die Forschung es ermöglichen werde, der Natur zu trotzen, berauben wir uns selbst dessen, was zu allen Zeiten den Adel des Alters ausgemacht hat: Reife, Charakter und Stärke. Es ist ein Paradoxon: Während die moderne Entwicklung unserem Leben mehrere Jahre hinzugefügt hat, wurde das Älterwerden gleichzeitig seines Wertes beraubt. Und dort, wo den Älteren ihr Wert verloren geht, werden auch die Eigenschaften, die mit der Lebenserfahrung zusammenhängen, geringer geschätzt. Eine Gesellschaft, die meint, es sich leisten zu können, auf Alter und Erfahrung herabzublicken, wird mit der Zeit arm werden.

Lernen, alt zu werden, bedeutet unendlich viel mehr, als seine Siebensachen zusammenzupacken und sich darauf vorzubereiten, Lebewohl zu sagen. Gewiss: Wir gehen alle auf den Tod zu. Altern ist allerdings im Wesentlichen ein Teil des *Lebens.* Es ist eine Phase, in der das volle Potential eines jeden von uns endlich wahr und ungestört deutlich werden und gezeigt werden kann. Alt zu werden bedeutet die Chance zu bekommen das freizusetzen, was Hillman „die ungezähmte Kraft des älteren Charakters" nennt, „die in einer alten Seele kauert, fertig zum Sprung!".

Inventur zu machen bedeutet, sich selbst einzuholen. Was erwartet man vom Leben und was ist man bereit zu geben? Was ist gesund an meiner Art zu leben und was ist krank? Ich möchte das mit den Worten der amerikanischen Schriftstellerin Katherine Mansfield ausdrücken:

„Mit Gesundheit meine ich die Fähigkeit, ein Leben zu führen, das ganz und erwachsen ist, das in enger Verbindung mit dem steht, was ich liebe – die Erde und das Staunen darüber – das Meer – die Sonne. All das, was wir meinen, wenn wir von der äußeren Welt sprechen. Ich möchte da hinein, ein Teil von ihr sein, darin leben, davon lernen, all das abstreifen, was in mir äußerlich und erworben ist, und ein bewusster, spontaner Mensch werden. Indem ich mich verstehe, möchte ich andere verstehen. Ich möchte alles sein, was ich zu werden fähig bin, so dass ich … warm, leidenschaftlich, lebensbejahend, verwurzelt im Leben sein kann; damit ich lerne, damit ich mir wünsche zu wissen, zu denken, zu handeln. Dieses möchte ich. Und nicht weniger. Danach muss ich streben."

So will ich versuchen zu leben.

Manchmal reichen ein paar einsame Tage auf dem Lande nicht aus, um das Bedürfnis nach Stille zu befriedigen und zur Ruhe zu kommen. Dann ist es Zeit für die Klausur. In Klausur zu gehen bedeutet, sich an einen geschützten Ort zurückzuziehen, wo man sich ganz der Stille hingibt. Wird das Tor zur Außenwelt geschlossen, öffnet sich das Tor zur inneren Kammer. Hier kommt man sich wieder selbst nahe und bekommt eine Ahnung von einer ganz anders gearteten Einsamkeit. „Den Menschen, der gelernt hat, seine innere Einsamkeit zu spüren, umgibt ein Schimmer von Würde und Wärme, von Selbstständigkeit und einer eigenartigen Kraft“, schreibt Owe Wikström. Und dies kann eine Klausur bieten.

Es gibt in Schweden wie in vielen Ländern Europas an mehreren Orten Klausurmöglichkeiten, die der westlichen wie auch der östlichen Gedankentradition verpflichtet sind. Ich selbst gehe gerne nach St. Davidsgården auf Berget, direkt außerhalb von Rättvik in Dalarna. Als ich das erste Mal dort hinkam, wusste ich nicht, was mich erwarten würde. Ich wusste nur, dass ich für eine Weile dem Alltag entrinnen und ein wenig Abstand von meinem Leben gewinnen wollte. Auf den ersten Blick sah das Anwesen nicht besonders beeindruckend aus. Ein niedriges, weißes Gebäude, das an einen Bunker erinnerte, mit einem großen Schild an dem engen Eingang. „TYSTNAD – SILENCE – RUHE“. St. Davidsgården ist gebaut wie ein Kloster, nach außen abgeschlossen und mit einem Innengarten in der Mitte, der sich nach oben in den Himmel öffnet. Der Speiseraum ist ein Gesellschaftsraum, mit einer Menge Sessel, einem offenen Kamin in der Mitte und mit Glaswänden, die auf den Garten hinausgehen. Wo man sich auch aufhält, steht man in engem Kontakt mit der Natur. Es gibt hier weder Fernsehen noch Radio, weder eine Tageszeitung noch ein Telefon. Die Klausurteilnehmer (meist etwa ein Dutzend Menschen) bekommen jeweils eine einfache Zelle mit weiß getünchten Wänden, einem Bett, einem Schreibtisch mit Regal, einem Kleiderschrank, einem Waschbecken, einem Meditationsschemel und einer Kerze zugeteilt. Ein Kreuz an der Wand ist das einzige Ornament im Zimmer, wenn man von den schönen Bäumen vor dem schmalen Fenster absieht, das von der Decke bis zum Boden reicht.

Eine Klausur auf Berget beginnt damit, dass die Mitarbeiter – die so genannten Hausbewohner – sich vorstellen, erklären, wie es bei ihnen zugeht, und Fragen beantworten. Die Teilnehmer stellen sich einander nicht vor. Dort ist man eben der, der man ist, und nicht zum Beispiel durch einen Beruf definiert. Manchmal findet sich ein Prominenter unter den Teilnehmern und zieht neugierige Blicke auf sich, die aber rasch aufhören, sobald man sich in dem gemeinsamen Schweigen vereint hat, in dem keiner schwerer wiegt als der andere. Es ist ungewohnt und etwas merkwürdig, sein soziales Ich aufzugeben, aber bald empfindet man es als Befreiung. Ich bin jedes Mal erstaunt, wie schnell meine Lust zu plappern abklingt. Für einen tiefen Kontakt braucht man nicht immer Worte:

Ich beginne zu glauben
dass Reden Schweigen ist
dass Sätze unmerklich
zu Nebensätzen werden
dass – so wie Leben und Tod –
Frage gleich Antwort ist

schreibt Siv Arb in seinem Gedicht „Auf einem Schiff an Bord …".

Die Klausurleiter in St. Davidsgården kommen aus verschiedenen Richtungen der christlichen Tradition. Als Teilnehmer kann man sich, wenn man möchte, zu einem Einzelgespräch anmelden. Und das tue ich. In der Stille tauchen zuweilen Gedanken und Gefühle auf, die man mit einem kundigen und zuverlässigen Außenstehenden teilen möchte, der darüber hinaus unter Schweigepflicht steht. Die Kapelle – rührend schön in ihrer Anspruchslosigkeit – ist das Herz von St. Davidsgården. Sie steht den ganzen Tag für Andacht und persönliches Gebet offen, und jeder Klausurteilnehmer bekommt seinen eigenen Platz darin zugeteilt. In der Kapelle wird die Morgenmesse gefeiert, und zu bestimmten Tageszeiten, wenn die Glocke läutet, werden in uralter Klostertradition Psalmen gelesen, die so genannten Stundengebete. Als Gast kann man daran teilnehmen oder auch nicht, ganz wie man will. Das Gleiche gilt für die Zeiten der Meditation, die die Tagesordnung der Klausur vorsieht. Denjenigen, die lesen möchten, stehen ganze Regale mit spiritueller Literatur zur Verfügung. Für zwei Stunden täglich kann man in den gut sortierten Buchladen St. Sigfrid gehen. Er wird von der Dominikanerschwester Ingrid geführt, die Mitglied jener Kerngruppe ist, die zusammen mit freiwilligen Mitarbeitern rund um das Jahr den Betrieb auf Berget aufrechterhalten. Dort darf man bei Bedarf tatsächlich sprechen, aber meist kommt es nur zum Flüstern. Man lernt schnell, ohne Worte auszukommen.

Während der Mahlzeiten hört man klassische Musik. Man isst viel und oft. Der lange Tisch bricht zusammen unter allen Gerichten. Das hat mich sehr überrascht, als ich das erste Mal dort war. Da entdeckte ich, dass selbst das einfachste Essen wie ein Festmahl schmecken kann, wenn es sorgsam zubereitet ist und in einer Atmosphäre ruhevoller Konzentration eingenommen wird.

In St. Davidsgården wird dem Einzelnen großer Respekt gezollt. Ein jeder darf so sein, wie es seine Art ist. Keiner drängt sich auf, und nichts außer Schweigen wird erwartet. Und dieses breche ich mitunter, wenn ich auf einem langen Spaziergang im Wald oder am Siljansee zu Hause anrufe. Allerdings nicht besonders oft und nicht, wenn jemand anders in der Nähe ist. Manche Klausurteilnehmer reden miteinander, wenn die Klausur zu Ende ist, aber es ist ganz und gar möglich – und ziemlich üblich, wie ich meine –, dass man von dort wegfährt, ohne ein einziges Wort gesagt zu haben. Ich habe manches Mal gestaunt, wie nahe man anderen Menschen kommen kann, allein dadurch, dass man die stille Gemeinschaft mit ihnen teilt. Das empfand ich besonders stark am 11. September 2001 beim Terrorangriff auf die Türme des World Trade Centers in New York – ich war zufällig in Klausur. Vor der Morgenmesse wurden wir darüber informiert, dass das World Trade Center dem Boden gleichgemacht worden war; das war jedoch mehr oder weniger alles, was wir erfuhren. Ich erinnere mich erstaunt an die Tage, bevor ich in eine Welt voller Menschen zurückkehrte, die alle etwas erlebt hatten, das schwer zu beschreiben war. Ich hatte die Bilder, die jeder auf seiner Netzhaut hatte, nicht gesehen, und fühlte mich für eine Weile, bevor ich die Ereignisse zusammengetragen hatte, wie eine Außerirdische. Ein anderes einzigartiges Erlebnis hatte ich, als mein Mann und ich uns entschieden, zur Jahrtausendwende nach St. Davidsgården in Klausur zu gehen. Nach der Mitternachtsmesse bildeten wir einen Fackelzug und sangen. Es herrschten zwanzig Grad minus, der Schnee war tief und der Mondschein leuchtete uns auf dem Weg. Aus der Ferne hörten wir die Knaller und Freudenrufe von Menschen, die feierten, und mich erfüllte eine tiefe Freude darüber, dass ich lebte, hier und jetzt. Damals brachen wir das Schweigen und tranken Sekt. Sonst sind Ereignisse, die eine Klausur besonders kennzeichnen würden, eher Mangelware.

„In der Stille bekommst du Abstand zu dem, was dich sonst vielleicht ganz verschlingen würde. Aus einem anderen Blickwinkel kannst du alles besser betrachten. Du kannst die Wahrheit besser erkennen und deine Illusionen durchschauen.

Es gibt einen Grundinstinkt, der nur in der Stille vor Gott reifen kann", steht in dem Programm von St. Davidsgården. Und in dem Buch *Die verborgene Werkstatt* beschreibt Hjalmar Ekström drei Schritte in die Stille. Der erste besteht darin, das äußere Brausen zum Schweigen zu bringen und zur Ruhe zu kommen. Der zweite ist, das innere Brausen zu stillen und sich von jedem Begehren zu befreien – einschließlich des Begehrens, still zu sein. Der dritte besteht darin, sich ganz mild und weich von der vollkommenen Ruhe anziehen zu lassen und in sie einzugehen. Sobald der Mensch mit dieser Stille vertraut wird, folgt er ihr, wohin er auch geht und was er auch immer tut. Gott trifft man nicht im Sturm, nicht im Wind, sondern in einem stillen Säuseln.

Körper

Auch mein Körper kommt auf seine Kosten, wenn ich alleine bin. Ich gehe mehr als sonst, gönne mir eine erfrischende Vitaminkur, kaufe mir eine wohl duftende Seife, mache Maniküre, nehme ein Fußbad, trage eine Gesichtsmaske auf, pflege meine Haare – all das, was dem Körper gut tut, kann manchmal wohl genutzte Zeit sein. Der Körper gerät leicht in einen Ausnahmezustand, zumindest bei mir. Natürlich weiß ich, dass ich mich bewegen sollte, überlegen sollte, was ich esse, ausreichend schlafen sollte. Es ist nur so, dass diese Einsicht in einem Alltag verblasst, in dem Mahlzeiten, die mittags ausfallen, eher normal sind und das Abendessen aus in aller Eile gebratener Wurst besteht. Leider klafft das, was ich tun müsste (wie ich wohl weiß), und das, was ich wirklich tue, auseinander. Wenn man Zeit hat, kann man freundlicher zu seinem Körper sein. Zu spüren, wie müde oder munter man ist, eine Runde zu laufen, zum Optiker zu gehen, endlich einen Termin beim Zahnarzt oder beim Chiropraktiker zu machen, gesundes Essen zu kochen. Sich mit den Veränderungen bekannt zu machen, die stattgefunden haben, seitdem man das letzte Mal Zeit hatte, sich zu spüren. Ich bade zum Beispiel sehr gerne. Bei mir zuhause steht eine ganze Sammlung von Badeölen, die nur darauf warten, literweise in ein warmes Bad gegossen zu werden, in dem ich liege und es mir so lange gut gehen lasse, bis das Wasser lau wird. Eine Kerze in der Fensternische und ein weiches Handtuch – und vielleicht ein Gin Tonic in Reichweite – und die Entspannung ist vollkommen.

Ich glaube, dass der Körper die wahrste Geschichte über einen Menschen erzählt: was er aus seinem Leben gemacht hat und was mit ihm gemacht wurde. Das meiste, was mit uns geschehen ist, hat hier seine Spuren hinterlassen. Alles, was ein Mensch ertragen musste, lässt sich irgendwo in seinem Körper erkennen. Der Körper ist die Wohnung der Seele hier auf Erden, und er lügt nicht. Wir sollten ihn gebrauchen, jedoch nicht verbrauchen, respektieren, jedoch nicht anbeten. Es ist besser, wir freunden uns mit unserem Körper an. Wir sollten ihn kennen lernen und darauf hören, was er will. Zum Beispiel indem wir ihn vor einer Mahlzeit fragen, was er haben möchte, bevor wir uns hinsetzen und uns mit all dem voll stopfen, was zur Wahl steht. Es kann passieren, dass ich mich über etwas wundere, was ich gleich essen werde, und denke: Das wird bald ein Teil von mir sein. Glauben Sie mir, das stellt einen Big Mac in ein ganz anderes Licht! Heutzutage wissen wir eine Menge über die Bedeutung unserer Nahrung und das, was Stress erzeugt. Trotzdem drücken wir uns davor, dieses Wissen in die Praxis umzusetzen. Es fällt uns nicht leicht, unsere Gewohnheiten zu ändern. Hetzen und Jagen gehören schon zu uns, wir können oft gar nicht langsamer. Obwohl wir wissen, dass wir zu schnell fahren, finden wir das Bremspedal nicht.

Es gibt eine Menge Kniffe, die einem dabei helfen können, auf den eigenen Körper zu achten und gemächlicher zu leben.

Man kann beispielsweise beruhigende Musik hören und fühlen, wie viel Energie aus dem Übergang von Spannung in Entspannung frei wird. Machen Sie eine Liste mit den Dingen, die Sie am dringendsten erledigen müssen. Machen Sie in Ihrem Terminkalender einen Termin mit sich selbst aus und halten Sie unbeirrt daran fest. Versprechen Sie niemals mehr, als Sie wirklich wollen. („Ich rufe an, sobald ich kann", sage ich auf dem Anrufbeantworter und ärgere mich dann über den selbst verschuldeten Zwang.) Stecken Sie ab und zu das Telefon aus und versehen Sie Ihre E-Mail-Adresse mit einem Abwesenheitshinweis. Denken Sie darüber nach, was so viel Stress erzeugt. Ist die Familie am schlimmsten oder sind es die Erfordernisse Ihrer Arbeit? Was beschwert Sie: berufliche Aufgaben, Reisen, wirtschaftliche Verhältnisse oder Beziehungen? Wenn Sie sich klar darüber geworden sind, was Ihren Stress erzeugt, fällt es Ihnen einfacher, etwas dagegen zu tun.

Stress zeigt sich gerne im Gesicht. Ein Gesicht hat fünfundvierzig verschiedene Muskeln. Nur ein geringer Teil davon erfüllt praktische Funktionen wie beißen, kauen oder blinzeln. Der Rest ist dazu da zu vermitteln, was wir bis in die feinste Nuance hinein fühlen – oder eben dieses zu verbergen. „Das Gesicht des Menschen ist (…) wie eine dieser orientalischen Gottheiten: eine ganze Menge von übereinander gelagerten Gesichtern. Es ist unmöglich, sie alle gleichzeitig zu sehen", schreibt der französische Schriftsteller Marcel Proust. Einige dieser Gesichter zeigen wir niemals, vielleicht nicht einmal uns selbst. Ihr Gesicht sagt, wie Sie sich fühlen. Wenn Sie das ausprobieren möchten, setzen Sie sich vor den Spiegel und schauen Sie sich eine Viertelstunde lang an. Das scheint vielleicht lange zu sein, aber Sie brauchen eine Weile, bevor sich Ihr kritischer Blick lichtet: Oh je, bin ich alt geworden! Hilfe, was habe ich da für Falten bekommen! Sieh mal einer an, wie meine Augenlider hängen! Nein, wie sehe ich aus! Kümmern Sie sich nicht um diese Gedanken, sondern lassen Sie Ihren Blick verweilen. Bleiben Sie nicht in Details stecken. Entspannen Sie sich und lassen Sie die echte Seele hervortreten. Werten Sie nicht, sondern stellen Sie lediglich fest, was Sie sehen. Das Gesicht enthüllt Ihren Charakter, und dies ist das wichtigste Gut gerade älterer Menschen. Uns selbst ins Gesicht zu schauen bedeutet, unser Leben zu betrachten und direkt in unsere Verletzlichkeit zu sehen. Es gibt unendlich viel zu erforschen. Es ist nicht einfach, sich selbst so lange zu betrachten, aber es kann der Anfang eines Prozesses sein, in dem das Äußere mit dem Inneren verschmilzt.

Im letzten Sommer habe ich etwas Neues darüber gelernt, was das Gesicht bedeutet. Ich machte mit meinem Mann eine Bootstour auf dem Meer. Der Sonnenuntergang war schön und wir blieben lange auf dem Wasser. Noch bevor der Hafen in Sicht kam, wurde es dunkel. Aus der Ferne sahen wir den wohl bekannten Strand und den Lichtschein vom Hafen. Bald würden wir zu Hause sein, vor dem Schlafen noch ein Bier trinken und ein Brot essen. Ich schloss meine Augen und freute mich. In diesem Augenblick gab es einen heftigen Schlag. Wir waren plötzlich auf einen Stein getrieben, und das Boot stand quer. Ich flog in hohem Bogen nach vorne und prallte gegen die Windschutzscheibe. Mein Gesicht fing den gesamten Stoß ab. Blut und Panik. Und schnell in die Ambulanz. Ich hatte Glück im Unglück: Ich war durch den Aufprall richtig weichgeklopft worden, aber meine Zähne hatten gehalten, und kein Knochen war verletzt. Eine Kerbe in der Stirn und verschiedene Schürfwunden waren schließlich alles, was ich davontrug. Wie ich aber aussah! Das Gesicht wurde blauschwarz und schwoll an, und das blieb so eine ganze Weile. Es war ungewohnt und unheimlich, mit entstellten Zügen herumzulaufen und alle Blicke auf mich zu ziehen. Innen war ich dieselbe geblieben, aber außen war ich eine andere. Viele schauten mich mit Mitgefühl und Entsetzen an. Mein Inneres blieb ganz und gar ungesehen.

Vor nicht allzu langer Zeit sprach ich mit einer attraktiven fünfundvierzigjährigen Frau, die abwertend einen dreißigjährigen Arbeitskollegen beschrieb. „Er ist so *dumm*", sagte die Frau, „er kümmert sich nicht um sich, vergeudet sein Leben. Er hält seine Gesundheit und seine Schönheit für selbstverständlich. Bildet sich ein, dass sich nie etwas ändern würde. Warte nur! Wenn er so alt ist wie ich, wird er das bereuen!" Während die Fünfundvierzigjährige klagte, dachte ich, dass ihre Beschreibung auch genau auf meinen Blick auf sie zutraf. Aus meiner sechzigjährigen Perspektive war *sie* die jüngere Frau, die nicht verstand, was sie besaß. Und im selben Augenblick fragte ich mich, ob meine achtzigjährige Freundin genauso *mich* sieht. Wie kommt es, dass so viele Menschen ihren Körper mit scheelen Blicken betrachten, wenn er beginnt zu zeigen, dass er gelebt hat?

Langsamkeit

Langsamer zu werden ist eine Freude, die ich erst spät im Leben entdeckt habe. Ich, die früher immer die Schnelligkeit pries und Dinge in Blitzgeschwindigkeit erledigte, habe allmählich begonnen zu erkennen, was mir dabei entgangen ist. Es war in der Zeit, da ich ernsthaft krank war, als ich das langsame Tempo zum ersten Mal genießen konnte, das mir jetzt zum Bedürfnis geworden ist. Mein Leiden wurde mit der Zeit zu einer Gnade. Heute wähle ich oft den langsamen Weg.

Im letzten Jahr erlebte ich in Nizza eine Sanftmut, die ich kaum jemals vergessen werde. Es geschah bei einem Museumsbesuch. Mein Mann und ich waren in dem Glauben dahin gegangen, eine Matisse-Ausstellung zu sehen. Stattdessen wurden wir vor dem Museumseingang von exotischen Düften und Schellengeläut empfangen. Durch eine Gruppe von Menschen hindurch konnten wir etwa zehn tibetische Mönche erkennen, die mit langsamen Schritten um einen regenbogenfarbenen Kreis herum gingen, der mehrere Meter im Durchmesser maß und mitten auf dem Boden lag. Er stellte sich als ein Mandala heraus – ein Wort aus dem Sanskrit, das Kreis oder Zentrum bedeutet. Ein Mandala-Muster (das meist symmetrisch und in grellen Farben gemalt ist) hat eine Symbolik, die nur die Eingeweihten verstehen. In der Mitte des Mandala befindet sich die Gottheit, von Kreisen umgeben, die verschiedene Bewusstseinsgrade ausdrücken. „Die Bedeutung des Mandala variiert; sie kann die harmonische Eingliederung des Einzelnen im Weltall symbolisieren, die von einer höheren Intelligenz oder Vielheit beseelte Welt vor dem Hintergrund einer sammelnden Einheit. Sein Kreis fasst die Konflikte unseres Daseins in sich und vereinigt ihre Gegensätze. Er umfasst Himmel und Erde, Dunkelheit und Licht, Abstraktes und Konkretes“, erklärt Anna Bornstein in ihrem Buch über Buddhismus und Psychologie.

Das Mandala, das vor uns lag, sah aus, als wäre es auf den Boden gezeichnet, bis wir erkannten, dass es aus Pulver bestand. Die Mönche hatten es in tage- und nächtelanger Fleißarbeit geschaffen, tief versunken und mit unfassbarer Behutsamkeit und Geduld. Nun war das Mandala vollendet, und die weitere Arbeit bestand darin, die Stellen zu reparieren, an denen sich das Pulver gelöst hatte. Wenige Tage später würde das Ganze zusammengekehrt und in den nächsten Wasserlauf geschüttet werden, damit es sich wieder mit der Natur vereint. Danach würden die Mönche an einen anderen Ort auf der Welt ziehen, um das Mandala dort neu zu erschaffen. Dort würde es zu gegebener Zeit auf gleiche Weise aufgelöst werden, um danach wieder aufgebaut zu werden, und so weiter. Und all dies, damit wir uns auf die Unbeständigkeit des Lebens und auf Gott besinnen, der alles zusammenhält und der Welt Sinn und Form verleiht. Eine Erinnerung daran, wie klein der Mensch ist, aber auch daran, dass wir alles, was wir hier im Leben tun, mit Würde, Vertrauen und Hoffnung vollbringen sollen. Gottes Segen liegt in jedem Sandkorn, und durch die Kraft des Wassers strömt er aus und wird weiter gestreut. Alles gehört zusammen, und auch das Kleine hat Bedeutung im Zusammenhang des Großen und Ganzen.

In der Abgeschiedenheit hat man Zeit, die Blicke verweilen zu lassen, einen Gang herunter zu schalten und aufmerksam zu werden für die Details des Lebens. „Früher ging man im Handumdrehen die Treppe hinunter und durch die Tür hinaus. Heute muss man aufpassen, um nicht schon auf der ersten Stufe zu stolpern. Man kann über seine verflossene Jugend klagen oder dies als Gelegenheit erkennen zu schauen, wie das Licht, das durch das Glas in der Dielentür fällt, Muster auf dem Boden zeichnet", schreibt James Hillman und meint gleichzeitig, dass ein wesentlicher Teil des Älterwerdens darin liegt, das „Abenteuer der Langsamkeit" zu erleben. Mutter Teresa sagte einmal, dass es nicht wichtig sei, wie viel man tut, sondern wie viel Liebe man in das, was man tut, hineinlege. Auch das Triviale hat einen hohen Wert. Das lateinische Wort für Geduld – *patientia* – ist mit einem Verb verwandt, das „leiden" bedeutet. Geduldig warten bedeutet, das Jetzt leiden können, ertragen, dass im Augenblick nichts Besonderes geschieht. Der Same braucht Zeit zu keimen, zu reifen und seiner Vollendung entgegen zu gehen. Geduldig sein heißt, den Mut haben zu ertragen, aufmerksam und doch nicht eifrig zu sein. Das Gebet des modernen Menschen – „Gott, gib mir Geduld, sofort!" – macht dieser Möglichkeit den Garaus. Wenn man allein ist, kann man es sich gönnen, alles ruhig anzugehen, langsamer zu werden und abzuwarten.

Das Beste an der freiwilligen Einsamkeit ist für mich, Zeit zum Lesen zu haben. „Allein im Schein einer Lampe zu sitzen, mit einem geöffneten Buch vor sich und vertrauliche Gespräche mit Menschen aus verschiedenen Generationen führen – dies ist eine Freude ohnegleichen", schreibt der japanische Dichter Joshida Kenko im Jahre 1340. Sich ein gutes Buch zu gönnen, ist eine Freude, die fast alles andere übertrifft. Ich nehme immer Bücher mit, wenn ich allein bin und Zeit habe, über ein Buch wirklich nachzudenken, statt wie leider viel zu oft einfach darin zu blättern. Man hängt an seinen Büchern. Wir sind neulich aus einem Haus in eine Wohnung mit einer viel kleineren Wohnfläche gezogen. Darin hatten nicht alle unsere Bücher Platz, und wir waren gezwungen, die Hälfte davon loszuwerden. Das war eine richtige Qual. Von welchen Büchern sollten wir uns verabschieden? Welche sollten wir weggeben und welche für den Speicher aufheben? Welche – und das war die schlimmste Vorstellung – sollten wir wegwerfen? In diesen Bücherstapeln, die auf dem Boden zerstreut lagen und auf ihr Schicksal warteten, spiegelten sich Jahrzehnte meines Lebens. Bücher sind in gewissem Sinne Spiegel. In *Stadien auf des Lebens Weg* schreibt Søren Kierkegaard:

„Nehmen Sie sich das mittelmäßigste Buch vor, aber lesen Sie es mit Leidenschaft, als wäre es das einzige, das Sie jemals lesen: Schließlich werden Sie alles daraus lesen, das heißt, Sie werden das lesen, was in Ihnen drin steckte, und mehr werden Sie sowieso nicht herauslesen, selbst wenn Sie die besten Bücher lesen."

Jedes Buch, das wir lesen, ist ein Blickwinkel unseres eigenen Daseins.

Lesen heißt, sich selbst und anderen zu begegnen. Man kann viel über Menschen lernen, indem man Romane liest und einen Einblick in Leben gewinnt, die Lichtjahre vom eigenen entfernt sind. In der Literatur kann man sowohl Vorbilder als auch Schrecken erregende Beispiele dafür finden, was es bedeutet, Mensch zu sein. Als Leser gerät man in direkte Beziehung zum Autor und zu den Figuren, die er geschaffen hat. Dabei entsteht ein innerer Dialog, und man lässt seine Gedanken weiter schweifen. Vielleicht entdecken wir einen Gedanken, mit dem wir uns allein wähnten. Oder wir werden von Gefühlen überwältigt, die lange verborgen waren. Können wir je behaupten, ein Buch wirklich gelesen zu haben? Wenn wir dasselbe Buch zu einem späteren Zeitpunkt lesen, entnehmen wir dem Text ganz andere Dinge. Das Lesen ist für die Seele, was die Bewegung für den Körper ist.

Können Sie ein Buch lesen? ist der Titel eines wunderbaren kleinen Textes über die Kunst des Lesens, den Artur Lundkvist bereits 1945 geschrieben hat. Ein Buch zu lesen erfordert mehr, als im buchstäblichen Sinne deuten zu können, was darin steht. Um den Weg zu den besten Büchern zu finden und sie sich zu Gemüte zu führen, braucht man eine besondere Begabung. Die meisten Menschen müssen ihre Lesefähigkeit trainieren, und das tut man am einfachsten, indem man liest. In ihrem Buch *Wo man niemals allein ist* vergleicht Merete Mazzarella Bücher mit Freunden und Gesprächspartnern. „Ein guter Leser älterer Literatur zu sein bedeutet, dass man wie in einem Gespräch Zeit findet für den, mit dem man redet, dass man nicht sofort abbricht wegen all dem, was man nicht gleich verstanden hat oder womit man nicht einverstanden ist, dass man nicht gleich mit seinen eigenen Assoziationen bei der Hand ist."

Ein guter Rat ist es, das Lesen ruhig anzugehen, vor allem wenn man wenig Übung darin hat. Es ist sicherlich herrlich, wenn man bereits von der ersten Seite an gefangen genommen wird. Bei vielen guten Büchern braucht man aber einige Zeit, um sich ihnen zu nähern. Es gilt, Geduld zu haben und nicht zu schnell aufzugeben. Ein gutes Buch ist für den richtigen Leser niemals langweilig. Lesen stellt einen wichtigen Bestandteil in der persönlichen Entwicklung dar. Nicht immer unmittelbar und direkt, sondern auf lange Sicht. Ich denke, man sollte sich nicht gegen „schwere" Literatur wehren. Was man als schwer zu lesen einstuft, kann sich im Nachhinein als zugänglicher erweisen. Wenn Sie zögern, den Klassikern eine Chance zu geben, erinnern Sie sich daran, dass sie eben dadurch zu Klassikern wurden, dass sie lange Zeit Menschen verschiedener Altersstufen und Lebensumstände angesprochen haben. Warum sollten Sie eine Ausnahme darstellen?

Gute Bücher können uns helfen, unseren Sinn zu schärfen, unsere Urteilskraft zu entwickeln und die Welt mit anderen Augen zu sehen. In *Die Bedingungen des Tröstens* schreibt Engemar Hedenius: „… wenn ich hier vom ‚Lesen'-Können rede, meine ich damit nicht nur die Fähigkeit, schriftliche Darstellung zu verstehen. Ich denke an mehr als das: sich das Gelesene zu Eigen zu machen und in einem tieferen Sinne von dem Gelesenen beeinflusst zu sein. Die Gedanken anderer – seien sie positiv, seien sie negativ – der eigenen Persönlichkeit einzuverleiben."

Es fällt mir leichter zu lesen, wenn ich allein bin und Ruhe habe. Dabei mache ich es mir gerne bequem. Ich hocke zum Beispiel auf einem Sessel mit einer Decke über den Beinen und einer Tasse Tee in Reichweite. Im Zug zu lesen, erinnert mich ein wenig daran. Nur im Bus oder im Flugzeug ist es nicht so. Da ist es zu eng und unbequem, finde ich, als dass das ein guter Ort zum Lesen wäre.

Was man vom Lesen hat, hängt weniger davon ab, *was* man liest, als davon, *wie* man liest. Ein gutes Buch ist für mich ein Buch, das mich direkt anspricht. Krimis, Romane, Klassiker oder Gedichtsammlungen, alles, was mich selbst und mein Leben angeht. Es gibt auch Fachbücher, die diese Qualität besitzen. Manchmal lese ich mich an einem Buch so fest, dass ich damit zögere, die letzten Seiten zu lesen. Ich trenne mich nur sehr schwer von den Menschen und den Orten, denen ich zwischen den Buchdeckeln begegnet bin und die für mich so lebendig geworden sind. Ich kann mich erinnern, wie es war, wenn ich als Kind das letzte Fünf-Freunde-Buch gelesen hatte und wusste, dass es lange dauern würde, bis ein neues herauskam ... Eine Journalistin erzählte neulich im Radio, dass wir bald die großen Romane herunterladen könnten, uns dann auf eine Bank setzen und uns auf dem Display unseres Mobiltelefons einen Dostojewski-Ausschnitt vornehmen könnten, während wir unsere Pausenbrote futterten. Ich teile ihre Begeisterung nicht. Ich sitze lieber in meiner Sofaecke, wende nachdenklich ein Blatt nach dem anderen und fühle das Gewicht des Buches in meiner Hand.

Ich lese heute mehr Lyrik als früher. Vielleicht gehört es zum Alter, dass es sich von der Kunst gefangen nehmen lässt, mit wenigen gehaltvollen Worten das menschliche Dasein zusammenzufassen. Ich verspüre auch ein wachsendes Interesse dafür, Essays zu lesen. „Essay" – das Wort bedeutet „Versuch". Ein Essay ist eine Mischung verschiedener Ingredienzien, die die Lust des Lesers anstacheln, mehr zu erfahren. Es kann ein Thema ansprechen, das man bereits kennt, allerdings auf eine Art, die neue Gedanken weckt. Persönliche Reflexionen, Fakten, Einfälle – alles kann in einer Form zusammenkommen, die weder Fachliteratur noch Belletristik ist.

Zurzeit gönne ich es mir, langsam zu lesen; dann und wann das Buch wegzulegen und meinen Gedanken freien Lauf zu lassen. Es kann passieren, dass ich einen Satz immer wieder lese, bis mich die Worte ganz und gar durchdrungen haben. Richtig angewendet, kann ein Buch eine unvergleichliche Quelle der Kraft und Erneuerung sein.

Mitte finden

Allein zu sein, kann am Anfang etwas öde wirken. Wir schaffen es nicht, bei uns selbst zu sein. Unser Körper ist zwar da, aber mit den Gedanken sind wir ganz woanders. Uns zu zentrieren bedeutet, uns selbst in den Brennpunkt zu stellen, unseren inneren Kern zu finden und ganz in der Gegenwart zu sein. Folgende Übung kann helfen, sich niederzulassen und leer zu werden: Richten Sie das Zimmer so her, dass Sie sich darin wohl fühlen. (Sie können beispielsweise eine Kerze anzünden, das Telefon ausstecken, wegräumen, was Sie Ihrer Meinung nach stören oder an Dinge erinnern könnte, die Sie tun müssen – beispielsweise offene Rechnungen oder ungebügelte Wäsche.) Setzen Sie sich bequem hin, mit geradem, jedoch nicht angespanntem Rücken. Richten Sie die Handflächen nach oben und senken Sie den Blick. Entspannen Sie sich und konzentrieren Sie sich auf Ihren Atem. Fühlen Sie das Gewicht Ihres Körpers auf der Unterlage, auf der Sie sitzen. Wenn Sie möchten, schließen Sie die Augen. Konzentrieren Sie sich nun auf alle Geräusche um Sie herum. Fühlen Sie, wie es im Zimmer riecht. Ist es warm oder kalt? Spüren Sie, wie sich Ihr Körper anfühlt – der Bauch, das Gesicht, der Nacken, die Hände und die Füße. Spüren Sie ihrem Atem nach. Lassen Sie Ihren Gedanken freien Lauf, lassen Sie sie davonfliegen, wohin sie wollen. Entspannen Sie sich einfach nur und konzentrieren Sie sich lediglich darauf, wie es in diesem Augenblick in Ihnen aussieht. Nehmen Sie sich viel Zeit, um Ihren eigenen Schwerpunkt zu finden und zu fühlen, dass Sie da sind. Sehen Sie sich jetzt um. Schauen Sie auf den Boden, der das Zimmer trägt. Lassen Sie Ihren Blick auf den verschiedenen Gegenständen ruhen, die sich im Zimmer befinden. Schauen Sie, wie sie ganz ruhig und natürlich ihren Platz im Dasein haben. Nehmen Sie sich die Zeit, zusammen mit diesen Dingen im Zimmer zu sein. Spüren Sie, wie Sie eine ruhige, geschützte Umgebung um sich herum schaffen. Nun sitzen Sie mitten in einem ruhigen, friedvollen Raum. Holen Sie tief Luft und geben Sie einen tiefen Seufzer von sich. Er mag klingen, wie er will. Nehmen Sie mehrere Atemzüge und spüren Sie, wie Sie immer fester auf Ihrer Unterlage zu sitzen beginnen. Entspannen Sie sich und atmen Sie wieder ganz natürlich. Verändern Sie sonst nichts. Erleben Sie einfach Ihre eigene Gegenwart mitten in all dem, was Sie umgibt. Stellen Sie sich nun vor, dass Sie zusammen mit Ihrem Atem auch all das, was in Ihnen ist, von sich stoßen: Gereiztheit, Frust, Enttäuschungen, Ereignisse am Arbeitsplatz. Lassen Sie mit Ihren Atemzügen alles aus Ihrem Körper hinausströmen und sich in Luft auflösen, was alt ist und Staub angesammelt hat. Schieben Sie alle Wünsche und Gedanken, die Sie bestürmen, beiseite. Lassen Sie ruhiges Leben in sich hineinfließen. Halten Sie alles, was Sie aus Ihrer Mitte wegzurücken versucht, von sich fern. Schließen Sie, wenn Sie möchten, wieder Ihre Augen oder lassen Sie sie auf einem festen Punkt auf dem Boden ruhen. Sie brauchen sich nicht zu beeilen, schauen Sie jedoch wieder hoch, wenn Sie fühlen, dass Sie so weit sind. Spüren Sie, wie sich Ihr Körper seit Beginn dieser Übung ein wenig geändert hat. Haben Sie vielleicht Ihre Stellung geändert? Fühlt sich Ihr Körper schwerer oder entspannter an? Fühlen Sie irgendwelche Anspannungen? Haben sich irgendwelche Gedanken oder Erinnerungen bemerkbar gemacht? Wie fühlen Sie sich? Lassen Sie Gefühle und Bilder so sein, wie sie wollen, und lassen Sie sie mit der Luft, die Sie ausatmen, aus sich herausströmen. Achten Sie darauf, wie neu und frisch jeder Ihrer Atemzüge ist. Das Einatmen gibt Ihnen Kraft. Atmen Sie nun ganz normal weiter. Hetzen Sie sich nicht, sondern beobachten Sie, was in Ihnen und außerhalb von Ihnen geschieht. Sie brauchen nicht mehr tun. Bleiben Sie noch eine Weile sitzen, während Sie sich gut umschauen. Achten Sie darauf, wie die wohl bekannten Gegenstände und Oberflächen leicht anders aussehen. Wirken sie heller, klarer, sehen Sie etwas, das Sie vorher nicht gesehen haben? Ist es der Raum, der sich verändert hat, oder hat sich die Veränderung in Ihnen selbst ereignet? Beobachten Sie einfach nur. Es gibt keine richtige Antwort, sondern lediglich die Wirklichkeit, wie Sie sie gerade erleben. Werden Sie sich dessen bewusst, dass es Sie gibt, hier und jetzt. So einfach ist das.

In vielen Religionen wird die Mitte als ein schwer zugänglicher Ort beschrieben. Auf dem Weg dorthin gibt es Irrgärten und andere Hindernisse. Die Mystiker beschreiben die Reise zur Mitte des Lebens als eine heilige Reise. Zu seiner Mitte zu kommen, ist eine gute Möglichkeit, sich auf die Zeit in der freiwilligen Einsamkeit vorzubereiten. Indem man sich Zeit im Jetzt nimmt, kann man sich in der eigenen Mitte ausruhen. Die innere Stille beginnt langsam auf die äußere zu antworten, und der Weg öffnet sich für das, was die kommende Zeit bereitstellt.

Musik

Musik hilft den Menschen, sich dem Leben zu öffnen. „Musik besitzt die Zauberkraft, ein wildes Tier zu zähmen, Felsen zu erweichen oder eine knorrige Eiche zu biegen", schreibt der englische Dramatiker William Congreve im Jahre 1697. Von Musik erfüllt, sieht der Tag ganz anders aus. Musik kann trösten, heilen, lindern, betäuben, beruhigen, aufmuntern, inspirieren, verwünschen, reizen. Sie kann Lust und Zorn, Sehnsucht und Hoffnung wecken; sie kann uns zu Tränen rühren und zum Lachen bringen. Sie kann Geschwätz zum Schweigen bringen, Schmerzen stillen, Mut machen, Eifer dämpfen und für kurze Momente auch das Gefühl einer heiligen Gegenwart vermitteln. Musik gibt es für alle Bedürfnisse und Gemütsverfassungen. Sie spricht uns auf verschiedene Weise an. Wie ein Mensch Musik erlebt, hängt davon ab, was er für Lebenserfahrungen hat, seien sie gut oder schlecht. Beim richtigen Umgang mit Musik kann sie uns helfen, bewusster zu werden und als Menschen ganz. Sie kann die Gefühle klarer werden lassen und verstärken, die bereits da sind, und bisweilen die wecken, die in uns schlummern. Wenn wir Musik sorgfältig aussuchen, kann sie uns helfen, zum Vorschein zu bringen, was in uns keimt und seinen Ausdruck sucht. Es gab Zeiten, da ich es ganz bewusst abgelehnt habe, Musik zu hören, weil es ganz einfach zu sehr schmerzte, auf eine so brennende Weise mir selbst nahe zu kommen.

Gute Musik kann man immer wieder hören. Man fühlt sie mit dem ganzen Körper. Und man hört immer etwas Neues. Mozarts *Requiem* hat eine solche Wirkung auf mich. In einer schweren Krankheitsphase hat es mich aus dem Abgrund emporgehoben und mir meinen Lebenswillen wiedergegeben. Heute noch steigen, sobald ich die ersten Töne höre, tiefe Gefühle in mir hoch. Es gibt Untersuchungen, die zeigen, dass die Musiktherapie die Herz- und Atemfrequenz sowie den Blutdruck senken kann. Es kann auch passieren, dass die Musik auf das Gehirn wirkt, indem sie Endorphine – manchmal auch das körpereigene Morphin genannt – freisetzen. Besonders Musik, die wir nicht zu hören gewohnt sind, besitzt offensichtlich die Fähigkeit, uns zu berühren, ja, sie kann sogar dazu beitragen, mit einem Problem fertig zu werden oder eine bestimmte Veränderung in unserem Leben zu erwirken. Eine neue Studie deutet an, dass Männer und Frauen auf unterschiedliche Weise von Musik beeinflusst werden. Professor Reinhard Leichner vom Institut für Psychologie an der Technischen Universität Darmstadt hat herausgefunden, dass lebhaftere Musik sowie schnellere Rhythmen bei Frauen die Fähigkeit erhöhen, schwere Probleme zu lösen, während Männer besser zu denken scheinen, wenn sie ruhigere Musik hören.

Wenn ich allein bin, höre ich oft und gerne Musik: Bach, Frank Sinatra, Jazz, Tango und Flamenco gehören zu meinen Favoriten. Ich glaube, dass man sich entspannen und ganz auf die Musik konzentrieren muss, damit sie in uns wirkt. Sich kopfüber in sie hineinwerfen und sich von ihr tragen lassen. Sich von ihr umfangen lassen und mit ihr eins werden. Der Dichter T. S. Eliot beschreibt in einem Gedicht eine Musik, die er in seinem Inneren so deutlich hört, dass er sie nicht nur wahrnimmt, sondern – solange sie erklingt – selbst Musik ist.

Es ist schön, die Musik laut aufzudrehen und sie den ganzen Körper durchdringen zu lassen. Oder einfach nur, ohne viel Aufhebens zu machen, die Seele vor sich hin summen zu lassen. Die mittelalterliche Klosterliteratur kennt den Ausdruck des *tacit cantare,* des Singens in der Stille. Was man mit Musik auch immer anstellt – sie ermöglicht es uns in ausgezeichneter Weise, mit unserer Seele in Einklang zu kommen.

Quo vadis?

Die lateinische Frage „Quo vadis?“ bedeutet „Wohin gehst du?“. Das Zitat hat seinen Ursprung in einer Legende. Danach heißt es, Petrus habe vor Neros Verfolgung aus Rom fliehen wollen. Auf seinem Weg begegnete er Jesus und rief aus: „Herr, wohin gehst du?“ Als Jesus antwortete, er sei unterwegs nach Rom, um sich noch einmal kreuzigen zu lassen, da Petrus ja die Gemeinde verlassen habe, kehrte Petrus zurück und starb den Märtyrertod.

Wohin gehe ich? Es ist gut, sich diese Frage zu stellen, wenn wir Zeit haben stillzuhalten. Wir müssen nicht die wohl bekannten Pfade gehen. Unser Spielraum kann größer sein, als wir meinen.

Wenn ich allein bin, nimmt Angedachtes Form an. Auf meinem Spaziergang am Meer, wenn ich das Beet umgrabe, einen alten Stuhl anstreiche, in meinen Papieren blättere, ein einfaches Mahl zubereite, Tagebuch schreibe, Musik höre und bei all dem, was ich sonst so tue, wenn ich für mich bin, öffnen sich neue Wege.

Dharma ist ein Wort aus dem Sanskrit, das „Ziel im Leben" bedeutet. Jeder Mensch hat ein einzigartiges Talent, etwas, das er oder sie besser tun kann als jeder andere. Darin liegt eine Entwicklungsarbeit nicht nur für sich selbst, sondern für die Gemeinschaft. Wenn man nach dem richtigen Weg sucht, ist die Frage „Wie kann ich dienen?" wichtiger als die Frage „Was kann ich verdienen?". Leider sind wir vor allem in der letzten Haltung geschult, und das führt uns weit weg von uns selbst. Carl Gustav Jung erzählt von einem Indianerhäuptling, der festgestellt hatte, dass die meisten Weißen angespannte Gesichter, einen starren Blick und eine steife Haltung hatten. „Immer suchen sie etwas, immer wollen sie etwas haben", sagte er. „Sie sind immer rastlos und unruhig. Was suchen sie denn? Wir wissen nicht, was sie haben wollen. Wir denken, sie sind verrückt!"

Ich glaube, dass viele Menschen ganz unbewusst auf der Suche nach ihrem Auftrag sind. Nach dem Gefühl, jene Fähigkeiten einsetzen zu können, die sie besonders gut entwickelt haben, nützlich zu sein und einen Sinn zu finden. Manche wissen schon früh, was sie im Leben tun wollen. Andere brauchen lange, bis sie ihren Weg gefunden haben. Manche sterben, ohne je eine Ahnung davon gehabt zu haben, was aus ihnen hätte werden sollen. Hin und wieder atmet man den Duft von etwas Fremdem ein, hat man den Vorgeschmack einer noch nicht vollendeten Möglichkeit – das kann man erleben, wenn man still und ruhig ist.

Bisweilen brauchen wir Hilfe, um zu wissen, wohin wir wollen. Vielleicht gibt es einen Mentor, der uns hilft, es herauszubekommen, oder sonst jemand, der Augen zu sehen und Mut zu reden hat. Einer der berühmtesten Helden der griechischen Mythologie ist Odysseus, der auf Abenteuerfahrt hinauszog, während seine Frau Penelope und ihr gemeinsamer Sohn Telemachos die Geschäfte daheim führten. Mentor war Odysseus' guter Freund. Mit ihm besprach er gerne wichtige Dinge. Und Mentor wurde der Lehrer und Vertraute Telemachos', ein Stellvertreter des Vaters. Diese antike Figur hat dem Mentor seinen Namen gegeben: er steht für den Erfahrenen und Ratgeber. Derjenige, der hilft, ohne an seinen eigenen Gewinn zu denken, der offen genug ist zuzuhören, ohne zu verurteilen, und genug Abstand hat, um klar zu sehen. Ein Mentor hat nicht die Aufgabe, auf alles eine Antwort zu haben; er soll lediglich seine Erfahrung zur Verfügung stellen. Ein guter Mentor ermuntert seinen Schüler, selbst nachzudenken und seinen eigenen Weg zu finden. Der Zögling spiegelt sich in seinem Mentor wider, sieht sein Abbild und gewinnt den Mut zu begreifen, wann er die Bremse und wann das Gaspedal bedienen soll.

In unserer Gesellschaft kommt der beruflichen Karriere ein sehr hoher Stellenwert zu. Es spielt eine große Rolle, womit man sich beschäftigt und inwieweit man damit Erfolg hat. Wenn wir von Karriere sprechen, meinen wir für gewöhnlich die berufliche Laufbahn: einen Dienstgrad höher zu steigen, befördert zu werden, zu zeigen, dass man seine Arbeit gut macht. Das Wort Karriere kommt vom Lateinischen *carrus*, was Karren bedeutet. Im Mittelalter spannte man vor seinen Karren Pferde oder Ochsen. Manchmal fuhren sie von selbst. Die vierrädrigen Lastwagen hießen *carrus,* und der Weg, auf dem sie fuhren, *via carraria*, erzählt die Verhaltenswissenschaftlerin Erica Falkenström. Wir beladen unseren Wagen mit verschiedenen Dingen und fahren verschiedene Wege, sind hin und her gerissen zwischen gegensätzlichen Wünschen und Erwartungen. Manchmal verlieren wir die Fähigkeit, die eigene Stärke zu ermessen und zu wissen, wo unsere Grenzen liegen. Wir verlaufen uns, und das Leben wird kompliziert. Das Leben ist unleugbar komplex, kompliziert wird es aber durch uns selbst. Der Wollknäuel ist ein gutes Bild für das, was *kompliziert* bedeutet, für diesen in sich verknoteten und verhedderten Zustand. Weder Anfang noch Ende sind in Sicht. Wenn man an einem Ende zu sehr zieht, kommt man nicht mehr heraus. Geht man zu zaghaft vor, geschieht gar nichts mehr, geht nichts weiter, weil alles nur stillsteht. Manchmal ist es besser, das Ganze wegzuwerfen und sich einen neuen Knäuel zu besorgen. Ein Spinnennetz dagegen ist eine gute Metapher fürs *Komplexe*. Das Spinnengewebe ist ein schönes und raffiniertes Gebilde. Alle Fäden sind voneinander abhängig, so dass das Ganze hält und Wind und Wetter trotzen kann. Zerreißt ein Faden, kann man das Netz reparieren, ohne den Rest zu beschädigen. Ich denke, wir müssen unterscheiden lernen zwischen dem, was in unserem Leben komplex, und dem, was kompliziert ist. Sobald Sie das Gefühl haben, dass sich das Leben für Sie verwirrt, halten Sie still und fragen Sie sich: Wohin gehe ich? Wir können die Richtung ändern – wenn wir das möchten.

Rad fahren

Auch Rad fahren ist eine Möglichkeit, allein zu sein. Fahrräder gibt es überall dort, wo Menschen leben. Arme und Reiche, Junge und Alte, Große und Kleine, Dicke und Dünne – alle fahren Rad. Mit dem Fahrrad erreicht man Orte, an die man mit dem Auto nicht hinkommt, und man ist auf ganz andere

Art an der Reise beteiligt, als wenn man mit dem Zug, dem Wagen oder dem Flugzeug unterwegs ist. 1861, als das Fahrrad vom Franzosen Pierre Michaux erfunden wurde, galt Rad fahren als ein besonderer Luxus. Heute ist es für einige Millionen Menschen auf der ganzen Welt ein selbstverständliches Verkehrsmittel. Weltweit werden jedes Jahr 110 Millionen Fahrräder hergestellt. In Frankreich gibt es 20 Millionen, in den USA 100 Millionen und in China 450 Millionen Fahrräder. Hier in Schweden gibt es 6 Millionen Fahrräder, von denen mehr als die Hälfte mindestens ein Mal in der Woche benutzt werden. Und jedes Jahr werden mehr Fahrräder gekauft. Ganz offensichtlich ist an dem Fahrrad etwas Besonderes dran.

Sicherlich haben die meisten von uns versucht und gelernt, Rad zu fahren. Ich erinnere mich an den Tag, als mir klar wurde, wie das Ganze funktioniert. Ich war sieben Jahre alt und die stolze Besitzerin eines roten Zweirads. Ich wäre so gerne mit den anderen Kindern weggefahren, aber das ging nicht so einfach. Jedes Mal, wenn ich es versuchte, stürzte ich und bekam Angst, mein Fahrrad könnte kaputt gehen. Meine blauen Flecken interessierten mich weniger. „Du hast es zu eilig“, sagte Auntie. Meine Tante war eine liebenswürdige alte Dame, die sich manchmal um mich kümmerte, als ich klein war. Sie hatte mir das Fahrrad geschenkt. „Schau, so musst du das machen“, sagte sie und zeigte mir, wie ich den Lenker halten sollte. Sie hielt das Rad mit festem Griff am Gepäckträger, während ich versuchte geradeaus zu fahren. Und so ging es die Straße rauf und runter. Ich wackelte und zweifelte: „Das wird niemals klappen!“

„Gib nicht auf“, sagte Auntie und machte weiter. Jedes Mal, wenn ich mich umdrehte, sah ich, dass sie immer noch da war. Bis zu dem einen Mal, als ich sie plötzlich weit hinter mir sah. „Schau mal, ich kann fahren!“, rief ich und stürzte vom Rad.

Aber diesmal machte mir das nichts. Auntie kaufte für uns beide eine Eistüte, und bald saß ich wieder im Sattel. Diesmal ganz allein. Vielleicht fahre ich deshalb so gerne Rad, weil Fahrräder so sehr mit der Erinnerung an die Liebe meiner Tante verwoben sind. Wenn ich allein bin, fahre ich oft Rad. Das hat eine beruhigende Wirkung auf mich. Radfahren ist ein geschützter Raum. Ich denke nach und singe und schaue um mich. Ich bin nicht besonders interessiert an Fahrrädern mit vielen Gängen und tollem Zubehör. Ein altes Damen-Dreigangrad mit einem großen Korb, falls ich ein paar Brote, eine Thermosflasche, eine Decke und ein Buch mitnehmen möchte, ist mir lieber.

Schlafen

Schlafen: schlummern, ruhen, dösen, pofen, pennen, ratzen … das beliebte Kind hat viele Namen. Schlafen ist schön. Nachts oder auch mitten am Tag. Wenn ich allein bin, kann ich schlafen, wann immer ich möchte. Ich habe die Wahl und ich genieße es bis zur letzten Sekunde. Manchmal schlafe ich sehr viel, manchmal fast gar nicht. Man lernt einiges über sein Schlafbedürfnis, wenn die Verpflichtungen meilenweit entfernt sind und der Wecker überflüssig geworden ist. Zu Beginn der Zeit, die ich mir für mich nehme, stürze ich mich in den Schlaf, gebe mich schamlos dem aufgestauten Bedürfnis hin und schlafe gut und tief, manchmal einen ganzen Tag lang. Danach werde ich immer munterer, und mein Schlafbedürfnis nimmt sichtbar ab.

Wenn ich allein bin und die übliche Routine aussetzt, spielt die Nacht eine vollkommen andere Rolle. Dann ist es schön, den Tag auf den Kopf zu stellen. Wie oft bin ich nicht nachts aufgestanden, um zu schreiben oder einfach in die Sterne zu gucken. Oder ich habe Tee getrunken und bis zum Morgengrauen ein Buch gelesen. Es kann sein, dass ich in den stillen Nachtstunden eine Klarsicht habe, die mir tagsüber fehlt. Die Dinge schrumpfen auf ihre eigentliche Größe, und durch die Dunkelheit leuchtet ein Weg auf. Als ich gerade angefangen hatte, mir Zeit für mich zu nehmen, hatte ich Angst vor der Nacht und ließ immer ein Licht brennen. Die Geräusche werden lauter in der Dunkelheit. Ich bildete mir manchmal ein, dass ich nicht allein im Haus sei. Wer schlich herum: ein Mensch oder ein Gespenst? Das spielte keine Rolle. Ich hatte ja vor beiden Angst. Inzwischen habe ich mich mit der Nacht angefreundet und mache ohne jede Sorge das Licht aus. Ältere Menschen schlafen für gewöhnlich nicht mehr so lange, was allmählich auch für mich gilt. Das kann unangenehm sein, aber es birgt auch die Chance, einen sonst unsichtbaren Teil der Wirklichkeit zu schauen. Es ist etwas Besonderes, nachts wach zu sein. Die Dunkelheit nimmt Form an, die Erinnerungen werden wach, Ahnungen bekommen Gestalt. All das, was wir im wachen Zustand von uns wegschieben, kann in der Dunkelheit aus dem Schatten schlüpfen. Nachts geraten Dämonen und Schutzengel heftigst aneinander und erinnern uns an unsere Schwäche wie auch an unsere Vielfalt. Lassen Sie sich nicht einschüchtern! Nächtliches Grübeln kann sehr wertvoll sein.

Ich glaube, dass viele Menschen schlecht schlafen. In den Städten, in denen das Tempo hochgeschraubt ist und es niemals ruhig und dunkel wird, ist es schwer zu entspannen, wenn die Nacht anbricht. Wir schlafen, wann wir können, und hoffen, dass es ausreicht. Ich bin neulich über den Ausdruck „sleep camel“ – Schlafkamel – gestolpert: Er beschreibt einen Menschen, der sich einen Schlafvorrat anzulegen versucht, indem er in seiner Freizeit schläft.

Heutzutage weigern wir uns, uns von dem Wechsel der Natur Grenzen auferlegen zu lassen. Es gibt das ganze Jahr über alles. Keiner staunt mehr über Erdbeeren im Februar. Geschäfte, die den ganzen Tag geöffnet haben, fordern uns auf zu einem Zeitpunkt einzukaufen, zu dem es natürlich wäre auszuruhen. Für manche Menschen besteht die Nacht lediglich aus kurzen, unruhigen Stunden, die ihnen die Kraft rauben, die sie ihnen geben sollten. Während des letzten Jahrhunderts haben wir uns weiter von der Natur entfernt, mit der wir uns laut Schöpfungsplan vertragen sollten.

In einem kleinen Buch von Margareta Molin, das man in St. Davidsgården in jedem Zimmer finden kann, steht: „Wenn die Dämmerung fällt, ist die Zeit gekommen, herunterzuschalten und das Werkzeug ruhen zu lassen. Dann ist die Zeit gekommen, wieder zu sich selbst zu finden und all das zusammenzutragen, was man am Tage vertan hat. Die Zeit, sein Herz zu stillen und seinem Tag sowie dem Sinn und der Bestimmung seines Lebens mit Dankbarkeit einen Grund zu verleihen."

Jede Nacht setzt der täglichen Mühe eine Grenze, gibt uns die Chance zu entspannen, wenn Arbeit und Verantwortung für eine Weile ruhen. Wir lassen unser Leben los. Nachts machen wir eine Generalpause. Alle Instrumente schweigen auf einmal, und in der Stille hören wir die Engel flüstern.

Schreiben

Sobald ich eine Chance dazu habe, schreibe ich: überall und in jeder Situation. Glücklich oder betrübt, zerstreut oder ruhig, krank oder gesund, zu Hause oder unterwegs, im Café oder im Zug. Mein Notizbuch ist immer griffbereit. Schreiben gibt Kraft und befreit. Meistens schreibe ich, wenn ich allein bin. Jeden Tag kann ich etwas aufzeichnen – Einfälle, Gedanken, Träume, erinnerungswürdige Zitate. Und Briefe, versteht sich.

Es ist herrlich, noch am Frühstückstisch zu verweilen, sich von den Gedanken an Menschen erfüllen zu lassen, die man mag, um dann einige Zeilen zu schreiben, die aus dem Herzen kommen. Besonders gerne auf einer schönen Karte. Ich sammle solche Karten und warte auf die passende Gelegenheit, sie zu schreiben. Ich habe bemerkt, dass meine Briefe innerlicher und spontaner sind, wenn ich allein bin. Manchmal schreibe ich Briefe, die ich nie abschicke. Wenn man verärgert oder wütend ist, tut es gut, den Worten freien Lauf zu lassen. Danach hat sich der Ärger verflüchtigt. Worte an andere können sich als Worte erweisen, die man selbst nötig hat. Es kann passieren, dass ich einen Brief an mich selbst schreibe und ihn in ein geschlossenes Kuvert lege, damit ich ihn später öffnen kann. Wenn ein wenig Zeit verstrichen ist und die Dinge sich in einem neuen Licht zeigen, kann es lehrreich sein zu sehen, was ich für Gedanken hatte und wie es dann tatsächlich kam. Manchmal schreibe ich Briefe in Form von E-Mails. Diese schnelle Einfachheit spricht mich an, doch sie beunruhigt mich auch etwas. Eine E-Mail lässt so wenig Zeit zum Nachdenken. Ein federleichter Druck auf „senden" und schon erreichen die Worte ihr Ziel. Ich habe schon einige Male meine Impulsivität bereut: ein Versprechen, dass ich nur widerstrebend halten kann, ein übereiltes Urteil, eine Meinung, für die ich nicht ganz einstehen kann, eine Schilderung, in der die Nuancen fehlen, eine gedankenlose Antwort, die vielleicht jemandem schaden wird. Es ist leicht, sich dabei etwas einzubrocken. Für mich ist Schreiben zur besten Möglichkeit geworden, bei mir selbst „anzukommen", meine Gedanken zu ordnen und meine Gefühle in eine Form zu bringen. Es kann sogar ein Weg zu Klarheit und Ruhe sein. Das kann man nie im Voraus wissen. Schreiben ist ein Wagnis. Wenn ich mich an den Schreibtisch setze, weiß ich nur selten, was dabei herauskommt. Auch danach verstehe ich nicht immer, was ich geschrieben habe. Ich habe gelernt, dass es sich in dieser Situation lohnt, das Papier beiseite zu legen, jedoch nicht wegzuwerfen. Was Nonsens zu sein scheint, kann sich später als begreiflich, ja sogar klug erweisen. Die Worte führen ihr eigenes Leben, und meine Finger auf der Tastatur haben ihren eigenen Willen. Was ich schreibe, ist mir nah und fern zugleich. Im Augenblick des Schreibens bin ich sowohl Betrachterin als auch Betrachtete, Schauspielerin und Publikum. Ein Autor tritt auf eine innere Bühne. Er spielt eine Rolle, während er selbst seine eigene Rolle ist.

Schreiben kann auch heilend wirken. Das habe ich in seiner ganzen Tragweite vor zehn Jahren verstanden, als ich an Krebs erkrankt war. Obwohl man mir sagte, dass ich aller Wahrscheinlichkeit nach geheilt sei, hatte ich Probleme damit, in die Normalität zurückzukehren. Für einige Zeit war das Leben für mich sehr schwer. Die Welt hatte sich verdunkelt, und kein Licht war in Sicht. Darüber hinaus tauchten quälende Bilder und Erinnerungsstücke aus meiner Kindheit auf und forderten viel Raum. Es war scheußlich, aber ich konnte diesen Gedankenstrom nicht steuern. Meine Rettung fand ich im Schreiben. Mit der Zeit wurde daraus ein Buch über meine Jugend – *Ein gewaltiges Leben (Ett himla liv)*. Die Bedeutung des Schreibens im Heilungsprozess machte mich so neugierig, dass ich lesend alles verschlang, was ich an Literatur darüber finden konnte. Meine Lebenslust und mein Enthusiasmus kehrten allmählich zurück. Und dabei kam ein neues Buch zu diesem Thema heraus – *Du hast das Wort (Ordet är ditt)* –, das zu einem Wendepunkt in meinem Leben wurde. Ich fand neuen Mut und lernte, auf meine eigene Stimme zu vertrauen. Danach schrieb ich *Das Leben ist ein langer Fluss* (Herder 2003), das den Anlass zu dem Buch gab, das Sie gerade lesen. Was ich bisher geschrieben habe, ist tief in meinem eigenen Leben verankert. Die treibende Kraft meines Schreibens lag vor allem in dem Wunsch, mich selbst zu verstehen. Darüber hinaus macht es mich genauso glücklich, wenn ich entdecke, dass andere sich selbst kennen. Trotz der äußeren Formen, die das Leben annehmen kann, sind wir einander mehr ähnlich als unähnlich. Wir ringen mit den gleichen existentiellen Fragen, und keiner von uns kann Anspruch darauf erheben, die richtige Antwort zu haben. Wir tasten uns voran, und jeder von uns verliert dann und wann den Boden unter den Füßen. „Ich merke wieder, wie meine Sympathien an die Schwankenden und Unsicheren gehen, an diejenigen, die heimlich eine Karte hervorholen, während sie herumgeführt werden, während sie fehlgeleitet werden und dies ahnen, jedoch keinen anderen Weg finden"; schreibt Eyvind Johnson in *Notizen aus der Schweiz*. Heute reicht es mir, den nächsten Schritt zu sehen, und ich vertraue darauf, dass der Weg deutlich wird, wenn es so weit ist.

Nicht nur, was wir schreiben, ist interessant, sondern auch, *wie* wir es tun. Wie wir den Stift über das Papier führen, sagt etwas darüber aus, was für ein Mensch wir sind. Es gibt keine zwei Menschen, die dieselbe Handschrift haben. Eine Unterschrift ist beispielsweise persönlich und einzigartig und kann, da sie schwer zu fälschen ist, unter bestimmten Bedingungen als Beweis für Echtheit verwendet werden. Zwar können Handstile in unterschiedlichen Gemütszuständen verschieden ausfallen, die Grundform bleibt jedoch die Gleiche. Wenn Sie ein wenig spielen möchten, tun Sie Folgendes: Schreiben Sie Ihren Namen auf so viele verschiedene Arten wie nur möglich. So als wären Sie böse, froh, enttäuscht, angespannt, entspannt, müde, traurig, munter; als wären Sie alt, ein Kind, ein Teenager; als wären Sie rasend, euphorisch und so weiter. Schreiben Sie Ihren Namen, als würden Sie ihn zum allerersten Mal schreiben. Und dann, als wäre es das letzte Mal. Tun Sie so, als würden Sie ein wichtiges Dokument unterschreiben: eine hohe Bankanleihe, Ihre Heiratsurkunde oder Ihr Testament. Achten

Sie darauf, worin Ihre Unterschriften gleich sind, worin verschieden. Sehen Sie, wie Ihre Gefühle Ihre Art zu schreiben beeinflussen? Wenn Sie schreiben, achten Sie darauf, wie sich Ihr Körper anfühlt. Sind Sie verspannt? Halten Sie Ihren Kopf gerade? Wie greifen Sie den Stift? Passiert etwas mit Ihrer Art zu schreiben, wenn Sie Ihre Körperhaltung ändern? Eine Untersuchung der Handschriften kann ein wertvoller Leitfaden sein zu der Art und Weise, wie wir funktionieren. Ein Zweig der Psychologie – die Schriftpsychologie – beschäftigt sich damit. Kenntnisse aus der Schriftpsychologie werden in vielen Ländern, in der klinischen Psychologie etwa, aber auch im Arbeitsleben, entwickelt und genutzt. In Schweden fehlen uns systematische Erfahrungen in dieser akademischen Tradition – damit vernachlässigen wir eine potentiell lohnende Wissensquelle.

Viele Menschen führen Tagebuch. Vor allem in jungen Jahren erfüllt das Tagebuch die Funktion des treuen Freundes, der alles erfahren darf, ohne dass er uns verrät oder unser Vertrauen enttäuscht; das Tagebuch ist der schweigende Zeuge unserer hochfliegenden Träume wie auch der rauen Wirklichkeit. Für manche ist das Tagebuch der geschützte und streng persönliche Raum, den sie im Alltag vermissen. In der Welt des Tagebuchs hat der oder die Schreibende das Sagen. Seine oder ihre Worte sind von unwiderruflicher Gültigkeit. Niemand kann wissen, wie wahr oder falsch die Schilderung in einem Tagebuch ist. Manchmal kommt man seinem Tagebuch so nahe, dass man es wie einen Menschen behandelt. In ihrem Buch über berühmte Tagebuchaufzeichnungen *The assassin's cloak* zeigen Irene und Alan Taylor, dass Tagebücher von größtem Interesse für unsere Nachkommen sind. In dem Augenblick des Schreibens erkennt man die Tragweite dessen, was geschieht, in der Regel nicht. Am 2. August 1914 machte zum Beispiel Franz Kafka in seinem Tagebuch folgende Anmerkung: „Deutschland hat Russland den Krieg erklärt. – Nachmittag Schwimmschule."

Tagebücher werden auf verschiedene Weise benutzt. Ich selbst führe Tagebuch, jedoch nicht täglich. Zwischen meinen Bemerkungen können Wochen, manchmal Monate liegen. Einem Leser dürfte es leicht fallen festzustellen, dass mein Gefühlsleben eine Berg- und Talfahrt ist, denn ich schreibe dann, wenn etwas passiert, das mich besonders stark berührt, ob im positiven oder im negativen Sinne. Andere verhalten sich sicherlich anders. Es gibt diejenigen, die ihre alltäglichen Angelegenheiten minutiös beschreiben. Tagebücher sind wohl nicht immer spannend, dafür aber immer von Bedeutung. „In dieser Zeit hat es keinen Sinn zu beachten, was geschieht. Dieselben Beschäftigungen, dieselben Zerstreuungen, dieselben vorübergehenden – heiteren oder traurigen – Schwankungen der Seele, dasselbe Fehlen von vernünftigen Gründen für das eine oder andere. Ich bin betrübt darüber, dass ich nach dem Stift greife und daran zweifle, dass es einen Wert hat, eine solch unendliche Menge von Nichtigkeiten festzuhalten", schreibt Walter Scott im Jahre 1829 mit bewundernswerter Selbsteinschätzung. Doch ich denke, dass es eigentlich kein uninteressantes Leben gibt. Die Geschichte eines jeden Menschen verdient es, erzählt zu werden. Alle Tage sind es wert, aufgezeichnet zu werden.

Schweigen

Wenn alles still ist, spricht die innere Stimme ganz deutlich. Immer wieder verspüre ich eine starke Sehnsucht danach, allein zu sein, damit ich sie in aller Ruhe hören kann. Erst wenn er abgenommen hat, merken wir, wie viel Lärm uns für gewöhnlich umgibt: Maschinenlärm, Verkehrslärm, Lärm aus Haushaltsgeräten, von Straßenarbeiten, aus Radio und Fernseher, Lärm von lauten Stimmen. Aber auch ein Brausen, das von innen her rührt, in Form von Gedanken, die in unserem Gehirn herumsausen und nur schwer abzustellen sind. Nicht jeder Lärm wirkt störend. Es gibt einen großen Unterschied zwischen Kultur- und Naturgeräuschen, obwohl ein Dezibelmesser den Straßenlärm zu Hauptverkehrszeiten wahrscheinlich mit einem Meer bei Sturm gleichsetzen würde. Ich wohne mitten in Stockholm auf Marieberget. Gestern lehnte ich meine dreifach verglasten Fenster nur an und notierte jedes Geräusch, das hereindröhnte. Menschenstimmen, Absätze auf dem Kopfsteinpflaster, Autos, die U-Bahn und den Pendelzug. Die Kirchenglocken, das Radio im Nachbarhaus, die Sirene eines Krankenwagens, einen Straßenmusikanten, das Bohren beim Ausbau einer Dachgeschosswohnung, das Gerassel von Bierfässern, die vor dem Pub an der Straßenecke gestapelt wurden. Ein Flugzeug Richtung Süden, ein Polizeihubschrauber, das Schreien eines Säuglings. Und mitten in all dem hörte ich das Geschrei der zwischen den Dächern gleitenden Seevögel.

Ich habe es langsam satt, wenn ich an all das Rasseln und Lärmen denke, das meinen Alltag begleitet und es mir schwer macht, auf das zu hören, was ich mir selbst sagen möchte. „Die Stille trägt eine Botschaft von den Gedanken in sich, so wie das ungehauene Marmor von großen Skulpturen“, schreibt der englische Schriftsteller und Philosoph Aldous Huxley. Die Stille ist heilig. Ich habe diese ganze Wortflut – sogar meine eigene – satt. Dann und wann lerne ich jedoch eine ganz andere Art, still zu sein. Mein Mann hat eine immer wiederkehrende Virusinfektion, die seine Stimmbänder angreift und in gleichmäßigen Abständen behandelt werden muss. Nach einem solchen Eingriff darf er mindestens eine Woche lang nicht sprechen. Es wirkt beruhigend, zusammen in dieses Schweigen zu gleiten. Bald werde sogar ich sparsam mit meinen Worten. Denke nach, bevor ich etwas sage, weiche aus, bevor ich etwas

Dummes von mir gebe. Es kommt einem lächerlich vor, böse zu sein, wenn der andere dazu gezwungen ist, stumm zu sein. Ein saures Gesicht lässt einen bald lachen, und ich werde aufmerksamer und empfindlicher für Gesichtsausdruck und Körpersprache. Auf den Zetteln, die mein Mann manchmal schreibt, ist er einfach und direkt; für mehr ist kein Platz. Mit der Folge, dass ich selbst beginne, unnötige Erklärungen und Ausschweifungen wegzulassen. Das macht es einfacher, einander gegenüber echt zu sein. Das aufgezwungene Schweigen wirkt dann wie eine Gnade. In ihrem Roman *Der Muschelstrand* unterscheidet Marie Hermanson zwischen der stillen und der schwatzenden Welt: „Kristina wusste, dass die stille Welt von der schwatzenden Welt getrennt werden musste. Deshalb zeigte sie niemandem ihre Geschöpfe. Die stille Welt zog sich so leicht zurück, wenn die schwatzende Welt näher kam. Man musste alles schützen, was zur stillen Welt gehörte."

Am Anfang war der Mensch still und blieb es auch für lange, lange Zeit. Vor ungefähr fünf Millionen Jahren trennte sich der Zweig der Primaten, die sich zu dem modernen Menschen, dem homo sapiens, entwickeln sollte, von dem Zweig, der zu Schimpansen werden sollte. Die gesprochene Sprache jedoch entwickelte sich wahrscheinlich vor 200 000 – 300 000 Jahren. Während einer äußerst langen Periode unserer Geschichte gab es gar keine Sprache. Wie diese entstand, ist eines der großen Rätsel der Evolutionsgeschichte, schreiben Hans Andersson und Eva Österberg in dem Buch *Schweigen*. Hier berichten sie auch von der Funktion des Schweigens in den verschiedenen Religionen rund um die Welt. Bevor die moderne Gesellschaft entstand, waren Augenblicke des gemeinsamen Schweigens ein Merkmal vieler Kulturen. Als die Dörfer zu Städten heranwuchsen, verschwand allmählich die Bedeutung der Gemeinschaft und damit verlor auch das gemeinsame Schweigen seine Funktion. Nun sollte jeder sein eigenes Schweigen finden, so gut er oder sie das konnte, beispielsweise in der Natur. Dass im Schweigen eine bestimmte Kraft liegt, merkt man heute beispielsweise in den wenigen Schweigeminuten, die manchmal eingehalten werden, wenn in der Welt etwas passiert ist, das Anteilnahme oder Betroffenheit auslöst. Geteiltes Schweigen stärkt die Gemeinschaft und macht das Leben etwas leichter.

Es mag schwerer sein, zum inneren Schweigen zu gelangen, aber man kann sich darin üben, für diese Art Schweigen Voraussetzungen zu schaffen, indem man sich jeden Tag für einen kurzen Moment zurückzieht. Sich auf eine Parkbank setzt, einen Spaziergang macht, die Toilettentür verschließt und ausatmet, sich für einen Augenblick in einem leeren Raum versteckt, im Café eine Tasse Kaffee oder Tee trinkt. Man findet immer Zeit für eine Pause, wenn man will. Denn hinter dem Lärm warten ein heimisches Gefühl und Ruhe. „Es gibt einen Raum des Schweigens in uns, und genau dort haben wir unser Heim", schreibt Wilfrid Stinissen. In diesem Schweigen gibt man sich selbst zu erkennen.

Spazieren gehen

Ich gehe gerne spazieren. Schnell und langsam, auf dem Land und in der Stadt, bei Regen und bei Sonne, mit einem Ziel und aufs Geratewohl. Manchmal schaue ich mich um, manchmal bin ich in Gedanken versunken. Manchmal möchte ich niemanden treffen, manchmal gehe ich mitten durchs Gewimmel. Am Meer gehe ich am liebsten spazieren. Vor unserem Haus in Schonland beginnt ein Weg, der sich über mehrere Kilometer zwischen Meer und Wiesen schlängelt. Ich bin ihn tausend Mal gegangen, bei jedem Wetter und in allen Gemütsverfassungen. Ich denke oft an diesen Weg. Als ich Anfang der neunziger Jahre krank war und mich nicht bewegen konnte, wurde dieser

Weg zum Maß meiner Fortschritte. „Gestern bin ich bis zum Bach gegangen! Heute gehe ich bis zu den Apfelbäumen! Morgen werde ich es bis zur Eiche versuchen! Bis der Sommer vorüber ist, werde ich den ganzen Weg schaffen!“ Und das tat ich dann auch. Nicht überall auf der Welt hat man diese Freiheit. In den USA herrscht beispielsweise ein Streit zwischen denjenigen, die Autostraßen haben wollen, und denjenigen, die für das Recht kämpfen, wandern zu können, wohin sie wollen – *the right to roam.*

Ich genieße jeden Spaziergang auf seine Weise. Manchmal sage ich ein Wort oder einen Satz vor mich her, manchmal singe ich im Takt meiner Schritte ein Lied. Auf Spaziergängen betrachte ich Schwierigkeiten oft aus einem neuen Blickwinkel. Nicht weil ich mich auf sie konzentriere. Sie dürfen sich lediglich irgendwo in meinem Hinterkopf herumtreiben. Auf diese Weise kamen die Titel für mindestens zwei meiner Bücher zu Stande: *Du hast das Wort* und *Die fesselnde Wirklichkeit (Den fängslande verkligheten).*

Zu einem Spaziergang gehören bequeme Schuhe. Wenn ich meine alten Treter anziehe, denke ich an all die Gelegenheiten, als ich meine armen Füße in unmögliche Schuhe gezwungen habe, um elegant auszusehen.

Man kann spazieren gehen und dabei immer wieder einmal zwischen einer schnellen und einer langsamen Gangart wechseln. Es wirkt erfrischend, alle paar Minuten einen neuen Takt anzuschlagen. Hin und wieder, wenn ich lange gewandert und fast in eine meditative Stimmung geraten bin, habe ich das eigenartige Gefühl, von meinen Beinen ohne jede Anstrengung getragen zu werden. Es ist wie Rad fahren, ohne treten zu müssen. Dieses Gefühl kommt erst auf, wenn ich mich müde gelaufen habe, meine Beine wehtun und ich mich nach Hause sehne. Und mit einem Mal ist der Schmerz weg und ich habe das Gefühl, noch unendlich weit gehen zu können.

Der englische Dichter William Wordsworth ist in seinem Leben an die 30 000 Meilen gegangen. In der Begegnung mit der Natur, sagt er, werde er demütig. Er hat ein Gedicht über die Freude am Wandern geschrieben, ich habe es als Kind auswendig gelernt. Dieses klassische Gedicht „Die Osterglocken" beginnt folgendermaßen:

Ich wandert' einsam wie die Wolke,
die treibt dahin in ihrer Höhe,
als plötzlich ich vor einem Volke
von goldnen Osterglocken stehe:
Am See, dort wo die Bäume sind,
flattern und tanzen sie im Wind.

Ich sage es laut auf, wenn ich im Freien bin und spazieren gehe; aber nur dann, wenn ich allein bin. Viele Schriftsteller haben über die Freude am Spazierengehen geschrieben. Für Henry Thoreau (der vier Stunden am Tag lief, meistens allein) bedeutet Spazierengehen die Freiheit der Seele. Kierkegaard meint, dass „wir ins Wohlbefinden hinein spazieren gehen können", und für Dickens ist der Spaziergang eine Möglichkeit, Ruhe zu finden. „Wenn ich nicht schnell und weit laufen könnte, würde ich untergehen", meint er. Ein langer Spaziergang ist die beste Medizin, wenn man etwas auf dem Herzen hat. Draußen im Freien zu sein und zu spüren, wie Körper und Seele eins werden, hat eine heilende Wirkung. Und wenn ich das hier zu Ende geschrieben habe, werde ich hinausgehen, frische Luft einatmen und in die Baumwipfel schauen, in dem guten Wissen, dass meine Füße wissen, wohin sie gehen.

Spielen

Ich denke, wir spielen zu selten. Ich meine damit: Wir lassen unserer Phantasie zu selten freien Lauf und legen zu selten unsere Masken ab; wir vergessen kaum je unsere Rollen, um uns einfach hinzugeben. Irgendwo unterwegs verlieren wir das, was für Kinder eine Selbstverständlichkeit ist. Spielen bedeutet, auf der Schwelle zwischen dem Wirklichen und dem Unwirklichen zu stehen, zwischen dem Rationalen und dem Irrationalen. Es bedeutet zuzulassen, dass man für einen Augenblick in der Illusion lebt. Im Spiel verschwimmen die Grenzen des Möglichen, und die normale Zeit verliert ihre Gültigkeit. Spielen ist ein natürlicher Schritt in unserer Entwicklung zum Ganz-Sein. Eines der Warnsignale dafür, dass es um ein Kind schlecht steht, ist der Verlust seiner Fähigkeit zu spielen. Der britische Psychoanalytiker Christopher Bollas stellt das „Spielerische" (*playfullness*) dem „Wettstreiterischen" (*gamefullness*) gegenüber, ein Begriff, den er geschaffen hat, um die Phantasie und Experimentierfreude des Spielens vom Wettstreit zu unterscheiden, der Regeln und Ergebnisse betont. Stellen Sie sich einen Vierjährigen vor, sagt Bollas, der allein da sitzt und mit ein paar kleinen Figuren spielt. Er ist konzentriert, ganz engagiert in dem, was er tut, inspiriert von innen heraus. Nun kommt der Vater herein und lenkt ihn ab, indem er ihn fragt, was er da tut, und redet davon, wie dieses Spiel *eigentlich* geht. Daraufhin verliert das Kind seine Spontaneität und beginnt nach Papas Vorstellungen zu spielen. In diesem Moment ist aus dem Spiel (*play*) ein Wettstreit (*game*) geworden, und dabei ging eine wesentliche Qualität verloren. Ich glaube, dass Menschen eine quasi eingebaute Fähigkeit zum Spielen haben, einen sogenannten „Spielimpuls", der verschwindet, sobald das Leben ernst wird.

Wäre es nicht gut, wenn wir auch in unserem Erwachsenendasein mehr Raum für das Spiel hätten? Die deutsche Mystikerin, Ärztin, Dichterin und Musikerin Hildegard von Bingen (1098–1179) schreibt viel über die *viriditas*. Das Wort bedeutet „üppiges Grün", steht aber im übertragenen Sinne für Lebenskraft, Vitalität und jugendliche Haltung. Dagegen stellt sie die *ariditas*, die ein Begriff für die ausgetrocknete und verhärtete Natur ist und im übertragenen Sinne das ausgetrocknete Herz meint. Sie ermahnt uns, in unserem Leben die *viriditas* zu stärken. Meiner Meinung nach schließt die Tatsache, dass man ein Mensch ist, der Verantwortung trägt, nicht aus, dass man gleichzeitig ein spielerisches Verhältnis zu dem hat, was man tut. *Kindlich* ist nicht das Gleiche wie *kindisch*. Wer der Lust zu spielen folgt, nimmt sich der Äußerungen des Kindes in sich an und gibt der spontanen Geste eine Chance. Dies funktioniert jedoch nicht, wenn man zu angespannt oder in zu großer Eile ist oder wenn man sich zu sehr darauf versteift, „dran" zu kommen. Im Spiel kommt es mehr darauf an, den Weg zu untersuchen, als ans Ziel zu gelangen. Ich glaube, dass man sich im Spiel trainieren kann. Das Paradoxe ist, dass man Distanz zum Spiel hat, selbst wenn man sich voll darin engagiert. Spielen ist echte Wirklichkeit und So-tun-als-ob zugleich.

Wenn ich allein bin, spiele ich. Ich zanke mich mit der Katze, schneide vor dem Spiegel Grimassen, rede mit mir selbst, ich singe und spiele mit Geräuschen. In meinem Buch *Du hast das Wort* beschreibe ich einige Wortspiele, die mich amüsieren. Versuchen Sie einmal Folgendes! Schalten Sie Ihr Gehirn aus und schreiben Sie zehn Minuten lang alle möglichen Worte auf, die Ihnen einfallen („alle brauchen zitronenfarbene Kleider, weil die Vögel hautlos im klumpigen Lehm der Erde gähnen" und so weiter). Machen Sie das, so schnell Sie können, und ohne zu überlegen, was Sie schreiben. Der Witz an der Übung ist ja gerade das Spontane. Suchen Sie anschließend das Wort oder den Satz aus, das oder den Sie am wenigsten erwartet hätten, und schreiben Sie davon ausgehend für weitere fünf Minuten, was Ihnen sonst so einfällt. Ich verspreche Ihnen: Es macht richtig Spaß und ist gleichzeitig aufschlussreich.

Im Folgenden gebe ich nun ein Gedankenspiel wieder, auf das ich im Buch *Willenskraft* von Lisa Stephens gestoßen bin. Stellen Sie sich vor, dass Ihr Leben ein langer Landweg ist. Der Weg beginnt mit Ihrer Geburt und endet, wenn Sie sterben. Wenn Sie in der Mitte Ihres Lebens stehen, windet er sich hinter Ihnen und führt über ein Gelände, wo Sie schon einmal waren. Der Weg, der vor Ihnen liegt, ist diesiger und verschwommener als derjenige, den Sie bereits gegangen sind. Er führt über ein paar Gipfel mit schöner Aussicht und über Täler; dann verliert er sich in der Ferne. Der Weg der Zukunft wird erst dann tragfähig, wenn Sie Ihn begehen. Wenden Sie sich nach links oder nach rechts, wendet sich der Weg mit Ihnen mit.

Stellen Sie sich nun vor, Sie haben Flügel und können in der Luft schweben und immer höher aufsteigen, bis sich Landschaft und Weg unter Ihnen ausbreiten. Schauen Sie auf die grünen Hügel und Täler, auf die öden Wüsten, auf die Berge und auf die Flüsse, die Sie vorwärts getrieben haben. Betrachten Sie die Sümpfe, die Ihre Reise behindert haben, und die lauwarme Erde, die es Ihnen erleichtert hat voranzukommen.

Blicken Sie nun zurück in die Vergangenheit auf den gewundenen Weg. Der Weg, den Sie gegangen sind, ist lang. Können Sie den gesamten Weg einsehen? Erinnern Sie sich an Stellen, wo er sich in die dunkle Nacht verloren hatte? Als Sie nicht mehr wussten, wohin Sie als nächstes gehen sollten? Sehen Sie die Weggabelungen, wo Sie die richtige Wahl getroffen haben? Erkennen Sie die Ziele, die Sie erreicht haben oder an die Sie nicht herangekommen sind? Können Sie sehen, dass Ihre Ziele nur Haltepunkte auf dem Weg waren, auf dem Sie zu neuen

Zielen weitergegangen sind? Aus dieser Perspektive wirkt alles so einfach und offensichtlich, aber so war es nicht, als es geschah.

Schauen Sie nun nach vorne, wo der Weg undeutlicher wird. Sehen Sie, dass er darauf wartet, erschaffen zu werden? Wissen Sie, dass Sie immer weitergehen, auch dann, wenn Sie daran zweifeln, dass es überhaupt einen Weg gibt, dem Sie folgen können? Der Weg geht immer weiter, immer vorbei an neuen Haltepunkten. Können Sie erkennen, dass es eigentlich gar kein Endziel gibt, sondern nur die Fortsetzung der Reise?

Gleiten Sie wieder auf den Boden herab und schauen Sie sich im Jetzt um. Können Sie sehen, dass diese ganze lange Reise mit ihren ganzen Höhen und Tiefen Sie hierher, zu diesem Augenblick geführt hat? Und dass dieser Augenblick der Ausgangspunkt für den Rest Ihrer Reise ist? Das Vergangene ist vorbei und geklärt. Die Zukunft öffnet sich mit Ihrem nächsten Schritt. Können Sie erkennen, dass es an Ihnen liegt, ob Sie rasch über die glühend heiße Wüste laufen, ob Sie über einen Berg klettern oder aber einen ruhigeren Weg durch die üppige Natur wählen?

Eine andere Spielmöglichkeit ist, in der Phantasie auf einen Streifzug zu gehen. Der Prozess kann durch alles Mögliche in Gang gesetzt werden. Da ist zum Beispiel die Schreibfeder, die auf dem Tisch vor mir liegt. Ich nehme sie in die Hand, fühle sie, lasse meinen Gedanken freien Lauf. Ich denke an Wälder und an den Baum, der den Ursprung eben dieser Feder ausmachte. Ich denke ans Zeichnen und daran, wie jeder Federstrich dazu beiträgt, ein Bild hervorzubringen, das dann sein eigenes Leben lebt. Ich erinnere mich an die Zeichnungen von Matisse, die ich in diesem Jahr in Nizza gesehen habe und die mich in ihrer Nacktheit so berührt haben. Plötzlich bekomme ich selbst Lust, ein paar Striche zu zeichnen, und denke an die vielen verschiedenen Arten, auf die man eine Feder benutzen kann: Man kann harte und weiche Striche zeichnen, gewellte und gerade. Ich denke daran, wie unterschiedliche Handschriften unterschiedliche Personen widerspiegeln und wie sich meine eigene Handschrift mit den Jahren verändert hat. Und immer weiter so. Man kann dieses Spiel so lange treiben, wie man Lust dazu hat, die Gedanken fließen zu lassen und zu sehen, wohin sie führen. So kann man sogar am eigenen Küchentisch spannende Reisen unternehmen.

Manchmal kritzele ich gerne. Und da bin ich nicht die Einzige. Schauen Sie nur, wie es in den Notizbüchern oder auf den Schreibtischunterlagen Ihrer Arbeitskollegen aussieht. Es ist ganz üblich, dass man alles Mögliche zusammenkritzelt, wenn man über etwas anderes nachdenkt. Man zieht seine Schnörkel, indem man den Stift ganz frei auf dem Papier bewegt, ohne sich vorher überlegt zu haben, wohin er sich bewegen soll. Der Maler Joan Miró sagte einmal, er beginne ein Bild damit, dass er „eine Linie spazieren fahre". Genauso ist es mit dem Kritzeln. D. W. Winnicott ersann ein spannendes Spiel – Kritzeln –, das ihm helfen sollte, Kontakt zu einem Kind aufzunehmen, das Schwierigkeiten hatte, seine Gefühle in Worte zu fassen. Wenn Winnicott und das Kind gemeinsam kritzelten, erfuhr er, was das Kind beschäftigte, und konnte ihm helfen, seine Gefühle auszudrücken, um dann von ihnen reden zu können. Kritzeln ist eine Art von freier Assoziation ohne Worte, ein Pingpong der Gedanken, das lustig ist und uns gleichzeitig zeigt, wie es um uns steht. Versuchen Sie es selbst. Es ist spannend zu sehen, was auf dem Papier entsteht. Können Sie in dem, was Sie zeichnen, irgendetwas erkennen? Woran denken Sie dabei? Was geschieht, wenn Sie noch ein paar Striche dazu zeichnen? Unsere Phantasie kommt in Gang und führt uns auf eine Entdeckungsreise. Wenn wir spielen, nehmen wir uns dessen an, was in uns unschuldig ist, und beschwören herauf, was frisch und lebendig ist.

Tanzen

Ich tanze wahnsinnig gern. Es ist wunderbar befreiend, sich seinem eigenen Körper zu überlassen und ihn schwingen zu lassen, wie er will. Es ist auch schön, völlig frei zu sein von den Hemmungen, die mich hindern, wenn ich weiß, dass man mir zuschaut. Wenn man sich verschlossen fühlt und nicht weiß, was man tun soll, wenn man allein ist, kann es gut tun, sich selbst zum Tanzen aufzufordern, damit man in die Gänge kommt. Ich lege eine Schallplatte auf, räume die Stühle aus dem Weg und lasse den Tanz beginnen. Es ist herrlich, sich von sich selbst gefangen nehmen zu lassen. Manchmal vergesse ich plötzlich alles um mich und gehe ganz im Tanzen auf. Manchmal ist alles schwerfällig. Mein Körper will sich nicht vom Fleck bewegen. Da kann man einfach nur da stehen und auf sich selbst warten. Es geschieht immer etwas. Ein Finger bewegt sich leicht, ein Fuß beginnt den Takt zu schlagen. Ein Gefühl von Leichtigkeit breitet sich über Nacken und Rücken aus, und der Tanz greift langsam um sich. Lassen Sie es geschehen! Der Körper weiß, was er will. Ein vollkommenes Aufgehen in der Musik ist im Leben einer der natürlichen Gründe zur Freude.

Oh Körper, von Musik bewegt,
oh Blick, der leuchtet,
doch können wir den Tanz vom Tänzer
unterscheiden?

So beschreibt der irische Dichter Yeats den Tanz. Es geht beim Tanzen nicht darum, sich auf eine bestimmte Art zu bewegen oder zu beweisen, was man kann. Wird man von der Musik ergriffen, so erledigt der Körper den Rest. Die Bewegungen müssen nicht auf irgendeine konventionelle Art schön sein. Alles ist erlaubt. Ich möchte mich, wie Kierkegaard schreibt, „darin üben, jederzeit im Dienste des Gedankens, so weit wie möglich zu Gottes Ehre und zu meiner eigenen Freude tanzen zu können“.

Neulich lernte ich, abwechselnd zu tanzen und zu zittern. Das geht so: Zunächst einmal steht man da und lässt den ganzen Körper zehn Minuten zittern. Das fühlt sich am Anfang sehr eigenartig an – ich hatte keine Ahnung, wie viel Zittern in meinem Körper drin war und wie viele verschiedene Arten es gibt, dieses zum Ausdruck zu bringen. Nach zehn Minuten zittern tanzt man zehn Minuten, ganz wie man es möchte. Anschließend sitzt man zehn Minuten in entspannter Stellung. Glauben Sie mir: Der Versuch lohnt sich. Sie können sich nicht vorstellen, was das für eine spannende halbe Stunde werden kann.

Flamenco ist der Tanz, der mir am meisten zusagt. Zu seinen heftigen Rhythmen zu stampfen und zu klatschen gehört zum Besten, was ich kenne, und stellt eine einzigartige Möglichkeit dar, sich für das Leben in seinem Inneren zu öffnen.

Trauern

Es gibt Augenblicke, in denen sich die Trauer heranschleicht. Trauer darüber, dass die Zeit vergeht, und über das, was im eigenen Leben inzwischen alt und abgenutzt ist. Trauer über falsch gelebte Tage und das, was man nie getan hat, als Zeit dazu war. Trauer über Worte, die man gesagt oder nicht gesagt hat. Über Menschen, die man getroffen und verloren hat, über Sackgassen und Türen, die man nicht zu öffnen gewagt hat.

Trauer über das, was man verloren hat, und das, was man niemals hatte.

Es hat genauso seine Berechtigung Trauer und Schmerz zu empfinden wie Glück oder Freude. Es fällt nur nicht gleichermaßen leicht. Man muss sich darin üben, gerade zu stehen, was immer einem im Leben auch weh tut.

Unterdrückte Trauer sucht sich andere Wege, ungefähr so, wie wenn man versucht, einen Wasserstrom daran zu hindern, dorthin zu fließen, wo er will. Man schafft es, ihn für eine Weile zurückzuhalten, aber dann sucht er über unterirdische Gänge wieder den Weg nach draußen und wird an neuen Stellen sichtbar. Dabei lockert er den Erdboden auf und schwächt den Grund.

Trauer besitzt eine eigene Stärke. In Gunnar Ekelöfs Gedicht „Tief aus dem Blauen" kommt etwas davon zum Ausdruck:

Eines lernte ich fühlen:
nur den Ertrinkenden verlangt es zu atmen,
nur der Betäubte versucht aufzuwachen,
nur wer in tiefe Dunkelheit fiel,
fühlt das Verlangen nach Licht.
Nur für den, der erlebt hat
der Trauer erdrückende Macht,
leuchtet der leitende Stern.

In uns schlummern schmerzliche Gefühle, die uns oft dann angreifen, wenn wir allein sind: Trauer, Selbstmitleid, Schuld, Neid, Unsicherheit, Rastlosigkeit, Zorn, Eifersucht, Hass, Scham. Unsere Wunden öffnen sich und bluten aufs Neue. Wir können unseren Schmerz nicht ausradieren, aber wir können lernen, mit ihm zu leben. „Die große Herausforderung liegt darin, durch seine Wunden hindurch zu leben, statt sich durch sie hindurch zu denken. Es ist besser zu weinen, als sich Sorgen zu machen, besser, seine Wunden ganz tief zu spüren, als sie zu verstehen, besser, sie ins Schweigen eingehen zu lassen, als von ihnen zu reden", schreibt der geistliche Schriftsteller Henri J. M. Nouwen in seinem Buch *Höre auf die Stimme, die Liebe ist.* Und er fährt fort: „Du musst die Wunden ins Herz gehen lassen. Dann kannst du durch sie hindurch leben und entdecken, dass sie dich nicht erdrücken werden. Dein Herz ist größer als deine Wunden."

Leid reizt uns zu Extremen: uns vom Schmerz vollkommen aufsaugen zu lassen, ihn zu pflegen und zum einzig Wichtigen zu erheben. Oder aber uns zu zerstreuen, sobald wir das Leid auch nur erahnen, und es auf diese Weise auf Abstand zu halten. Der norwegische Psychologe Finn Skåderud unterscheidet zwischen positiver Großzügigkeit gegenüber sich selbst (Selbst-mit-leid) – *dem guten Leid* – und einer Selbstverzärtelung, die uns in die Opferrolle drängt – *dem schlechten Leid.* Den Schmerz zu erkennen, bedeutet nicht, dass wir uns in ihm suhlen. Leid muss nicht zu unserem Lebensstil werden. Die Trauer darf nicht mit ganzer Macht unser Leben überschatten. Ich glaube in der Tat, dass wir mit ein wenig Übung lernen können, unsere Niedergeschlagenheit, unsere Unruhe und das Gefühl, nicht dazu zu gehören, in den Griff zu bekommen, bevor sie sich zur Depression, zur Hoffnungslosigkeit und zur totalen Verlassenheit auswachsen. Auch der schwärzeste Augenblick hat irgendwann einmal ein Ende. Der Weg führt nach vorne. Es gibt einen Platz für uns auf der anderen Seite der Trauer.

Wir können, um unseren Schmerz loszuwerden, einige Tricks anwenden. Manche Menschen versuchen ihre Trauer zu vergessen und lächeln, wenn der Schmerz kommt – ein solches Lächeln wird aber bald zur Grimasse. Andere versuchen den Druck zu mindern, indem sie den Schmerz zwar zulassen, aber nicht in seiner ganzen Stärke. Dann knurrt er irgendwo im Hintergrund und lauert nur darauf, sich richtig zu zeigen. In der

Trauer sind wir immer allein: „Keiner kann verstehen, keiner hat je gefühlt, wie ich in diesem Augenblick fühle.“ Mit nur ein wenig Abstand von der Trauer weiß man, dass die meisten Menschen wissen, was Schmerz bedeutet. Hier eine alte buddhistische Erzählung über eine Frau, die ihr einziges Kind verloren hatte und vor Trauer darüber ihren Verstand zu verlieren drohte. Sie ging mit dem toten Kind auf dem Arm umher. Sie konnte nicht ertragen, dass es tot war, und weigerte sich, es begraben zu lassen. „Geh zum Buddha“, sagten ihre Nachbarn, „er ist weise und hat große Macht. Vielleicht kann er dein Kind wieder lebendig machen.“ Die Frau eilte mit ihrem toten Kind davon, und der Buddha erbarmte sich ihrer. Er versprach, das Kind wieder lebendig zu machen, zuerst jedoch verlangte er eine Hand voll Reis aus einem Haus, in dem noch niemand gestorben war und in dem keiner einen nahen Angehörigen verloren hatte. Die Frau ging fort, um den Reis zu holen, aber so viele sie auch fragte, fand sie niemanden, der den Wunsch des Buddha hätte erfüllen können. Auf ihrer Reise bekam sie viele Geschichten zu hören über menschliche Trauer und die Unbarmherzigkeit des Lebens. Nach einiger Zeit kehrte sie zum Buddha zurück und bedankte sich für die Lehre. Sie hatte begriffen, was er ihr hatte sagen wollen, und das tote Kind konnte nun begraben werden und in Frieden ruhen.

Wir alle ähneln einander, wenn es mit unseren Gefühlen drunter und drüber geht. In schweren Augenblicken dürfen wir nicht vergessen, dass nichts ewig dauert. Alle Gefühle, selbst die allerscheußlichsten, haben einmal ein Ende. Die dunklen Stunden bahnen immer den heiteren den Weg. Um zu reifen und ganz zu werden, müssen wir beides erfahren haben. Uns in die Trauer hinein zu begeben bedeutet gleichzeitig, den Weg aus ihr hinaus zu finden. Wer seine Trauer flieht, sagt nein zum Leben.

Während ich dies schreibe, liegt Schonland unter tiefem Schnee begraben. Dicke Flocken bleiben am Fenster hängen, und das Haus badet in einem wundersamen Licht. Der Rauch, der aus dem Schornstein des Nachbarhauses steigt, bildet einen starken Kontrast zum weißen Himmel. Zwischen den Apfelbäumen kann man das Meer erkennen. Heute sieht alles grau aus. Der einzige Farbtupfer ist ein Boot, das kopfüber seinen Winterschlaf am Strand macht. Im Dorf ist kein Laut zu hören. Außer den Spuren einer Springmaus auf der Treppe und den Seevögeln, die in langen Reihen am Hafen auf der Mauer hocken, gibt es kein einziges Zeichen von Leben. Die Nacht war voller Träume. Das ist oft so, wenn ich allein bin. Sigmund Freud, der Begründer der Psychoanalyse, schreibt in seinem Klassiker *Die Traumdeutung* davon, dass Träume ganz bedeutsam oder zumindest zusammenhängend sein können: Sie können phantastisch sein, klärend, spirituell, verwunderlich, absurd und so weiter. Manche lassen uns ganz kalt, andere bringen starke Affekte zum Ausdruck, andere wiederum lassen uns einen Schmerz verspüren, der uns Tränen in die Augen treibt, eine Angst, die uns wach rüttelt, eine Verwunderung, ein Entzücken und anderes mehr. Manche Träume vergessen wir, sobald wir aufwachen, andere bleiben länger haften, manche ein ganzes Leben lang. Um es kurz zu machen: Diese nächtliche Seelenarbeit verfügt über ein riesiges Repertoire. Sie kann alles, was die Seele tagsüber vermag, macht aber doch etwas ganz anderes.

Schlafen und Wachen sind Gegensätze. Wenn wir schlafen, fallen wir in uns selbst, und hier träumen wir. Träume respektieren keine Grenzen. Die erdverbundene Vernunft erlaubt eine primitivere Art zu denken, und das Rätselhafte kommt zu seinem Recht. Im Schlaf sind wir alle Dichter. Wir bearbeiten unser Leben in Träumen. Unser gesamtes Gefühlsregister wird dabei in Anspruch genommen. Wir sind lustig, ängstlich, aufgeräumt, traurig, grenzüberschreitend, vorsichtig, unverschämt, entgegenkommend, gehässig, liebevoll, machtlüstern, ergeben und all das, was sonst in uns ist, aber erst dann lebendig wird, wenn die innere Zensur verstummt. In der Nacht erblühen die kreativen Kräfte unseres Unterbewusstseins. Manchmal wissen wir kaum, was Traum und was Wirklichkeit ist. Von dem chinesischen Philosophen Tschuang-Tse, der etwa 350 v. Chr. lebte, wird berichtet, er habe geträumt, ein Schmetterling zu sein, der zwischen den Blumen hin- und herflog. Als er aufwachte, sagte er: „Nun weiß ich nicht, ob ich ein Mensch bin, der träumte, ein Schmetterling zu sein, oder ob ich ein Schmetterling bin, der träumt, ein Mensch zu sein."

Wenn ich allein bin, träume ich ganz maßlos. Manchmal sind es erschütternde, erinnerungswürdige Träume. Ich hatte einen solchen Traum in einer Zeit voller Angst, in der ich dabei war, das Buch *Das Leben ist ein langer Fluss* zu schreiben. Als ich aufwachte, schrieb ich Folgendes auf:

Ein zehnjähriges Mädchen lag mucksmäuschenstill auf seinem Bett auf dem Dachboden. Es lag im Sterben. Das Fenster stand sperrangelweit offen, und das Zimmer badete in einem starken Licht. Die Sonne stand hoch am Himmel, obwohl es bald Abend wurde. Alle Gegenstände im Zimmer schwammen in starken gelben und orangefarbenen Tönen, sogar die Flügel der vielen großen Schmetterlinge, die durch das offene Fenster ein und aus flogen. Eine leichte Brise ging durch das Zimmer. Es herrschte eine dichte Stimmung: warm und liebevoll, aber auch schwer von Trauer. Einer der Schmetterlinge war dabei zu sterben. Seine Bewegungen wurden immer schwächer. Nachdem er in der Luft geflattert war, segelte er hinab auf das Bett des Mädchens, strich ihm über die Haare und legte sich keuchend neben es. Das Mädchen weinte leise. Ich setzte mich auf den Bettrand, streichelte seine Haare und sagte, dass der Schmetterling am selben Tag sterben wolle wie es selbst, und dass dies gut sei. Das Mädchen ergriff meine Hand. Wir waren ganz still, und im Zimmer war es ruhig und schön. Dann ging ich über die Schwelle in das benachbarte Zimmer und spielte voller Inbrunst auf einem alten, verfallenen, doch immer noch wohl klingenden Klavier, das direkt hinter der Tür stand. Es war eine melancholische Melodie. Obwohl ich vergessen hatte, wie man Noten liest, klang die Musik klar und rein. Ich ging zurück zu dem Mädchen und legte meine Hand auf seine Stirn. Die Stimmung verdichtete sich immer mehr. Der sterbende Schmetterling wurde noch einmal munter, bevor er aufgab und starb. „Ich bin so müde", sagte das Mädchen und schloss langsam die Augen. Mein Herz war schwer wie Blei. Gleichzeitig fühlte ich mich offen, rein und ganz. Was hier passierte, hatte einen Sinn. Es war so vorherbestimmt.

Wir wissen mehr über uns selbst, als wir meinen. Die Schwierigkeit liegt darin, Zugang zu diesem unbewussten Wissen zu bekommen. Ein Traum ist eine Botschaft des Menschen an sich selbst. Manchmal ist diese so deutlich, dass man sofort weiß, was der Traum bedeutet. Meistens jedoch reden wir zu uns selbst in Symbolen, die mehr oder weniger eindeutig sind. Ich glaube nicht, dass es Symbole gibt, die für uns alle dieselbe Bedeutung haben oder eine allgemein gültige Interpretation. Beides hängt von der jeweiligen Person und dem jeweiligen Zusammenhang ab. Den eigenen Traum zu verstehen ist eine ganz individuelle Angelegenheit. Man kann zuhören, wenn jemand von einem Traum berichtet, Einfälle und Gedanken einbringen über das, was er wohl bedeuten mag, aber nur derjenige, der ihn geträumt hat, weiß, was davon stimmt.

Träume enthüllen für uns, was tief in unserem Inneren geschieht, ganz besonders das, was in unserem Leben ungelöst und problematisch ist. Träume können Probleme lösen und heilen, sie können uns helfen, Beziehungen zu verstehen und zu verbessern und für uns einen neuen Weg in die Zukunft vorausahnen.

Vier Milliarden Menschen auf der Welt.
Und alle schlafen, alle träumen.
Ein jeder Traum ist voller Leiber und Gesichter –
Die Menschen, die wir träumen, sind zahlreicher als wir.
Doch brauchen sie gar keinen Platz …

So leitet Tomas Tranströmer sein Gedicht „Traumseminar“ ein. In Schlaf- und Traumlaboratorien hat man mit Hilfe von EEG elektrische Veränderungen registrieren können, die sich während unserer Träume in Gehirn und Körper ereignen. Unter anderem wissen wir, dass alle Menschen etwa 20 bis 25 Prozent ihrer Schlafzeit, verteilt auf 4 bis 5 Phasen von 5 bis 40 Minuten, träumen. Diese Perioden wiederholen sich nachts in 90-minütigen Abständen und werden REM-Phasen (REM: *Rapid Eye Movement*, schnelle Augenbewegungen) genannt. Die REM-Phasen sind notwendig, damit wir im Wachzustand normal funktionieren können. Wenn wir daran gehindert werden zu träumen, indem wir zu Beginn jeder REM-Phase geweckt werden, können sogar vollkommen gesunde Menschen nach einiger Zeit Symptome von Nervosität aufweisen, obwohl sie insgesamt lange genug schlafen. Alle Menschen träumen also mehrere Male in der Nacht. Aber nicht alle wissen, dass sie träumen. Ich habe einige Menschen getroffen, die, nur weil sie sich an ihre Träume nicht erinnern, mit großer Sicherheit behaupten, niemals zu träumen. Es gibt Menschen, die meinen, ihre Träume widerspiegelten lediglich das, was sie am Tag erlebt haben. „Ach was, das ist nur ein Traum!“ pflegen sie zu sagen und schließen schnell die Tür zu ihrem Inneren. Andere verhalten sich ihren Träumen gegenüber, als wären sie Filme: etwas, das sie fasziniert, mit ihrem Leben jedoch kaum zu tun hat.

Inwieweit Träume als sinnvolle Bestandteile unseres Lebens verstanden werden können, ist heute noch eine aktuelle Frage. Sind Träume ein Ausdruck der im Grunde irrationalen und asozialen Natur des Menschen? Sind sie Träger einer unbewussten Weisheit? Darauf gibt es keine klaren Antworten. In der westlichen Welt haben wir uns heutzutage von der Sprache der Träume und damit von einer Quelle der Weisheit weit entfernt. Manchmal reicht es, dass wir unsere Träume erzählen oder sie niederschreiben, damit wir verstehen, was sie uns sagen wollen. Wenn Sie Ihre Träume erforschen möchten, können Sie damit beginnen, dass Sie sich ein Buch zulegen, das an Ihrem Bett liegt. Darin schreiben Sie Ihre Traumbilder nieder sowie die Gedanken, die sie in Ihnen wecken. Oftmals verschwinden diese, wenn man wieder einschläft. Was sind Ihre Gefühle, wenn Sie aufwachen? Woran denken Sie dann? Hatten Sie diesen Traum bereits schon einmal? Auf unsere Träume zu achten, kann uns dazu verhelfen, sicherer und vollständiger zu werden, mit unseren Gefühlen und Ressourcen in einen intensiveren Kontakt zu treten, uns selbst und anderen gegenüber offener zu werden. Unsere Träume sind Anhaltspunkte für unser inneres Leben.

Überraschen

Kennen Sie die Geschichte von den zwei Fröschen – der eine jung, der andere schon in den Jahren –, die eines Tages einen Morgenspaziergang machten und auf den Rand eines Butterfasses gelangten? Ohne lange zu überlegen, hüpften sie hinein. Das Fass war halb voll mit Milch, und die Frösche konnten nicht mehr heraus. Der alte Frosch trat wild um sich, bis er schließlich aufgab und ertrank. Der junge Frosch sah zwar auch keine Chance, sich aus der Affäre zu ziehen, strampelte aber dennoch weiter. Nachdem er eine ganze Ewigkeit gestrampelt hatte, spürte er plötzlich etwas unter seinen Füßen, das sich nach einem festen Boden anfühlte. Er machte einen Satz und war frei. Sein eigensinniges Strampeln hatte die Milch zu Butter verwandelt. Das hätte sich der alte Frosch niemals vorstellen können. Gibt es etwas, das wir von diesen Fröschen lernen können? – Auch wir wissen nicht, was uns die Zukunft bringt. Erst wenn wir uns den Berg hinauf gekämpft haben, eröffnet sich uns die Aussicht. Während wir klettern, zählt nur der nächste Schritt. Alle Kraft wird darauf verwendet. Erst danach wissen wir, ob es der Mühe wert war.

Solange wir uns damit zufrieden geben, die einfachen oder wohl bekannten Wege zu gehen, bleibt das Meiste wohl beim Alten. Vor nicht allzu langer Zeit hatte ich eines Morgens einen so starken Widerwillen, zur Arbeit zu gehen, dass ich dem Impuls nachgab, links – statt, wie ich es sonst tat, rechts – abzubiegen, und landete auf Djurgården. Dort stieg ich aus dem Wagen und machte einen langen Spaziergang am Wasser. Ich setzte mich hin, um etwas auszuruhen, und holte einen Brief hervor, der in meiner Tasche gesteckt hatte. Nachdem ich ihn zu Ende gelesen hatte, wurde mir bewusst, dass meine Brille im Auto lag. Und ich kann doch ohne Brille nicht lesen! Trotzdem hatte ich gerade eben diesen Brief gelesen. In dem Augenblick, in dem es mir bewusst wurde, konnte ich auch nicht mehr lesen. So merkwürdig diese Geschichte auch klingen mag: Sie ist wahr. Danach habe ich öfter versucht, wieder ohne Brille zu lesen, habe es aber nie mehr geschafft.

Zuweilen hält sich die Zeit ein wenig zurück,
Und etwas ganz Unerwartetes taucht auf.
Die Welt verändert sich Tag für Tag ein Stück,
aber zuweilen nimmt sie nie wieder denselben Lauf,

schreibt Alf Henrikson. Die Sioux-Indiander im Nordwesten Amerikas wählen aus ihrer Mitte so genannte *Hejhoks* aus, die die Aufgabe haben, die Dinge verkehrt herum zu tun. Indem das Wohl-Bekannte auf den Kopf gestellt wird, werden die eingefleischten Gewohnheiten herausgefordert, und das Relative und manchmal Komische des Mensch-Seins wird sichtbar. Die *Hejhoks* werden mit Würde und Respekt behandelt. Ihr Auftrag wird als heilig betrachtet.

Wir können uns so sehr daran gewöhnen, das Wohl-Bekannte zu wiederholen, dass wir keinerlei Alternativen mehr erkennen. Mit voranschreitendem Alter werden wir Opfer der Gewohnheit – und das heißt, eines Prozesses, in dem wir uns stufenweise immer weniger der Tatsache bewusst sind, dass ein Stimulans wiederholt wird. Das Ticken der Uhr, der bellende Hund, der vorbeidonnernde Zug, der Klavier spielende Nachbar, über den man sich anfänglich aufgeregt hatte, verklingen mit abnehmender Empfindlichkeit. Man stumpft ab und hört schließlich gar nichts mehr. Selbstverständlich ist es positiv, störende Signale ausschließen zu können. Wovor schirmen wir uns aber zusätzlich ab? Vor etwas, das unser Bewusstsein begrenzt und uns die Sinne raubt? Wenn wir uns dem Leben öffnen und der Verlockung widerstehen, alles zu erklären, ist alles möglich. Ich liebe die Geschichte von dem Zirkus, der so arm war, dass er sich keinen richtigen Affen leisten konnte. Ein kleiner Junge hatte darum die Aufgabe, sich als Affe zu verkleiden. Während der Vorstellung landete er im Löwenkäfig. Zu Tode erschreckt drückte sich der Junge in eine Ecke, aber der Löwe näherte sich mit einem Höllengebrüll. In eben dem Augenblick, als der Junge meinte, seine letzte Stunde habe geschlagen, hörte er den Löwen tief aus seinem Pelz heraus flüstern: „Hab keine Angst, auch ich bin ein Mensch!“

Als ich jung war, erwartete ich mindestens eine Überraschung pro Tag. Begeisterung und Erwartung gehören für gewöhnlich der Jugend an, bevor Enttäuschungen, Trauer, Zweifel, Misstrauen und das eine oder andere, das uns unser kindliches Gemüt raubt, Fuß gefasst haben. Gott sei Dank, gibt es auch eine Menge alte Menschen, die – manchmal dem Schicksal zum Trotz – ihre Glut bewahrt haben. Brita von Geijerstam war beispielsweise siebenundneunzig Jahre alt, als sie ihr Debüt als Dichterin erlebte. Der in die Jahre gekommene Albert Schweizer kommentierte den Triumph der Begeisterung und der Lebenslust über die Müdigkeit folgendermaßen: „Keiner wird alt, weil er eine bestimmte Anzahl von Jahren zurückgelegt hat. Man wird erst dann alt, wenn man sich von seinen Idealen verabschiedet hat. Mit den Jahren wird die Haut faltig. Wenn man sich nicht mehr begeistern kann, wird die Seele faltig … Ob man nun siebzig oder siebzehn ist – im Herzen eines jeden Menschen wohnt die Sehnsucht nach dem Wunderbaren, die erhebende Wirkung des Staunens, wenn die ewigen Sterne, die ewigen Gedanken und Dinge zu sehen sind. Das Wagnis, das sich nicht fürchtet, die unersättliche kindliche Wahrheit angesichts des Abenteuers eines kommenden Tages, die ausgelassene Freude und Lebenslust. Du bist so jung wie deine Zuversicht, so alt wie dein Zweifel, so jung wie deine Hoffnung, so alt wie dein Verzagen. So lange die Macht der Schönheit, der Freude, der Kühnheit, der Größe von Erde, Menschen und Ewigkeit dein Herz berühren kann, so lange bist du jung! Erst wenn deine Flügel hängen und das Innere deines Herzens vom Schnee des Pessimismus und dem Eis des Zynismus bedeckt sind, erst dann bist du richtig alt geworden.“

Als unsere jüngste Tochter Rebecka klein war, stellte sie etwas an. Ich weiß nicht mehr, was es war, aber ich erinnere mich, dass an jenem Abend alle verstimmt ins Bett gingen. Am Morgen danach lag ein Zettel auf dem Frühstückstisch: *SCHULDIGUN* stand darauf mit großen verwackelten Buchstaben. Mein Herz wurde von Zärtlichkeit erfüllt. Ich weiß ganz genau, welch ein innerer Kampf dem Wort „Entschuldigung" vorausgeht. Es bleibt einem für gewöhnlich im Hals stecken, wenn man sich entschuldigen sollte, obwohl man weiß, dass man sich hinterher besser fühlt. Um Vergebung zu bitten heißt, das Risiko einzugehen, dass man sie nicht bekommt, was dann sehr schmerzhaft ist. Als mir eine Freundin die Freundschaft kündigte, nachdem ich ihr wehgetan hatte, ist es mir selbst so ergangen. Ich werde nie vergessen, wie sehr es mich schmerzte, als sie meine Bitte abschlug, auf dem Absatz kehrt machte und ging. Meine hilflose Trauer war so groß, dass ich nahe daran war, so zu tun, als würde mich das überhaupt nichts angehen. Mein verloren gegangenes Selbstwertgefühl hätte vielleicht ein vorübergehendes Hoch erlebt, wenn ich mir gesagt hätte, dass *sie* es war, die sich schlecht benommen hatte, und dass es meines Wissens nichts gab, worum *ich* um Verzeihung bitten müsste. Es ist verführerisch leicht, sich zu verhärten, wenn man traurig und gekränkt ist – sich zu verhärten, um seine Abhängigkeit und damit seine Verletzbarkeit nicht spüren zu müssen.

Alle Menschen verletzen und werden verletzt. Bewusst oder unbewusst tun wir einander weh; und ganz besonders verletzen wir diejenigen, die uns nahe stehen. Die tiefsten Wunden entstehen zwischen den Menschen, die sich am meisten lieben. Kein Mensch kann die vollkommene Liebe geben, die wir uns einreden voneinander bekommen zu müssen. Vergebung bedeutet, das Gleichgewicht wieder herzustellen und gebrochene

Verbindungen wieder zu knüpfen. Warum aber ist das dann so schwer? Weil wir das als eine Niederlage, als einen Prestigeverlust erleben? Weil es uns dazu zwingt, unser Bedürfnis nach dem anderen offen zu zeigen, obwohl uns das Leben gelehrt hat, dass das zu dem Gefährlichsten überhaupt zählt? Weil das Eingeständnis, etwas Falsches getan zu haben, bedeutet, dass wir uns Mühe geben müssen, bei uns selbst etwas zu ändern? Es gibt zwei Arten von Vergebung: die *entschuldigende Vergebung* (wenn derjenige, der den Schaden angerichtet hat, für sein Handeln nicht zur Verantwortung gezogen werden kann, weil er vielleicht zu jung, zu krank, zu alt oder zu unreif ist, um die moralische Verantwortung zu übernehmen) und die *erkennende Vergebung* (wenn derjenige, der den Schaden verursacht hat, eine deutliche Verantwortung trägt).

In letzter Zeit ist Vergebung in gewisser Weise zu einem Modewort geworden. Man spricht von dem Bedürfnis einer kollektiven Vergebung, und es kann passieren, dass Machthaber ehemals verfolgte Volksgruppen um Verzeihung bitten. Vor einiger Zeit beispielsweise bat die Schwedische Kirche anlässlich einer hohen Zeremonie die Roma und das fahrende Volk um Vergebung. Es gab auch den Versuch, dass Verbrecher ihren Opfern oder deren Angehörigen begegnen – was für beide Parteien gut sein kann, wenn dies in einem guten Geiste geschieht und wenn Anzeichen von Wiedergutmachung das Ganze glaubwürdig machen.

Der Priester und Autor Lars Åke Lundberg verglich in einem Interview den Versöhnungsprozess mit der Schwerkraft. Wenn wir nicht selbst Rechenschaft ablegen, sondern uns nur rechtfertigen oder betäuben, fallen wir schließlich zu Boden: Die Schuld oder die Verletzung erdrückt uns und zieht uns hinunter. Dies wird in unserer Körperstellung und in dem gesenkten Blick sichtbar. Um Vergebung zu bitten und sie gewährt zu bekommen, stärkt unser Rückgrat und hilft uns, dass wir einander in die Augen schauen können. Eine Beziehung wird wieder hergestellt, und wir können weitergehen. Ein Hindernis wird aus dem Weg geräumt, und eine mehr oder weniger spürbare Veränderung findet statt. Bei der Vergebung geht es nicht darum, das Geschehene zu *vergessen*; es geht vielmehr darum, die Art und Weise zu ändern, wie wir uns daran erinnern. Es hat damit zu tun, *zuzugeben*, dass es geschehen ist, und damit einen Punkt zu setzen, der es uns möglich macht, wieder neu zu lieben.

Es gibt Ähnlichkeiten in dem Prozess der Vergebung und dem der Trauer, die für gewöhnlich einem Verlust folgt. Wer etwas Wichtiges verloren hat, muss lernen, mit einer Leere, die wahrscheinlich niemals ganz gefüllt werden kann, neu zu leben. Wenn man vergibt und selbst Vergebung erfährt, gibt man etwas auf, woran man sich gewöhnt hatte – eine Vorstellung von sich selbst und von jemand anderem –, und ersetzt sie durch eine neue. Die Gewöhnung kann viel Zeit in Anspruch nehmen. *Vergebung* klingt so: „Ich verzeihe dir, ich nehme die Schuld von dir, lass uns zusammen weitergehen." Der Kern der *Versöhnung* hingegen liegt darin: „Es gibt keine Entschuldigung für das, was geschehen ist; dennoch verstehe ich und versöhne mich mit dir." Ein solcher Prozess findet in mehreren Schritten statt. Zunächst kann ein Mensch akzeptieren, was geschehen ist, danach vergeben (was unter anderem bedeutet, dass er die Komplexität von Beziehungen erkennt und weiß, dass sich die Frage von Schwarz oder Weiß nur selten stellt), und schließlich versöhnt er sich mit dem anderen. Versöhnung ist die Erkenntnis, dass ich vielleicht mein Leben lang mit der Erinnerung an ein Versäumnis leben muss, dass es aber meine eigene Entscheidung ist, was ich daraus mache. Sich zu versöhnen heißt, die Tragweite dessen zu verstehen, was geschehen ist. Dies ist eine mühsame Arbeit, die bedeutet, dass man tief in seiner Seele erkennt, was passiert ist und welche Konsequenzen sich daraus ergeben haben. Versöhnung ist ein Willensakt, der Mut erfordert. Vor einiger Zeit habe ich ein Bild gesehen, das mich stark beeindruckt hat. Eine asiatische Frau mit riesigen Verbrennungsnarben, weichen Augen und einem Säugling im Arm war darauf zu sehen. Diese Frau war das napalmgeschädigte kleine Mädchen Phan Thi Kim Phuc gewesen, die im Vietnamkrieg brennend aus dem zerbombten Dorf Trang Bang gelaufen war – ihr Bild wurde zum Symbol der Hölle, die Krieg bedeutet. An einem Erinnerungstag für die Vietnamveteranen in den USA im Jahr 1996 traf Phan Thi Kim Puh den Hubschrauberpiloten John Plummer, der damals die Hauptverantwortung für diesen Angriff trug (heute ist er Pastor der Methodistenkirche). In einem Interview erzählte sie von ihrem Kampf, sich mit dem Feind zu versöhnen und ein Leben voller Liebe und ohne Hass aufzubauen. Der Weg der Versöhnung ist lang und bitter, wer ihn aber zu Ende geht, erfährt Frieden. Freiheit ist das, was man aus dem macht, was einem angetan wurde.

Barmherzigkeit und Versöhnung sind die Grundsteine des christlichen Lebens. Im Neuen Testament (Matthäus 18,15–17) beschreibt Jesus sogar, wie das funktioniert: Zunächst sollte ein Gespräch mit dem anderen unter vier Augen stattfinden. Wenn das nicht hilft, kann man ein oder zwei andere Menschen hinzuziehen, in der Hoffnung, dass sie den Weg zur Versöhnung bahnen können. Wenn auch dies keinen Erfolg bringt, sollte man mit Jesu Worten „vor der Gemeinde darüber sprechen", das heißt bei anderen um Hilfe bitten, damit man einen neuen Weg finden kann. Vor allem aber sollte man mit seinen Versöhnungsversuchen niemals aufhören. Ich merke, wie so manche Versäumnisse und Kränkungen dazu neigen, dann zum Vorschein zu kommen, wenn ich allein bin und Zeit habe nachzudenken. Es kann sein, dass ich zur Einsicht komme, wegen etwas um Verzeihung zu bitten. Oder dass ich mir die Zähne ausbeiße an etwas, das mir angetan wurde, ohne dass ich je darüber gesprochen hätte. Es ist schwer und befreiend zugleich zu entdecken, dass man daraus tatsächlich etwas machen kann, dass die Versöhnung zu einem großen Teil in den eigenen Händen liegt. Zu verzeihen und sich zu versöhnen bedeutet letztlich, sich für das Mögliche und gegen das Unmögliche zu entscheiden, für die Freude und gegen die Trübsal. Es bedeutet, frei zu sein sich auszusuchen, was für ein Mensch man sein will.

Wagen

Ich war einmal auf derselben Party eingeladen wie eine berühmte Person, die ich lange Jahre bewundert hatte. Ich wollte so gerne mit dem Mann reden, jedes Mal aber, wenn er sich in meiner Nähe befand, zog ich mich zurück. Wie ich heute meinen Kleinmut bereue! „Ich kann nicht", „ich darf nicht", „ich schaffe es nicht", „ich will nicht", sagen wir immer, wenn wir uns etwas nicht trauen. Vieles macht uns feige: Angst davor, Fehler zu machen oder jemandem zur Last zu fallen, Angst vor dem Unbekannten, Schüchternheit, die Sorge, was andere denken mögen, die Erinnerung an früheres Misslingen, Scham, sollte man sich als untauglich erwiesen haben. Neulich habe ich eine Fernsehsendung gesehen, in der es um Leben und Lust ging. „Wofür brennst du?" hieß das Thema. Viele Menschen leben so vor sich hin, fühlen, dass sie mehr aus ihrem Leben machen möchten, wissen jedoch nicht, was. „Worauf willst *du* deine Energie verwenden?" „Wo findest *du* in deinem Leben Lust?" „Was sind *deine* heimlichen Träume?" „Was würdest *du* tun, wenn du sicher wärst, nicht zu scheitern?" „Was würdest *du* bereuen, nicht getan zu haben, wenn du morgen sterben würdest?" „Was hindert *dich* daran, das zu tun, was du tun willst?" „Was hast *du* für Phantasien, über die du noch nie mit jemandem gesprochen hast?" Die Hartnäckigkeit des Moderators war anstrengend, brachte mich aber ins Grübeln. „Ich weiß es nicht", hätte ich gerne geantwortet, aber stimmte das wirklich? Überall in unserem Leben finden wir Anhaltspunkte zu dem, was wir tief in unserem Inneren wirklich wollen. Es gilt lediglich, sie zu sehen und die Konsequenzen daraus zu ziehen. Der Moderator ermunterte uns dazu, auf Schatzsuche zu gehen nach dem, was Lust und Energie schafft. Lesen Sie alte Briefe, blättern Sie in Tagebüchern, schauen Sie alte Fotos an und sonstige Dinge, die Sie haufenweise gesammelt haben. Darunter kann sich etwas verbergen, das eine Erinnerung weckt, die einen Gedanken weckt, der ein Gefühl weckt, das eine Idee weckt, die Interesse weckt. Folgen Sie Ihrer Lust und trauen Sie sich, etwas Neues auszuprobieren!

In ihrem Gedicht „Anweisung für Menschen mit Flugangst" schreibt Margareta Ekström:

Um fliegen zu können,
muss man die Schale spalten
und den empfindlichen Körper bloßlegen.

Um fliegen zu können,
muss man den Halm hoch hinauf,
selbst wenn er sich biegt
und einen der Schwindel packt.

Um fliegen zu können,
muss der Mut
ein wenig größer sein als die Angst
und ein günstiger Wind muss herrschen.

Damit wir uns trauen, reicht es, wenn unser Mut nur ein bisschen größer ist als unsere Angst. Das Leben ist voller Herausforderungen und Möglichkeiten, die an uns vorbeigehen. „An eine, die vorbeiging" ist der Titel eines Gedichts des französischen Dichters Baudelaire. Es handelt von einem Mann, der auf der Straße zufällig an einer unbekannten Frau vorbeigeht und von ihr angezogen wird. In einem Augenblick des inneren Kontaktes treffen sich ihre Blicke, doch im nächsten Moment verschwindet sie schon in der Menschenmenge. „Ich hätte dich geliebt, und das wusstest du!“, ruft der Mann aus. So kann es im Leben zugehen. Das Wort *Courage* hat denselben Ursprung wie das lateinische *cor* und das französische *cœur:* „Herz“. Eine couragierte Handlung kommt von Herzen und ist in der Mitte unseres Seins verankert. „Mut fassen“ bedeutet, unsere Mitte sprechen zu lassen. So wie der Herzschlag eine Voraussetzung dafür ist, dass unser Körper funktioniert, bildet der Mut eine Voraussetzung dafür, dass unser Leben einen Wert hat. Ohne Mut gehen alle Werte in die Brüche. Wir brauchen Mut, um uns mitten in unser Leben zu stellen, schreibt der amerikanische Psychologe Rollo May in dem Buch *Der Mut zur Kreativität.* Mut bedeutet Engagement. Er macht uns wahrer und wirklicher. Die einfachste Form des Mutes ist der physische Mut, eine Art von Mut, der wir gerne huldigen, beispielsweise in verschiedenen Filmen über Heldentod, große Taten und Macht. Rollo May plädiert dagegen für eine andere Form von körperlichem Mut, nämlich für den Mut, unsere Sensibilität zu üben und zu lernen, „mit unserem Körper zu denken“. Dann gibt es den moralischen Mut. Das ist ein Mut der Einfühlung, eher Mitgefühl als Kühnheit. Es ist ein Mut, der uns zum Handeln verpflichtet: Erst derjenige, der es wagt, das Böse in der Welt wirklich zu erleben, wird dazu beitragen wollen, etwas dagegen zu unternehmen. Der soziale Mut ist der Mut, sich mit seinen Mitmenschen zu verbinden. Das eigene Ich aufs Spiel zu setzen und mit ganzem Herzen in Beziehungen zu investieren. Zu ihm gehört, sich zu trauen, selbstständig zu handeln, ohne immer eine Antwort zu bekommen. Wir können niemals wissen, was eine Beziehung mit uns tun wird: Wird sie uns bereichern oder zerstören, wird sie uns wachsen oder verwelken lassen? Sozialen Mut zu haben bedeutet, uns den anderen zu zeigen – nicht nur unseren Körper, sondern auch unsere Seele, was eine viel schwerere Herausforderung darstellt. Unseren Körper zu entblößen, gibt uns keine Garantie dafür, jemandem richtig nahe zu kommen. Im Gegenteil kann es sogar eine Art sein, Nähe zu umgehen. Und es gibt eine Art von Mut – den schaffenden Mut –, der uns hilft, das Wohl-Bekannte aus einem anderen Blickwinkel heraus zu betrachten und etwas Neues auszuprobieren. Den Mut zu haben, in der kurzen Zeit, die wir auf Erden verbringen, sowohl Menschen als auch Dinge zu lieben, obwohl wir wissen, dass der Tod uns schließlich alles wegnimmt. Am Ende eines seiner Sonette schreibt William Shakespeare, übersetzt von Stefan George:

Sah ich den wechselgang der dinge dort
Und diese dinge selbst verdammt zum übeln
Dann lehrten mich die trümmer so zu grübeln:
Zeit kommt und nimmt mir meine liebe fort.

Solch denken ist wie tod das so in not
Weint dass es hat was ihm zu schwinden droht.

Der größte Mut ist wohl der Mut, nach dem Leben zu greifen, solange Zeit dafür ist.

Wagen bedeutet zu wählen. Unsere tiefste Verantwortung liegt darin, unsere Möglichkeiten zu pflegen und das zu entwickeln, was in uns am menschlichsten ist. „Wagen zu sehen, wagen sich zu opfern, wagen zu wählen – das bedeutet für sein eigenes Dasein Verantwortung zu übernehmen“, schreibt der Religionsphilosoph Paul Tillich in dem Buch *Der Mut zum Sein*. Viele leiden unter chronischer Entscheidungsangst. Das kann sich auf alles erstrecken: von der Frage, was man zu Mittag essen möchte, bis zu der Entscheidung, wen man heiraten soll. Der Ausgang unserer Auswahl ist bis zu einem gewissen Maße immer unsicher. Henry Montgomery, Professor für Psychologie an der Universität von Stockholm, hat das menschliche Verhalten bei wichtigen Entscheidungen untersucht. Der Wahlprozess geschieht für gewöhnlich in einer Folge typischer Schritte, meint er. Erstens: *Wir sortieren eine Menge Alternativen aus.* Dies geschieht ziemlich unsystematisch und zum großen Teil unbewusst. Nachdem wir mehr oder weniger vernünftig über verschiedene Möglichkeiten nachgedacht haben – zum Beispiel, wenn wir ein Haus kaufen wollen –, macht es plötzlich „klick!" und wir nehmen eine interessante Alternative in den Blick. Erst danach finden wir vernünftige Gründe, um uns selbst davon zu überzeugen, dass die Alternative, die wir ausgesucht haben, die beste ist. Jetzt sind wir dabei, einen Beschluss zu fassen. Während dieser Zeit *prüfen wir ständig andere Alternativen, schauen allerdings nun durch eine getönte Brille.* Es ist schwer, für andere Alternativen offen zu sein, auch wenn wir versuchen, uns einzureden, dass wir nichts anderes tun. Die Entscheidung ist im Wesentlichen bereits getroffen. Doch bevor der Wahlprozess vollkommen abgeschlossen ist, liegt noch eine kurze Wegstrecke vor uns. Für ein Forschungsprojekt in Göteborg hat Montgomery Personen interviewt, die bei einer Ehescheidung die Initiative ergriffen hatten. Es zeigte sich, dass beinahe alle den genauen Augenblick benennen konnten, als sie begonnen hatten, ihren Partner in einem weniger vorteilhaften Licht zu sehen. Auf diesem negativen Bild bauten sie weiter, selbst wenn die meisten von ihnen gegen Ende des Entscheidungsprozesses ein wankendes Für und Wider kannten. (Ein Teil von ihnen erkannte sogar, dass sie die schlechten Eigenschaften des Partners provoziert hatten, um für das Beenden der Beziehung ein noch überzeugenderes Argument zu haben.) Bevor die Entscheidung feststand, gab es schließlich *eine*

Zeit des Zweifels, falls sich zeigen sollte, dass die getroffene Wahl, falsch war. Das häufigste Muster in diesem Fall war, die eigenen Argumente zusammenzutragen und zu wiederholen, um eventuelle Löcher im Entscheidungsgebilde, das man so sorgfältig errichtet hatte, zu stopfen. So sieht Montgomerys Rat für eine wichtige Entscheidung aus: 1. *Schlafen Sie einmal darüber* und lassen Sie sich nicht zu sehr vom ersten Eindruck leiten. 2. *Seien Sie neugierig*, halten Sie die Augen offen und versuchen Sie, die Angelegenheit aus mehreren Blickwinkeln zu betrachten, bevor Sie Ihre Entscheidung treffen. 3. *Denken Sie prinzipiell* und fragen Sie sich selbst: Verhalte ich mich immer auf diese Weise und möchte ich, dass andere sich auch so verhalten? 4. *Denken Sie selbstständig* und versuchen Sie, dem sozialen Druck standzuhalten. 5. *Erkennen Sie*, dass es bei einem Entschluss nicht nur darum geht, was Sie tun, sondern auch darum, wer Sie sind, und versuchen Sie ein Gleichgewicht zu finden, indem Sie sich selbst und Ihrer Vergangenheit treu sind, aber auch etwas Neues wagen. 6. *Machen Sie sich klar:* Viel denken bedeutet nicht unbedingt richtig denken! Geben Sie Ihrem Gefühl eine Chance. Manchmal weiß es besser, was richtig ist, als eine Menge Überlegungen, die auf Verteidigung eingerichtet sind.

Zu erkennen, dass man die Wahl hat, bedeutet, für eine Freiheit einzustehen, die wir uns manchmal gar nicht wünschen. Das Wissen, die freie Wahl zu haben, kann eine Last darstellen. Um die eigenen Grenzen auszuprobieren, braucht man Mut. „Wenn du der Hitze entkommen willst, dann spring' ins Feuer“, lautet ein buddhistisches Sprichwort. Begegnen Sie dem, wovor Sie Angst haben, gehen Sie ihm entgegen, statt davor zu fliehen. Gehen Sie das Risiko ein. Trotzen Sie der Angst und der Verzweiflung und wagen Sie es lebendig zu sein: „Wer auf dem Wasser laufen will, muss das Boot verlassen“, sagen die Engländer.

Wenn ich alleine bin, sehe ich, was mir sonst entgehen würde. Die Geräusche werden intensiver. Ich genieße Duft und Geschmack. Und den Sonnenaufgang, zum Beispiel – er gehört zum Schönsten, was ich kenne. In dem Haus am Meer sehe ich, wie der Morgen dämmert und die Sonne am Horizont aufsteigt. Ich erinnere mich an einen Geburtstag vor etlichen Jahren. Mein Mann weckte mich in aller Frühe. Er hatte Rachmaninoffs „Vocalis“ aufgelegt, ein Cellostück, gespielt von Mats Rodin. Während wir am Fenster Tee tranken und dieser himmlischen Musik lauschten, ging die Sonne auf. Dies ist eine meiner schönsten Erinnerungen. Als man mich einige Jahre später einmal bat, im Radio eine Reihe Morgenandachten zu halten, wählte ich dieses Stück von Rachmaninoff als „meine“ Musik für diese Reihe. Und beim Hören war ich wieder am Meer und erlebte aufs Neue jenes Glück.

Es gibt einen beträchtlichen Unterschied zwischen *schauen* und *wahrnehmen*. Unter *wahrnehmen* verstehe ich: mit besonderer Aufmerksamkeit zu sehen, genau zu betrachten. Viel zu oft schaue ich, ohne richtig zu sehen. Was an mir vorbeigeht, dringt nicht in mich ein und hinterlässt keine Spuren. „Ja, das habe ich gesehen“, sage ich über einen Film, eine Ausstellung, ein Theaterstück oder eine Aussicht. Stimmt das aber wirklich?

Der britische Philosoph und Schriftsteller C. S. Lewis schreibt an einer Stelle, etwas *mit seinem Blick zu verfolgen* könne im Gegensatz dazu stehen, etwas zu *beobachten* – beides seien völlig unterschiedliche Haltungen. Da ist zum Beispiel das erste Verliebtsein eines jungen Mannes. Es kann auf verschiedene Art beschrieben werden. Man kann davon reden, dass sich seine Welt auf einmal verändert, wenn die Liebe beginnt. Von einem Augenblick zum anderen wird er ein vollkommen anderer Mensch, und die Zeit spielt für ihn keine Rolle mehr.

„Manchmal kann sich zwischen Dienstag und Mittwoch ein Abgrund auftun, aber sechsundzwanzig Jahre können in einem Augenblick stattfinden“, schreibt Tomas Tranströmer in *Der wilde Marktplatz*. Ein Wissenschaftler könnte die Veränderung des jungen Mannes aus seiner Sicht mithilfe von Begriffen wie Neigungen, Gene, Geschlechtsreife und Hormone beschreiben und würde damit ein ganz anderes Bild von dem zeichnen, was Liebe ist. Es ist etwas vollkommen anderes, wenn man etwas mit seinem Blick verfolgt, als wenn man es beobachtet, sagt Lewis. An wen soll man sich denn da wenden, wenn man ein wahres Bild von der Liebe haben möchte? Und sind es die Anthropologen oder aber die Religionswissenschaftler, die am besten wissen, was der Glaube am Menschen bewirkt? Sollen wir die Gynäkologen oder die frisch gebackenen Mütter befragen, wenn wir wissen wollen, wie es ist, Kinder zu gebären? Das Staunen angesichts des Unfassbaren und die wissenschaftlichen Überlegungen – mit den Augen verfolgen und beobachten: Beides sind notwendige Voraussetzungen, damit wir uns selbst verstehen. Und doch schätzen wir in unserer Kultur den Wert des subjektiven Erlebens ständig gering.

Für einen Moment still zu halten und das Bekannte wahrzunehmen, kann das Tor für ein ganz neues Bewusstsein öffnen. Es gibt so unendlich viele Grünnuancen. Was für ein schönes Schattenspiel entsteht an der Küchenwand, wenn die Gardinen vor dem offenen Fenster flattern. Betrachten Sie Ihre Hände, betrachten Sie die Fliege, die auf der Fensterbank kriecht, betrachten Sie den Apfel in der Obstschale. Der Kirchenvater Augustinus, der 354 – 430 nach Christus lebte, sagte einmal, Jesu Speisungswunder sei eigentlich nicht wunderbarer gewesen als das, was tagtäglich in jedem Samen passiert. Es sei lediglich ungewöhnlicher. Die Welt ist erfüllt mit wunderbaren Dingen, wenn man sich nur die Zeit nimmt, sie zu sehen.

Legen Sie, wenn Sie allein sind, eine Pause ein und schauen Sie sich um. Lassen Sie sich berühren, bereichern, entsetzen, beunruhigen und erfreuen von der Vielfalt, die es in der Welt und in Ihrem Herzen gibt. Es ist nicht gesagt, dass Sie alles mögen werden, was auftaucht. Vielleicht merken Sie, wie leicht es ist, all den Zwängen und Übertreibungen – „Ich werde *niemals* fertig“, „Er ist wirklich *ganz abscheulich*“, „Das ist einfach *unmöglich*“ und vieles mehr – zum Opfer zu fallen, mit denen Sie Ihre Zeit vergeuden. Manchmal reicht es, unsere Gedanken zu beobachten, wenn sie kommen. Dann können sie sich auflösen, und etwas Neues entsteht.

Worte

Im Frühjahr 2004 erfuhren wir, dass die Landkarte der menschlichen Erbmasse zu Ende gezeichnet ist. Die Gene sollten uns die Frage beantworten, was einen Menschen ausmacht. In derselben Woche, als diese Nachricht kam, war Jane Goodall – die Frau, die ihr Leben der Erforschung der Affen gewidmet hat – zu Besuch in Schweden und erinnerte daran, dass unsere Genkarte zu mehr als 98 Prozent mit derjenigen von Schimpansen identisch sei. Der große, entscheidende Unterschied liege darin, dass wir Menschen eine fortgeschrittene, abstrakte Sprache haben.

Worte sind von großer Bedeutung. Sie sind wie Samen, die aufgehen, um zu Blumen oder zu Unkraut heranzuwachsen. Mit Hilfe von Worten können wir uns einander nähern oder voneinander entfernen. Worte der Liebe können Berge versetzen. Worte des Hasses können Leben auslöschen. Gleichgültige Worte können sich wie Messerstiche anfühlen. Was wir sagen – oder was wir nicht sagen –, hat immer Konsequenzen, und manchmal reichen sie weiter, als wir im Augenblick ahnen.

Mit Worten können wir versöhnen, trösten, verletzen, heilen, segnen, verfluchen, verbergen, bloßlegen, zerschmettern, erfreuen. Meist gehen wir nicht sorgfältig mit Worten um, schlampig – zumindest tue ich das. Der Preis dafür ist hoch. Ich zum Beispiel habe durch meine leichtsinnigen und unüberlegten Worte eine wichtige Beziehung ernsthaft beschädigt. Die Fähigkeit, mit Worten umzugehen, ist eine Gnadengabe, die ganz leicht zu missbrauchen ist. Einem anderen gegenüber aufrichtig zu sein oder ihn so sehr zu verletzen, dass der Schaden nicht wieder gut zu machen ist – dazwischen verläuft eine haarscharfe Grenze. Wir brauchen uns nur daran zu erinnern, wie es in uns brennt, wenn uns jemand mit verurteilenden, anklagenden Worten begegnet, um zu wissen, dass wir sie nicht unnötig gebrauchen sollten.

Denn gleichwie der Regen und Schnee vom Himmel fällt
und nicht wieder dahin zurückkehrt,
sondern feuchtet die Erde
und macht sie fruchtbar und lässt wachsen,
dass sie gibt Samen, zu säen, und Brot, zu essen,
so soll das Wort, das aus meinem Munde geht,
auch sein:
Es wird nicht wieder leer zu mir zurückkommen,
sondern tun, was mir gefällt,
und ihm wird gelingen, wozu ich es sende.

So steht es in der Bibel (Jesaja 55,10–11).

Und irgendwo habe ich vom so genannten Spiegeltest gelesen. Er geht folgendermaßen: Wir schauen uns jeden Morgen im Badezimmerspiegel selbst in die Augen, um guten Gewissens zu dem stehen zu können, was wir am Tag zuvor gesagt – oder zu sagen unterlassen – haben. Sicherlich gibt es Gelegenheiten, da harte Worte nötig sind. Aber vielleicht ist das nicht so oft der Fall, wie wir glauben. Vielleicht können wir lernen, zwischen Impulsivität und Spontaneität zu unterscheiden. Die *impulsive Handlung* ist im Großen und Ganzen gedankenlos und verpflichtet zu nichts; sie ist das Produkt eines geladenen Augenblicks. Die *spontane Handlung* hingegen ist tief in uns verankert; sie drückt etwas Persönliches und Unverfälschtes aus. Sie ist eine Handlung, hinter der ich stehe und hinter der ich auch in Zukunft stehen werde. Ich selbst möchte die spontanen Worte in Schutz nehmen, mich jedoch vor den impulsiven wohl in Acht nehmen.

Wenn ich allein bin, bin ich meistens still. Manchmal mehrere Tage am Stück. Ohne mich schuldig zu fühlen, lasse ich am Telefon den Anrufbeantworter laufen. Mein Handy bleibt zu Hause. Ich nehme mir die Freiheit, nur dann zu sprechen, wann und wenn ich möchte. Die Stille lässt mich erkennen, wie oft ich verschwenderisch mit Worten umgehe: Wie viele Worte ich mache, wenn einige wenige reichen würden, und wie oft ich rede, wenn ich still sein sollte. „Ein Wort ist ein kleines Ding, ein Atom im großen Kreislauf, aber es kann geschehen, dass ein solches Atom seine ganze gebündelte Energie freisetzt und die Welt in die Luft jagt", schreibt Hans Ruin in *Der vieldeutige Mensch*. Zu viele Worte sind wertlose Worte.

X-formation

X-formation steht für *Exformation*, einen Begriff, der mich sofort fesselte, als ich ihn in Tor Nørretranders' Buch *Spüre die Welt* gelesen hatte.

Unsere Gesellschaft ist komplex und durchorganisiert. Ein Plauderjargon hat sich entwickelt, den relativ wenige verstehen und der droht, uns voneinander zu trennen. Wir werden mit Informationen gestopft, und die Informationsmasse steigt stetig. Eine einzige Ausgabe der Sonntagszeitung *New York Times* enthält mehr Information, als sich ein gebildeter Mensch im 18. Jahrhundert während seines ganzen Lebens hätte aneignen können. Trotzdem haben wir ein verworrenes und unzusammenhängendes Bild von der Wirklichkeit.

Ich habe die ganze Information satt, mit der ich überschüttet werde, ohne dass ich darum gebeten hätte oder wüsste, wozu sie gut ist. Oft sind es ganz unwichtige Dinge, die, ohne in irgendeiner Weise nützlich zu sein, unser Gehirn belasten und unsere kostbare Zeit stehlen. Wer behauptet, dass uns dieser Überschuss an Information klüger macht? Viele von uns befinden sich in der Gefahr, zu ahnungslosen Informationskonsumenten zu werden. Dabei bilden wir uns ein, dass die aus dem Zusammenhang gerissenen Fakten und die unzusammenhängenden Informationsfetzen Bildung seien. In dem Maße, wie wir bis zum Erbrechen mit Information vollgestopft werden, wächst unser Hunger nach Zusammenhang und Sinn. Der Weg, der von einer Faktenansammlung zum echten Wissen führt, ist lang und individuell verschieden. *Information*, meint Nørretranders, ist die messbare und feststellbare Anzahl von Teilen oder Buchstaben, die wir in der konkreten Botschaft erhalten. Man informiert sich, indem man Information und Fakten sammelt, ohne daraus richtige Schlüsse ziehen oder sie so anwenden zu können, dass man vernünftige Ziele formuliert. *Exformation* bedeutet, in der Information, die in unser Bewusstsein sickert, Ordnung zu schaffen; auszusuchen, was man behalten möchte, und den Rest loszuwerden. Nørretranders geht in seinen Überlegungen von dem kürzesten Briefwechsel der Welt aus; er stammt aus dem Sommer 1862. Als sein Roman *Die Elenden* herauskam, machte der französische Dichter Victor Hugo gerade Ferien. Die Sorge darüber, wie sein Buch wohl aufgenommen würde, drohte die Ferienstimmung zu verderben. Nach vielem Hin und Her entschloss er sich, an seinen Verleger zu schreiben und zu fragen, wie es stand. Der Brief fiel kurz aus: „?“. Die Antwort kam postwendend: „!“ Es gab keine Möglichkeit, sie misszuverstehen – das Buch war ein Erfolg.

Die wesentliche Kommunikation funktionierte bestens, hatte jedoch Zeit gebraucht um zu reifen. Eine Menge Gedanken waren Hugo durch den Kopf gegangen, bevor er schließlich zur Feder griff. Während des „Exformationsprozesses“ sortierte er so lange unnötige Information aus, bis das Wesentliche zum Vorschein kam. Das, was eine Botschaft dieser Tiefe enthält, ist nicht die Summe der Worte, sondern die aus dem Bewusstsein des Absenders aussortierte Information, die im Laufe des Geschehens verworfen wurde. Die meisten haben keine Schwierigkeiten damit, Information *aufzunehmen*, sondern damit, sie *loszuwerden*. „Wo blieb die Weisheit, die uns in Beschlagenheit entglitt? Wo die Beschlagenheit, die uns in Nachrichten entglitt?“, fragt T. S. Eliot im ersten Chor aus „The Rock“.

In einem Gespräch sind selten die Worte das Wichtigste. Was geschieht denn, bevor die Gedanken zum Ausdruck kommen? Wie viel Erfahrenheit und mentale Arbeit liegen hinter dem, was gesagt wird? Wie werden die Worte entgegengenommen? Was verbirgt sich zwischen den Zeilen und gibt einem Gespräch seine besondere Färbung? Das heißt: Wie viel *Exformation* liegt hinter der *Information*? Information ist das, was ausgedrückt wird, Exformation das, was im Laufe des Gesprächs verworfen wird und was wir nur erraten können. Information und Exformation verhalten sich komplementär zueinander. Sie stehen in keinem gegensätzlichen Verhältnis, dafür aber ist die Verbindung nicht selbstverständlich. Was tief zu sein scheint, kann oberflächlich sein; was oberflächlich erscheint, kann eine ungeahnte Tiefe verbergen. „Die Tiefe eines Gegenstandes ist Ausdruck für die Informationsmenge, die während seines Zustandekommens aussortiert wurde“, schreibt Nørretranders. „Die Tiefe ist ein Maß dafür, wie vielen Überraschungen ein Gegenstand im Laufe seiner Geschichte ausgesetzt war. Tief ist ein Ausdruck dafür, dass etwas eine Wechselwirkung mit der Welt eingegangen ist. Es ist verändert und dennoch es selbst, es ist aus dem Gleichgewicht und doch nicht aus sich selbst geraten. Es hat unterwegs Überraschungen erlebt. Es existiert aber noch. Es hat die Welt wahrgenommen und die Welt hat es wahrgenommen. Es ist tief geworden.“

Menschliche Kommunikation findet immer in einem Zusammenhang statt. Manchmal ist dies offenkundig. Spricht man das Wort „Pferd“ aus, werden in den meisten Menschen die Erinnerungen an irgendeine Erfahrung ausgelöst, die mit Pferden zu tun hat. Gleichzeitig hat aber „Pferd“ für einen Reiter, für jemanden, der Pferde nur aus dem Zirkus kennt, für einen Bauern, für einen Großstadtbewohner, für einen Isländer, für einen pferdenärrischen Teenager und so weiter ganz unterschiedliche Bedeutungen. Es mag so aussehen, als sprächen wir von ein und derselben Sache, stimmt das aber wirklich? Das wissen wir erst, wenn das Gespräch fortgesetzt wird. „Systembolaget“, die staatliche Monopolgesellschaft zum Verkauf alkoholischer Getränke; „Jantelag“, das Gebot: Bilde dir ja nicht ein, du seist jemand!; die schwedischen Trolle; „Friggebo“, das schwedische Gartenhäuschen; der Nummernzettel in der Warteschlange; Grönköping, das schwedische Pendant zu Hintertupfingen; das Personenkennzeichen; der Schnaps; das Kontrollbuch für den Einkauf alkoholischer Getränke und einiges mehr: All diese Begriffe erlauben einem Schweden unmittelbar bedeutungsvolle, exformationsartige Assoziationen. Als ich sie nach meiner Einwanderung nach Schweden zum ersten Mal hörte, verstand ich nur Bahnhof. Man informierte mich darüber, und ich begriff ein wenig mehr. Bald bin ich seit fast vierzig Jahren in

Schweden – und doch bin ich mir nie ganz sicher, dass ich genau dasselbe verstehe wie ein Schwede, der all dies von Klein auf kennen lernte. Heute kümmere ich mich weniger darum, meinen Informationsvorrat zu erweitern und bei dem Allerneuesten mitzumischen, als mich in die Themen zu vertiefen, worin ich mich auszukennen meine.

Neulich habe ich gelesen, dass man in der Zeit, als die Eisenbahn noch in den Kinderschuhen steckte, die unerhörten Geschwindigkeiten fürchtete, zu denen die neuen Maschinen fähig waren. In einem Brief an die Edinburgher Zeitung von 1824 drückte ein Leser seine Sorge darüber aus, dass sich die ohnehin schon unnatürliche Geschwindigkeit der Lokomotiven bald auf 32 Stundenkilometer verdoppeln sollte! Von Jahr zu Jahr bewegen wir uns schneller fort. Schnelle Flugzeuge, neue Forschungsergebnisse, umwälzende Veränderungen in der Arbeitswelt, Kommunikation im Internet mit mehreren Teilnehmern gleichzeitig. Vor der *Tyrannei des Augenblicks* warnt Thomas Hylland Eriksen in seinem Buch mit eben diesem Titel – vor einer Tyrannei, die seiner Meinung nach in der westlichen Welt eine beunruhigende Tendenz aufweist. Ein Mensch ist überall und jederzeit erreichbar, und es wird erwartet, dass er sofort da ist. Dass etwas Zeit braucht, dass nicht alles jederzeit geht, diese Auffassung geht verloren. Ein ausgestecktes Telefon oder ungelesene E-Mails gelten als Zeichen von Schlaffheit. Neue, Zeit sparende Maschinen und Apparate lösen einander ab. Und doch ist Zeit die Mangelware Nummer eins. In unseren Häusern gibt es Waschmaschinen, Trockner, Staubsauger, Spülmaschinen, Kaffeemaschinen, Mikrowellenöfen, Nähmaschinen, Backmaschinen und sicher noch einiges mehr, worauf ich jetzt gar nicht komme. Wir haben Internet, E-Mail, Telefax, Telefon, Computer. Und manchmal sogar eine Putzhilfe. All das soll Zeit sparen. Warum in aller Welt habe ich es dann so eilig? Sich Zeit für sich zu nehmen, ist eine gute Gelegenheit, für eine Weile medienfrei zu leben, seine Gedanken zu ordnen und sich der Exformation zu widmen.

Zuhause

Alle haben einen Ort, den sie Zuhause nennen. Einen Ort, an dem man die Tür hinter sich schließen und tun kann, was man möchte. Das Zuhause ist der Ruhepunkt des Daseins. Hier darf ich entspannen und bestimmen, wen ich einladen will und wer draußen bleiben soll. Wer je einen Einbruch erlebt hat, weiß, wie widerlich es ist, wenn sich jemand ohne Erlaubnis über die Schwelle zum Allerprivatesten drängt. Nicht das Wissen, bestohlen worden zu sein, ist das Schlimmste; viel schlimmer ist das Gefühl, dass eine Grenze überschritten und streng Persönliches verletzt wurde. Was unser eigenes Zuhause berührt, berührt uns selbst. Wenn Sie jemals Ihre Wohnung gewechselt haben, wissen Sie, welch ein mentales Erdbeben ein Umzug darstellt. Auf der Skala, mit der die Psychiater Ursachen für Stress messen, liegt der Umzug ganz weit oben. Sicherlich gibt es Menschen, die ihre Wohnung vor allem als einen Ort betrachten, wo sie schlafen und ihre Kleider waschen; aber es sind dies, glaube ich, nicht viele. Das Zuhause ist viel mehr als der Ort, an dem man zufällig wohnt.

Man lernt einen Menschen sehr gut kennen, indem man schaut, wie er oder sie sein Zuhause gestaltet. Bücher und Krimskrams, Bilder und Möbel, Formen und Farben, Stoffe und Teppiche. Was uns umgibt, erzählt davon, wer wir sind. Jedes Zuhause hat seine eigene Ausstrahlung, seine Seele. Wir fühlen das, sobald wir zur Tür hereinkommen. Wir wissen sofort, ob wir hier ein „Heimgefühl“ haben oder nicht, und das hängt nicht davon ab, wie teuer Wohnung beziehungsweise Einrichtung sind. Der teuersten Villa kann die Seele fehlen, während eine einfache Wohnung Energie ausstrahlen und von der Liebe und Mühe zeugen kann, die angewandt wurden, um sie in ein Heim zu verwandeln.

Über die Wohnungen nachzudenken, die man im Laufe des Lebens hatte, ermöglicht einen spannenden Blick auf die eigene Entwicklung. Denken Sie an die Wohnungen, die Sie in Ihrem Leben bewohnt haben. Wie sahen sie aus? Können Sie sich an die verschiedenen Räume erinnern? Worauf achten Sie dabei? Wie fühlt es sich an, dieses Heim neu zu sehen? Welche Ihrer Wohnungen war am heimeligsten? Wissen Sie, weshalb gerade diese Wohnung ein angenehmer Ort für Sie war? Denken Sie nun an Ihre heutige Wohnung. Ist sie so, wie Sie sie haben möchten oder möchten Sie etwas an ihr ändern? Nehmen Sie alles um sich mit Ihren Sinnen wahr. Versuchen Sie sich vorzustellen, wie es für jemanden ist, der zum ersten Mal Ihre Wohnung betritt. Was ist das Erste, das Sie sehen? Welche Farben dominieren? Welche Gerüche kann man hier wahrnehmen? Welche Geräusche kann man hören? Woher kommt das Licht? Wie fühlen sich verschiedene Gegenstände und Stoffe an, wenn man sie berührt? Stellen Sie sich vor, dass Ihr Heim einen Geschmack hat. Welchen Geschmack hat es? Wenn Sie Ihre Wohnung überstürzt verlassen müssten, welche sechs Dinge daraus würden Sie gerne mitnehmen? Und wenn Sie nur *einen* Gegenstand mitnehmen könnten, wofür würden Sie sich dann entscheiden? Ihre Antworten können Ihnen helfen zu sehen, was Ihr Zuhause anderen vermitteln kann. Auch können sie Sie dazu veranlassen, sich selbst zu fragen, ob Sie damit zufrieden sind, wie Sie Ihr Heim eingerichtet haben, oder ob es etwas gibt, das Sie gerne anders hätten. Ein Heim ist nicht ein für alle Male geschaffen, wie es ist. Es zu gestalten, ist ein dynamischer Prozess, der die verschiedenen Lebensphasen widerspiegelt und unterschiedliche Bedürfnisse, Zielsetzungen, Ambitionen und Träume ausdrückt. Veränderungen geschehen im Laufe der Jahre mehr oder weniger unbewusst. Ein funktionierendes Zuhause ist dazu da, unsere aktuellen Bedürfnisse – die physischen, die psychischen und die spirituellen – zu erfüllen und für denjenigen, der dort wohnt, das Leben zu vereinfachen und zu verschönern.

In der Weltauffassung der Antike hat das Zuhause eine große symbolische Bedeutung. Die griechische Göttin Hestia – von den Römern Vesta genannt – hatte die spezielle Aufgabe, Heim und Herd zu beschützen. Sie war eine zentrale Figur des griechisch-römischen Alltags. Wenn in Griechenland eine junge Frau heiratete, entzündete ihre Mutter an ihrem eigenen Herd eine Fackel und brachte diese in einer Prozession zu der neuen Wohnung, wo sie mit derselben Flamme die neue Feuerstelle anfachte. Sobald dies geschehen war, hatte Hestia ihren Platz eingenommen, und das Heim erwachte zum Leben. Im antiken Rom wurde eine Mahlzeit in der Regel eingeleitet mit den Worten: „An Vesta!" Die Göttin des Heims symbolisierte Wärme, Gemeinschaft, Nachdenken, Sicherheit, Ruhe, Stille und Nach-innen-Gewandtheit. Sind es nicht gerade diese Werte, die uns heute langsam aus den Händen gleiten?

Das Interesse daran, ein Heim zu gestalten, scheint in den letzten Jahren gestiegen zu sein. Es gibt eine Flut von Zeitschriften und Kursen zum Thema „Inneneinrichtung": wie man Wände streicht und tapeziert, Kacheln verlegt, Farben aussucht, Feng Shui praktiziert, auf Auktionen Möbel findet und so weiter. In dem Maße, wie wir uns daran gewöhnen, uns ganz schnell von zu Hause wegbewegen zu können und relativ wenig Zeit zwischen unseren eigenen Wänden zu verbringen, stellt unser schützendes Heim eine besondere Verlockung dar. In den neunziger Jahren des zwanzigsten Jahrhunderts wurde der Begriff „cocooning" ein Symbol für die Stille, die Wärme und die Sicherheit, die heute für viele eine Mangelware ist. Ein funktionierendes und gemütliches Zuhause einzurichten kann eine Möglichkeit darstellen, dieses Ungleichgewicht wieder in Ordnung zu bringen und das menschliche Bedürfnis nach einem sicheren, geschützten und persönlichen Raum ernst zu nehmen. „Die Hauptaufgabe des Heims ist es, uns vor der rationalen Welt draußen zu beschützen", sagt der Architekt Josef Frank. Darin sollen auch unsere Phantasie und unsere Träume genügend Platz finden.

Zum Schluss

Wenn ich ein Buch beschließe und die Worte ihrem Schicksal überlasse, empfinde ich Wehmut. Das ist, wie wenn ein Kind von daheim auszieht und das Leben nie wieder sein wird wie zuvor. Man ist besorgt und erleichtert zugleich. Was man schreibt, fühlt sich selten fertig an. Man stößt immer auf etwas Neues, das man gerne mitgenommen hätte. Ist das Ende in Sicht, locken verschiedene Möglichkeiten: den Schluss auf unbestimmte Zeit zu verschieben oder vor der Zeit abzuschließen. Man ist versucht, das Projekt aufzugeben, das Manuskript zu zerreißen oder es in eine Kiste auf dem Dachboden zu verstauen. „Die Menschen erleben oft einen Misserfolg, wenn sie gerade dabei sind erfolgreich zu werden. Bereite also das Ende ebenso sorgfältig vor wie den Anfang. Dann wird es dir nicht misslingen“, sagt Lao Tse. Das ist ein guter Rat, wenn einen der Zweifel packt.

Genauso schwer, wie von einem Schreibprojekt Abschied zu nehmen, ist es, nach einer Zeit in der Einsamkeit wieder in den Alltag zurückzukehren. Allein zu sein ist Gold wert, stellt jedoch kein Ziel an sich dar. Die freiwillige Einsamkeit ist vielmehr ein Rastplatz am Wege, eine Quelle, aus der wir schöpfen und die uns in einem Alltag, den wir gemeinsam mit anderen erleben, erfrischt und inspiriert. Der Clou am Alleinsein liegt gerade in dem Kontrast zum Alltäglichen. Man geht auf den Grund seiner selbst, um dann aufzusteigen, man versinkt in Schweigen, um dann zu reden. Das Alleinsein soll uns nicht füreinander zu Schatten werden lassen. Im Gegenteil: Es soll uns mit dem Mut ausrüsten, einander in Echtheit und Liebe zu begegnen, unter die Oberfläche und jenseits des Spiels zu blicken.

Wenn man im Wald oder am Meer wandert, ist es kein großes Kunststück, in einem lebendigen Kontakt mit sich selbst und der gesamten Schöpfung zu stehen. Anders verhält es sich, wenn man in der Schlange an der Schnellkasse steht, sich in einer Sitzung und unter Zeitdruck befindet, sich mit anderen in der U-Bahn drängt, mit seinen Kindern streitet oder an einem verregneten Montagmorgen, wenn man am liebsten zu Hause in seinem Bett bleiben möchte, auf den Bus rennt. In einer solchen Situation bricht man gerne sein Versprechen, seine Seele zu pflegen und völlig entspannt zu sein. Zum Glück müssen wir nicht perfekt sein. Es reicht durchaus, wenn wir unsere Sache so gut machen, wie wir können. Die Welt geht nicht zugrunde, wenn wir an manchen Tagen mit unserer Zeit schlampen, uns an Kleinigkeiten festbeißen und uns unseren Nächsten gegenüber doof verhalten. Wie oft habe ich nicht meine Energie verschwendet und die Chance verpasst, beispielweise eine schöne Zeit mit meinen Kindern zu verbringen! „Geh nicht ohne Handschuhe aus dem Haus: Du wirst vor Kälte erfrieren!“ „Zieh keinen schmutzigen Pulli an!“ „Vergiss nicht, die Zähne zu putzen!“ „Räum dein Zimmer auf! Sofort!“ So viele laute Ermahnungen, vergossene Tränen und saure Gesichter. Und wozu? Jetzt, da ich Großmutter bin und mich überhaupt nicht darum kümmere, wie ich sein „sollte“, erkenne ich, in welchem Dickicht von Regeln und Forderungen ich gefangen war. Und meistens geschah es aus reiner Gewohnheit. Die Frage „Warum?“ stelle ich erst jetzt. Ich denke, dass wir uns entscheiden müssen, welcher Streit sich lohnt und wann die Zeit für einen Waffenstillstand gekommen ist.

In der Einsamkeit kommen wir vielleicht auf etwas, das wichtig erscheint. Ein Gedanke wird geweckt, ein Interesse verstärkt, und ein Auftrag nimmt Gestalt an. Aber dann stellt sich auch der Zweifel ein: Kann ich, soll ich, darf ich, will ich? Wilfrid Stinissen schreibt, dass die meisten Apostel für ihre Aufgabe nicht besonders gut ausgestattet waren. Viele waren sicher der Meinung, dass es zu früh sei, dass sie zu wenig Ahnung hätten, dass sie mehr Zeit zur Vorbereitung gebraucht hätten. „Ein Mensch wird nicht gesandt, weil er etwas kann; er kann etwas, damit er gesandt wird", meint Stinissen. Ich glaube wohl daran, dass wir an den Aufgaben wachsen, für die wir uns entschieden haben.

Du hast bewirkt, was damals war
und auch was vorher und später geschah.
Doch auch was jetzt geschieht und noch kommen wird,
hast du erdacht, und es ist eingetroffen, was du geplant hast.
Deine Beschlüsse standen da und sagten: Hier sind wir.
Denn alle deine Wege sind schon gebahnt
und dein Gericht ist eine beschlossene Sache.

steht im Buch Judith 9,5–6.

Gegen Ende meiner Zeit in der Einsamkeit spüre ich üblicherweise einen starken Widerstand aufzuhören. Ich möchte dort bleiben, wo ich bin, ich möchte an dem festhalten, was ich erlebt habe, ich habe Angst, es zu verlieren. Zuhause jedoch merke ich, wie schnell die guten Erinnerungen verblassen und alles wieder ist wie gewohnt. Dann mache ich ganz schnell Pläne, wann, wo und wie lange ich das nächste Mal allein sein werde, und regele die praktischen Dinge. Auch nach einer sehr schönen Erfahrung der Einsamkeit kann man also Hilfe brauchen, um nicht wieder in Stress und Äußerlichkeiten zu verfallen. Eine Viertelstunde Stille und Nachdenken am Tag ist eine Gewohnheit, die gepflegt zu werden wichtig ist.

Ein Buch hinterlässt Spuren bei seiner Autorin in Form von Worten und Gedanken, die zurückbleiben und in eine neue Richtung weisen. Für mich ist das Wort „Anwesenheit" wichtig geworden – es bedeutet für mich, dass man in jedem Augenblick in nahem Kontakt mit sich selbst und mit Gott stehen soll. Bischof Martin Lönnebo sagte einmal, dass man in der ersten Klasse der Lebensschule lernt, „ich“ zu sagen. In der zweiten lernt man zu sagen „du und ich“. In der dritten Klasse lernt man, seinen Blick aufzurichten und zu sagen „DU!“. Dass ich in der Einsamkeit diesem DU-Erlebnis näher kommen sollte, konnte ich nicht ahnen, aber es macht mir Lust auf mehr.

Vor einiger Zeit war ich in meinem Auto unterwegs durch die Ebene Schonlands. Ich war allein auf der Straße. Die Sonne schien, aus dem Autoradio erklang schöne Musik, und ich war mit mir und der Welt zufrieden. Genau in diesem Moment hüpfte ein Hase vor meinen Wagen, und mit dem Aufprall legte sich ein Schatten über meinen Tag. Als ich den Motor ausschaltete, wurde es totenstill. Der Hase lag da mit offenen Augen und schien äußerlich unverletzt. Der eben noch quicklebendige Körper war warm, aber leblos. So kann es mit allem gehen, was lebt. Zwischen Leben und Tod verläuft nur ein schmaler Graben. Es tat weh zu wissen, dass ich dieses Leben zerstört hatte, dennoch gab es mir auch Kraft. „Jede Sekunde soll ich auf mich achten und wachen, als trügen die eben gesetzten Kartoffeln die Ernte ein, von der ich meine gesamte verbleibende Zeit leben werde“, schreibt Gerda Antti. Auf dem Weg nach Hause dachte ich darüber nach, wie teuer die Zeit ist, und nahm mir noch einmal vor, das Leben, das ich noch zu leben habe, nicht zu vergeuden.